U0961344

携程集团执行副总裁、技术负责人 张晨 倾情力荐

本书分享了人工智能技术在携程具体业务场景中的落地，选取的都是真实技术案例，相信对相关领域的同学会有所帮助。我们也相信人工智能技术会对旅行等服务领域带来巨大改变，希望更多人参与到人工智能的实际研发中来。

《携程人工智能实践》编委会简介

携程公共及各BU的AI研发骨干成员，涵盖携程搜索、推荐、机器翻译、图像识别、信息安全、智能客服、ASR和OCR等各项人工智能主要技术方向。

陈浩然　于磊　刘森　林经纬　何博文　纪萍　解明朝

陆佳星　倪辉　王恒立　宣云儿　许晓炜　王坤　黄登

鞠剑勋　薛丽花　俞谦　元凌峰　周辉　周源　鲍开放

陈文浩　韩宝龙　黄运吉　刘新　刘洋　孙玉霞　孙知非

谭鸿杰　王草　余迁　张琦　朱登龙　黎建辉　吴华华

周振伟　钱凯　邹亚鹏　陈剑明　钱鹏　岳良　陈宇

陈祥　霍文虎　董锐　刘越　吕彦龙　田园军　王万松

携程

人工智能实践

携程技术团队◎著

電子工業出版社
Publishing House of Electronics Industry
北京•BEIJING

内容简介

本书的作者来自携程多个研发部门，从具体的应用场景入手，主要包括旅行产品的个性化推荐和搜索，旅行场景的 OCR、机器翻译和知识图谱，主题图片优选、推荐理由抽取，以及安全风险控制和如何工程化提升研发效率等，较为全面地介绍了如何对具体的业务问题进行建模，将其转变为具体的机器学习模型，并将业务目标转化为机器学习的目标函数。本书在此基础上提供了一些有效的经验，使得读者能够最大化利用机器学习的方式全面有效地帮助企业提升业务目标、提升人效比，乃至为网站的安全保驾护航。作者希望本书能够帮助产品技术同人更好地理解机器学习模型的落地，给读者带来启发和借鉴。

图书在版编目（CIP）数据

携程人工智能实践 / 携程技术团队著 .— 北京：电子工业出版社，2020.4

ISBN 978-7-121-38440-0

Ⅰ .①携… Ⅱ .①携… Ⅲ .①人工智能 – 应用 – 旅游业 – 研究 – 中国 Ⅳ .① F592-39

中国版本图书馆 CIP 数据核字（2020）第 024255 号

责任编辑：张慧敏　　　　特约编辑：田学清
印　　刷：天津千鹤文化传播有限公司
装　　订：天津千鹤文化传播有限公司
出版发行：电子工业出版社
　　　　　北京市海淀区万寿路 173 信箱　　邮编：100036
开　　本：720×1000　1/16　印张：20　　字数：346 千字　　彩插：1
版　　次：2020 年 4 月第 1 版
印　　次：2020 年 4 月第 1 次印刷
定　　价：109.00 元

凡所购买电子工业出版社图书有缺损问题，请向购买书店调换。若书店售缺，请与本社发行部联系，联系及邮购电话：（010）88254888，88258888。

质量投诉请发邮件至 zlts@phei.com.cn，盗版侵权举报请发邮件至 dbqq@phei.com.cn。

本书咨询联系方式：010-51260888-819，faq@phei.com.cn。

大咖荐语

（按姓氏拼音排序）

人工智能作为一门理论与实践并重的学科，要求研究人员在理解相关理论的同时，还要了解如何在实际业务中应用人工智能技术。本书结合携程的具体业务场景，展现了人工智能技术的落地方案，从旅行产品的个性化推荐和搜索，到旅行场景的 OCR、机器翻译和知识图谱，再到产品层面的主题图片优选、推荐理由抽取等，有理论、有方法，还有经验分享，适合对人工智能感兴趣的同人和从业者学习。

——北京大学计算机系副主任、长江学者特聘教授　崔斌

智能时代已经来临，携程结合自身具体业务场景，倾情奉献了人工智能实践精选。本书不仅包括个性化推荐、搜索、旅游知识图谱、QA 问答、机器翻译和证件 OCR 的 AI 服务，而且包括 AI 赋能运营、智能信息安全与风控，以及挖掘平台和运营平台等 AI 中台化内容。本书将理论与实践相结合，在涵盖人工智能原理与算法的基础上，提供了大量应用落地案例和相关思考。在人们越来越重视生活质量和旅游体验的背景下，本书带领读者全面了解在线旅游行业的 AI 场景及解决方案，是一本不可多得的好书。

——同济大学百人计划特聘研究员，OpenKG 创始人之一　王昊奋

对于深度学习而言，最重要的是与应用场景结合，从而产生商业价值。本书从数学基础、模型构建、场景实践及工程化等方面对深度学习进行了全面的介绍，

并围绕OTA行业运营的应用实践和案例，详细讲解了神经网络模型在推荐和搜索、运营提效、风控安全等业务领域的具体实施，同时详细介绍了平台化、服务化在深度学习应用中的重要意义和具体实践。本书案例翔实、深入浅出，是携程技术团队多年实践经验的结晶，非常适合行业实践者阅读参考。

——滴滴出行杰出数据科学家　谢梁

AI是互联网未来技术的下一站，今天我们欣喜地看见，携程AI中台化的努力与成果，把技术人对未来的梦想在OTA行业变成了落地的现实，真实地服务于数亿公众的出行，为AI的产业化树立了新标杆。

——蚂蚁金服算法总监　于磊

本书的突出特点是理论与实际业务紧密结合，介绍了人工智能的核心概念、技术原理，结合携程具体业务展现了技术的落地实践。本书内容全面，案例充分，实用性强，人工智能从业者和对人工智能应用感兴趣的同人都能从中获益。

——微众银行首席人工智能官，香港科技大学讲座教授　杨强

本书详细介绍了携程在人工智能技术落地方面的深入探索，重点分享了如何从实际应用场景入手，把业务和产品的目标转化为人工智能模型和算法问题。并综合考虑系统、环境和数据的多种约束，设计和实施具体落地方案，同时对人工智能服务化和人工智能运营的理念和技术进行了很好的分析和总结，是携程技术团队多年开发和应用人工智能实践经验的结晶。本书对互联网行业和人工智能应用研究机构的科研技术人员来说，是一本很好的案头参考书。

——美国微软人工智能与研究院高级研究总监，

《深度学习模型及应用详解》作者　张若非

序　言

人工智能发展至今已经有几十年，期间经历了各种曲折历程，虽曾出现波峰，但更多的却是波谷。然而从21世纪开始，随着算法、计算能力和大数据等相关科研技术的发展和突破，尤其是最近十几年互联网和移动互联网的快速崛起，现阶段人工智能已处于高速发展的时期，落地的应用和场景层出不穷，成为时代的“宠儿”。

以深度学习为代表的人工智能技术，正以一种深刻和特别的方式改变着我们的生活，极有可能与大数据技术一起引领第四次工业革命。因此，互联网一线公司都投入了大量资源，积极进行研究和尝试，希望利用人工智能技术来解决业务中的各类问题。

携程作为中国最大、世界第二大的互联网旅行服务公司，其结合自身的业务场景和海量出行数据，从多个方面对人工智能领域进行了积极探索。本书的作者们来自携程的多个研发部门，读者会发现从旅行产品的个性化推荐和搜索，到旅行场景的OCR、机器翻译和知识图谱，再到产品层面的主题图片优选、推荐理由抽取，以及安全风控和如何工程化提升研发效率，在本书中都有相应的阐述。当然，我们的工作才刚刚开始，我们相信人工智能技术会为旅行等服务领域带来巨大改变。

与传统的人工智能图书不同，本书不会偏重理论，是从具体业务场景来展现人工智能技术的落地方案，因此书中选取的都是真实的技术案例，作者编写本书的初衷也是希望让更多人参与到人工智能技术的实际研发中来。人工智能并不神秘，虽然人们的学习曲线较陡，但它仍然是能够通过实践学习的知识和技术。人工智能目前仍在高速发展中，还有很多新的方向可以探索和落地，希望这本书可以抛砖引玉，给读者带来一定的收获。

携程长期秉承技术驱动产品和业务的理念，一直在积极地和行业内的技术同人进行交流和分享。我们相信，只要大家一起行动起来，合力打造一个开放和交流的技术生态圈，必将会让我们技术人得到真正的成长。

欢迎大家针对书中的内容进行深入探讨，如果发现问题或有更好的想法，期待能及时向我们提供反馈。旅行是带给人幸福的行业，如果有识之士希望通过技术实现“让旅行更幸福”，也欢迎加入携程的技术团队。我们对技术的价值和力量深信不疑。

携程技术副总裁　李小林

前　言

近年来，得益于深度学习和硬件计算能力的快速发展，人工智能技术正快速渗透到互联网应用的方方面面，这样的变化同样也伴随着携程产品技术的迭代更新。人工智能技术不仅直接提升了携程的订单收入、用户满意度等关键产品指标，还在业务运营、内容生产、信息安全与风险控制等方面发挥了重要作用。

携程作为OTA领域的领军企业，积累了大量的用户出行场景数据、客服场景咨询与沟通数据、产品相关内容数据等，这些数据在机器学习模型的训练中发挥了巨大的作用。另外，携程有足够多的复杂场景，这些真实的复杂场景催生并推动了人工智能在携程中的广泛应用。同时，携程的产品线丰富且分支较多，因此将人工智能服务化和中台化成为必不可少的模块，它会对共性需求进行收口，以通用服务 / 中台的形式提供服务，有效降低部门之间的重复工作，节省开发成本，缩短开发周期。

与传统的人工智能书籍不同，本书更加关注如何将具体业务场景的问题分析和模型建模转化为具体的机器学习和深度学习问题，同时对于复杂业务场景，详细阐述了对应的算法架构体系，也介绍了如何更好地拟合各种业务指标，如自主率、点击率、人效比、网站的安全性等，最大限度地对业务进行赋能。作者希望通过具体的实践案例，给读者带来启发和借鉴。

作者介绍了OTA场景在落地时的一些差异性问题，帮助用户理解在不同应用场景中可能遇到的一些差异性问题。例如，由于旅游产品的非标属性，用户在决策之前非常依赖内容化信息，因此携程在AI内容化方面做了大量的工作和实践，帮助用户减少决策前的费力度；在同一酒店，不同的供应商和房型具有入住政策、软硬件设施和价格的差异，个性化推荐的召回池不是酒店实体，而是更加细分的入住政策、服务和设施，这些是入住体验的关键影响因素。

本书的内容安排如下。

第 1 章和第 2 章介绍了人工智能的一些基础原理，包括数学基础和模型构建，使读者快速回顾和了解算法中的一些基础内容，加深对后续章节中的技术细节的理解。

第 3 章介绍了个性化推荐与搜索，如冷启动、个性化搜索、酒店排序、瀑布流排序等方面的实践，具体阐述如何利用算法为用户提供更好的优质服务。

第 4 章介绍了携程在 AI 服务化方面的工作，从旅游领域知识图谱、QA 问答、机器翻译和证件全文本识别四个方向进行详细阐述，这些方向都能够带给用户更好的服务体验、更细致的产品细节、更快速的问题解答、国际化的畅通体验和更便捷的操作服务。

第 5 章和第 6 章介绍了 AI 如何有效提高工作人员在相关场景中的运营工作效率，从内容产品化、房态预测、用户模拟评分、邮件自动化、实时智能异常检测等多个方面进行了具体介绍，有效地发现了业务趋势和问题，并在一定条件下进行了自动处理。

第 7 章和第 8 章介绍了 AI 在信息安全和风险控制方面的一些具体应用，详细阐述了对应的难点、目标和解决方案。

第 9 ～ 11 章介绍了在 AI 中台化方面的实践——AI 挖掘中台、AI 运营中台和通用数据服务，说明了在中台化建设中如何进行业务架构和系统架构规划。

本书面向的读者主要是人工智能领域的从业人员，包括产品和技术同人，同时也欢迎从事其他岗位和行业的读者通过阅读本书，对人工智能的原理和应用有一定的了解，一起探索和拓展人工智能的应用落地。对于想要入门的算法同人，建议详细阅读数学基础和模型构建章节，以便能够更好地结合理论和实践。没有相关数学知识背景或仅仅对具体应用场景感兴趣的同人，可以跳过数学基础和模型构建的内容。

感谢参与本书写作的来自携程的同人，他们将工作中的宝贵经验进行提炼和总结，并形成知识体系分享给读者。

感谢出版社的工作人员，在本书的出版过程中给予的帮助和支持。

《携程人工智能实践》编委会

Ctrip
Artificial
Intelligence
携程人工
智能实践

目　录

Ctrip
Artificial
Intelligence
携程人工
智能实践

第1章 数学基础

1.1 引言

机器学习是一门新兴的交叉学科，其涵盖了线性代数、概率论、最优化理论、统计学和算法复杂度理论等方面的内容。机器学习是以计算机为工具，以数据为研究对象，通过数学理论和方法来实现真实世界的研究和仿真的。随着机器学习的发展，人工智能技术开始进入大众的视野，以深度神经网络为代表的学习范式也成为如今热门的研究方向之一。人工智能技术的研究始终离不开数学理论，因此，在我们开始介绍人工智能技术之前，先回顾一下机器学习和深度学习常用的数学理论。

1.2 线性代数

1.2.1 概述

线性代数是机器学习基础理论中非常重要的一部分，本节将系统地回顾线性代数的核心内容，希望该内容能帮助读者更好地理解后续内容。

本节内容涉及向量与矩阵、矩阵的运算、几种特殊的矩阵、线性方程组与矩阵的逆、特征值和特征向量，以及与深度学习相关的张量的定义和运算。本节并不能涵盖线性代数全部的内容，只是回顾机器学习与深度学习使用较多的线性代数知识，感兴趣的读者可以阅读与线性代数或与高等代数相关的教材。

1.2.2 向量与矩阵

标量、向量和矩阵是线性代数中常见的元素，事实上标量可以看作一种特殊的向量，而向量又可以看作一种特殊的矩阵。但这三个概念并不等价，为了使读者更好地理解和区分标量、向量和矩阵，以下将从定义、符号和应用场景等方面分别对三者进行阐述。

1. 标量

标量$x \in \mathbf{R}$，是一个简单的数值，其中 $\mathbf{R}$ 代表所有实数的集合，$x \in \mathbf{R}$代表 x 是一个实数。标量在生活中很常见，身高、体重、年龄都是标量。在机器学习中，回归任务的目标值是标量，损失函数的结果是标量，模型的准确率也是标量。

2. 向量

向量$\boldsymbol{x} \in \mathbf{R}^n$，是一个 n 维向量。如图 1-1 所示，$\boldsymbol{x}$ 是由 n 个实数组成的，每一维都是一个标量。因此，标量可以看作一维向量。在生活中常见的向量是二维向量或三维向量，如 GPS（全球定位系统）的坐标是一个二维向量，无人飞行器相对于人的位置是一个三维向量。在机器学习中，由特征工程得到的特征数据是向量，自然语言处理中的词向量也是向量。

$$\text{向量}\boldsymbol{x} = \begin{pmatrix} x_1 \\ x_2 \\ \vdots \\ x_n \end{pmatrix} \qquad \text{矩阵}\boldsymbol{A} = \begin{bmatrix} a_{11} & a_{12} & \cdots & a_{1n} \\ a_{21} & a_{22} & \cdots & a_{2n} \\ \vdots & \vdots & & \vdots \\ a_{m1} & a_{m2} & \cdots & a_{mn} \end{bmatrix}$$

图 1-1 向量和矩阵的形式

3. 矩阵

矩阵$\boldsymbol{A} \in \mathbf{R}^{m \times n}$，称为一个 m 行 n 列的矩阵，或者称为 $m \times n$ 维的矩阵。矩阵 $\boldsymbol{A}$ 是

由 $m \times n$ 个实数排列组成的，其中，每一行有 n 个实数，每一列有 m 个实数。如图 1-2 所示，每一行可以看作一个 n 维向量，称为行向量，矩阵 $\boldsymbol{A}$ 可以由 m 个行向量表示；每一列可以看作一个 m 维向量，称为列向量，矩阵 $\boldsymbol{A}$ 也可以由 n 个列向量表示。在生活中，一个班级的学生的各科考试成绩可以用矩阵表示，每一行代表一个学生的各科成绩，每一列代表某一科所有学生的成绩。在机器学习中，图片可以用矩阵表示，一组特征数据也可以用矩阵表示。

$$\boldsymbol{A}=\begin{bmatrix} a_{11}\, a_{12} \cdots a_{1n} \\ a_{21}\, a_{22} \cdots a_{2n} \\ \vdots \quad \vdots \qquad \vdots \\ a_{m1}\, a_{m2} \cdots a_{mn} \end{bmatrix}=[\boldsymbol{h}_1,\boldsymbol{h}_2,\cdots,\boldsymbol{h}_n]=\begin{bmatrix} \boldsymbol{v}_1 \\ \boldsymbol{v}_2 \\ \vdots \\ \boldsymbol{v}_m \end{bmatrix}$$

其中，$[\boldsymbol{h}_1,\boldsymbol{h}_2,\cdots,\boldsymbol{h}_n]$是矩阵的列向量，$\begin{bmatrix} \boldsymbol{v}_1 \\ \boldsymbol{v}_2 \\ \vdots \\ \boldsymbol{v}_m \end{bmatrix}$是矩阵的行向量

图 1-2　矩阵的行向量和列向量表示

1.2.3　矩阵的运算

本节主要介绍矩阵的运算，包括矩阵的加法、矩阵的减法、矩阵的乘法、矩阵的转置、矩阵和标量的点乘。细心的读者可能会发现，四则运算包括加减乘除，而本节并不涉及矩阵的除法。事实上矩阵在广义上是可以进行除法运算的，除以一个矩阵相当于乘以这个矩阵的逆矩阵，但仍需要其他矩阵知识作为铺垫，因此我们将在 1.2.5 节介绍矩阵除法的概念。

1. 矩阵的加法

设 $\boldsymbol{A}=(a_{ij})\in\mathbf{R}^{m\times n}$，$\boldsymbol{B}=(b_{ij})\in\mathbf{R}^{m\times n}$，$\boldsymbol{C}=\boldsymbol{A}+\boldsymbol{B}$，则$\boldsymbol{C}\in\mathbf{R}^{m\times n}$，并且满足$c_{ij}=a_{ij}+b_{ij}$。两个矩阵进行加法运算的前提是两个矩阵的行数和列数完全相同，简而言之，上述公式中的矩阵 $\boldsymbol{C}$ 的第 i 行第 j 列元素等于矩阵 $\boldsymbol{A}$ 对应位置的元素加上矩阵 $\boldsymbol{B}$ 对应位置的元素。

2. 矩阵的减法

设$\boldsymbol{A}=\left(a_{ij}\right)\in\mathbf{R}^{m\times n}$，$\boldsymbol{B}=\left(b_{ij}\right)\in\mathbf{R}^{m\times n}$，$\boldsymbol{C}=\boldsymbol{A}-\boldsymbol{B}$，则$\boldsymbol{C}\in\mathbf{R}^{m\times n}$，并且满足$c_{ij}=a_{ij}-b_{ij}$。矩阵的减法运算和矩阵的加法运算的原理类似，此处不再赘述。

3. 矩阵的乘法

设$\boldsymbol{A}=\left(a_{ij}\right)\in\mathbf{R}^{m\times n}$，$\boldsymbol{B}=\left(b_{ij}\right)\in\mathbf{R}^{n\times p}$，$\boldsymbol{C}=\boldsymbol{AB}$，则$\boldsymbol{C}\in\mathbf{R}^{m\times p}$，并且满足$c_{ij}=\sum_{k=1}^{n}a_{ik}b_{kj}$。矩阵的乘法是一种很特殊的运算，也是矩阵运算中使用较频繁的一种。值得注意的是，两个矩阵做乘法的前提并不是加法中定义的矩阵形状相同，而是要求矩阵 $\boldsymbol{A}$ 的列数等于矩阵 $\boldsymbol{B}$ 的行数，最终得到的矩阵 $\boldsymbol{C}$ 的行数等于矩阵 $\boldsymbol{A}$ 的行数，矩阵 $\boldsymbol{C}$ 的列数等于矩阵 $\boldsymbol{B}$ 的列数。如图 1-3 所示，矩阵乘法的公式可以概括为，矩阵 $\boldsymbol{C}$ 的第 i 行第 j 列元素等于矩阵 $\boldsymbol{A}$ 的第 i 行元素和矩阵 $\boldsymbol{B}$ 的第 j 列元素逐一相乘后再相加的和。

$$\begin{bmatrix} c_{11} & c_{12} & \cdots & c_{1p} \\ c_{21} & c_{22} & \cdots & c_{2p} \\ \vdots & \vdots & & \vdots \\ c_{m1} & c_{m2} & \cdots & c_{mp} \end{bmatrix} = \begin{bmatrix} a_{11} & a_{12} & \cdots & a_{1n} \\ a_{21} & a_{22} & \cdots & a_{2n} \\ \vdots & \vdots & & \vdots \\ a_{m1} & a_{m2} & \cdots & a_{mn} \end{bmatrix} \begin{bmatrix} b_{11} & b_{12} & \cdots & b_{1p} \\ b_{21} & b_{22} & \cdots & b_{2p} \\ \vdots & \vdots & & \vdots \\ b_{n1} & b_{nj} & \cdots & b_{np} \end{bmatrix}$$

图 1-3 矩阵的乘法

4. 矩阵的转置

设$\boldsymbol{A}=\left(a_{ij}\right)\in\mathbf{R}^{m\times n}$，$\boldsymbol{A}$ 的转置记为$\boldsymbol{A}'$或$\boldsymbol{A}^{\mathrm{T}}$，$\boldsymbol{A}^{\mathrm{T}}=\left(a_{ji}\right)\in\mathbf{R}^{n\times m}$。矩阵的转置运算是把矩阵的行变为列，列变为行，因此一个 m 行 n 列的矩阵经过转置变为一个 n 行 m 列的矩阵。矩阵$\boldsymbol{A}^{\mathrm{T}}$的第 i 行第 j 列元素等于矩阵 $\boldsymbol{A}$ 的第 j 行第 i 列元素。

5. 矩阵和标量的点乘

设$k\in\mathbf{R}$，$\boldsymbol{A}=\left(a_{ij}\right)\in\mathbf{R}^{m\times n}$，则$k\boldsymbol{A}=\left(k\times a_{ij}\right)\in\mathbf{R}^{m\times n}$。矩阵和标量可以进行点乘运算，其规则是标量和矩阵的每一个元素进行乘法运算。

6. 矩阵的常用性质

下面给出上述矩阵运算涉及的一些常用性质，每一条性质都可以进行严格的数学证明。由于篇幅有限，我们只给出性质而不进行证明，感兴趣的读者可以阅读与线性代数或与高等代数相关的教材。

（1）加法交换律

若矩阵$\boldsymbol{A}\in\mathbf{R}^{m\times n}$，矩阵$\boldsymbol{B}\in\mathbf{R}^{m\times n}$，则 $\boldsymbol{A}+\boldsymbol{B}=\boldsymbol{B}+\boldsymbol{A}$。

（2）加法结合律

若矩阵$\boldsymbol{A}\in\mathbf{R}^{m\times n}$，矩阵$\boldsymbol{B}\in\mathbf{R}^{m\times n}$，矩阵$\boldsymbol{C}\in\mathbf{R}^{m\times n}$，则 $(\boldsymbol{A}+\boldsymbol{B})+\boldsymbol{C}=\boldsymbol{A}+(\boldsymbol{B}+\boldsymbol{C})$ 。

（3）乘法结合律

若矩阵$\boldsymbol{A}\in\mathbf{R}^{m\times n}$，矩阵$\boldsymbol{B}\in\mathbf{R}^{n\times p}$，矩阵$\boldsymbol{C}\in\mathbf{R}^{p\times r}$，则 $(\boldsymbol{AB})\boldsymbol{C}=\boldsymbol{A}(\boldsymbol{BC})$。

（4）乘法与加法的分配律

若矩阵$\boldsymbol{A}\in\mathbf{R}^{m\times n}$，矩阵$\boldsymbol{B}\in\mathbf{R}^{m\times n}$，矩阵$\boldsymbol{C}\in\mathbf{R}^{n\times p}$，则 $(\boldsymbol{A}+\boldsymbol{B})\boldsymbol{C}=\boldsymbol{AC}+\boldsymbol{BC}$。

（5）转置的转置

若矩阵$\boldsymbol{A}\in\mathbf{R}^{m\times n}$，则 $(\boldsymbol{A}^{\mathrm{T}})^{\mathrm{T}}=\boldsymbol{A}$。

（6）乘法的转置

若矩阵$\boldsymbol{A}\in\mathbf{R}^{m\times n}$，矩阵$\boldsymbol{B}\in\mathbf{R}^{n\times p}$，则 $(\boldsymbol{AB})^{\mathrm{T}}=\boldsymbol{B}^{\mathrm{T}}\boldsymbol{A}^{\mathrm{T}}$。

一般而言，矩阵的乘法不满足交换律，即 $\boldsymbol{AB}$ 不等于 $\boldsymbol{BA}$，因为 $\boldsymbol{BA}$ 可能不满足乘法运算的前提，即使 $\boldsymbol{BA}$ 满足乘法运算的前提通常也不等于 $\boldsymbol{AB}$。

1.2.4 几种特殊的矩阵

本节将介绍几种特殊的矩阵，每一种矩阵都有较为特别的性质，并且在接下来介绍的线性代数内容中频繁出现。以下我们假设所有矩阵都是方阵，方阵即行数和列数相等的矩阵。

1. 单位矩阵

单位矩阵是对角线元素的值为 1，非对角线元素的值为 0 的矩阵，如图 1-4 所示，一般记为 $\boldsymbol{I}$。单位矩阵具有非常良好的性质，任何一个矩阵和单位矩阵的乘积都等于该矩阵本身，并且矩阵和单位矩阵的乘法满足乘法交换律，即 $\boldsymbol{AI}=\boldsymbol{IA}=\boldsymbol{A}$。

2. 对角矩阵

对角矩阵是非对角线元素的值为 0 的矩阵，其中单位矩阵是一种特殊的对角矩阵，一般的对角矩阵如图 1-4 所示。由于对角矩阵只有对角线元素的值可能不为 0，因此可以用对角线元素的值来表示该矩阵，一般记为$\boldsymbol{D}=\mathrm{Diag}\left(\lambda_1,\lambda_2,\cdots,\lambda_n\right)$。对角矩阵在进行矩阵乘法运算时有较为便捷的特性，即对角矩阵 $\boldsymbol{D}$ 左乘一个矩阵 $\boldsymbol{A}$，相当于矩阵 $\boldsymbol{A}$ 的每一行和对角矩阵 $\boldsymbol{D}$ 的每一个对角线元素做点乘；对角矩阵 $\boldsymbol{D}$ 右乘一个矩阵 $\boldsymbol{A}$，相当于矩阵 $\boldsymbol{A}$ 的每一列和对角矩阵 $\boldsymbol{D}$ 的每一个对角线元素做点乘，如图 1-5 所示。

3. 对称矩阵

对称矩阵是满足$a_{ij}=a_{ji}$的矩阵，其中对角矩阵是一种特殊的对称矩阵，一般的对称矩阵如图 1-4 所示。回顾矩阵转置运算的定义，我们不难发现，对称矩阵满足 $\boldsymbol{A}=\boldsymbol{A}^{\mathrm{T}}$性质。

4. 正交矩阵

正交矩阵是满足$\boldsymbol{U}^{\mathrm{T}}\boldsymbol{U}=\boldsymbol{I}$的矩阵，其中单位矩阵是一种特殊的正交矩阵，并且单位矩阵是所有对角矩阵中唯一一个满足正交矩阵性质的矩阵。事实上正交矩阵满足乘法交换律，即$\boldsymbol{U}^{\mathrm{T}}\boldsymbol{U}=\boldsymbol{U}\boldsymbol{U}^{\mathrm{T}}=\boldsymbol{I}$，在此不进行证明。

$$\boldsymbol{I}=\begin{bmatrix}1 & 0 & \cdots & 0\\ 0 & 1 & \cdots & 0\\ \vdots & \vdots & & \vdots\\ 0 & 0 & \cdots & 1\end{bmatrix}\quad \boldsymbol{D}=\begin{bmatrix}\lambda_1 & 0 & \cdots & 0\\ 0 & \lambda_2 & \cdots & 0\\ \vdots & \vdots & & \vdots\\ 0 & 0 & \cdots & \lambda_n\end{bmatrix}\quad \boldsymbol{A}=\begin{bmatrix}a_{11} & a_{12} & \cdots & a_{1n}\\ a_{12} & a_{22} & \cdots & a_{2n}\\ \vdots & \vdots & & \vdots\\ a_{1n} & a_{2n} & \cdots & a_{nn}\end{bmatrix}$$

单位矩阵　　对角矩阵　　对称矩阵

图 1-4　单位矩阵、对角矩阵、对称矩阵

$$AD=\begin{bmatrix}\lambda_1a_{11} & \lambda_2a_{12} & \cdots & \lambda_na_{1n}\\ \lambda_1a_{21} & \lambda_2a_{22} & \cdots & \lambda_na_{2n}\\ \vdots & \vdots & & \vdots\\ \lambda_1a_{n1} & \lambda_2a_{n2} & \cdots & \lambda_na_{nn}\end{bmatrix},\quad DA=\begin{bmatrix}\lambda_1a_{11} & \lambda_1a_{12} & \cdots & \lambda_1a_{1n}\\ \lambda_2a_{21} & \lambda_2a_{22} & \cdots & \lambda_2a_{2n}\\ \vdots & \vdots & & \vdots\\ \lambda_na_{n1} & \lambda_na_{n2} & \cdots & \lambda_na_{nn}\end{bmatrix}$$

图 1-5　对角矩阵乘法

1.2.5　线性方程组与矩阵的逆

前面我们介绍了矩阵的基本概念、矩阵的运算及几种特殊的矩阵，本节将给出矩阵的一个应用场景，同时引出矩阵的逆[1]的概念。

1. 线性方程组的定义

解线性方程组是矩阵的一个重要应用，下面我们先定义线性方程组。如下形式的方程组：

$$\begin{cases}a_{11}x_1+a_{12}x_2+\cdots+a_{1n}x_n=b_1\\ a_{21}x_1+a_{22}x_2+\cdots+a_{2n}x_n=b_2\\ \quad\vdots\\ a_{m1}x_1+a_{m2}x_2+\cdots+a_{mn}x_n=b_m\end{cases}$$

一般被称为线性方程组，其中$x_1,x_2,\cdots,x_n$是 n 个变量，$b_1,b_2,\cdots,b_m$是常数项，a_{ij}是系数。我们用矩阵 $\boldsymbol{A}$ 代表所有的系数，则$\boldsymbol{A}=(a_{ij})\in\mathbf{R}^{m\times n}$；向量 $\boldsymbol{x}$ 代表所有的变量，则$\boldsymbol{x}=(x_1,x_2,\cdots,x_n)^{\mathrm{T}}\in\mathbf{R}^n$；向量 $\boldsymbol{b}$ 代表所有的常数项，$\boldsymbol{b}=(b_1,b_2,\cdots,b_m)^{\mathrm{T}}\in\mathbf{R}^m$。根据矩阵的乘法法则，这个线性方程组可以简洁地表示为$\boldsymbol{Ax}=\boldsymbol{b}$。

我们使用矩阵形式简洁地表示了线性方程组，接下来使用矩阵来求解这个线性方程组。我们先思考最简单的情况，假设我们求解的是一个线性方程$ax=b$，其中 a 和 b 都是实数，我们只需要用除法运算就能求得$x=b/a$，但需要注意的是 a 不能为0。类比到线性方程组$\boldsymbol{Ax}=\boldsymbol{b}$，其中 $\boldsymbol{A}$ 是一个 $m\times n$ 维的矩阵，$\boldsymbol{b}$ 是一个 m 维的向量，如果矩阵可以进行除法运算，那么求解线性方程组的问题也就迎刃而解了。

2. 矩阵的逆

由于矩阵的除法运算涉及矩阵的逆，所以我们先给出矩阵的逆的定义。

矩阵$\boldsymbol{A} \in \mathbf{R}^{nn}$为可逆矩阵，如果存在矩阵$\boldsymbol{B} \in \mathbf{R}^{nn}$，使得 $\boldsymbol{AB}=\boldsymbol{BA}=\boldsymbol{I}$，其中 $\boldsymbol{I}$ 是 n 维单位矩阵，则矩阵 $\boldsymbol{B}$ 称为矩阵 $\boldsymbol{A}$ 的逆矩阵，记为 $\boldsymbol{A}^{-1}$。我们注意到，矩阵的逆只定义于行数与列数相同的矩阵，即方阵，并且矩阵的逆是唯一的，感兴趣的读者可以使用定义尝试证明。

我们定义了矩阵的逆之后，再定义矩阵的除法。事实上绝大部分的教材并没有定义矩阵的除法，矩阵只是广义上存在除法。矩阵$\boldsymbol{A} \in \mathbf{R}^{nn}$，矩阵$\boldsymbol{B} \in \mathbf{R}^{nn}$，如果矩阵 $\boldsymbol{B}$ 是可逆的，则矩阵 $\boldsymbol{A}$ 除以矩阵 $\boldsymbol{B}$ 相当于矩阵 $\boldsymbol{A}$ 乘矩阵 $\boldsymbol{B}$ 的逆矩阵。

矩阵的逆有一些重要性质，矩阵乘法和矩阵的逆满足$(\boldsymbol{AB})^{-1}=\boldsymbol{B}^{-1}\boldsymbol{A}^{-1}$，矩阵转置和矩阵的逆满足$(\boldsymbol{A}^{-1})^{\mathrm{T}}=(\boldsymbol{A}^{\mathrm{T}})^{-1}$。

3. 矩阵的逆的计算方法

矩阵的逆的定义只涉及逆矩阵的存在性，以下我们简要介绍逆矩阵的两种计算方法。在机器学习中很多应用会使用一个矩阵的逆矩阵，因此相关软件会提供计算一个矩阵的逆矩阵的工具，而实现的方法基于以下我们介绍的计算方法。

（1）伴随矩阵

$\boldsymbol{A}^{-1}=\dfrac{1}{d}\boldsymbol{A}^{*}$，其中$\boldsymbol{A}^{*}=(\boldsymbol{A}_{ij})$称为 $\boldsymbol{A}$ 的伴随矩阵。每个$\boldsymbol{A}_{ij}$是矩阵 $\boldsymbol{A}$ 中的元素a_{ij}对应的代数余子式。我们在此只给出代数余子式的计算公式，对于涉及的矩阵的行列式知识，我们不再做进一步解释。

$$\boldsymbol{A}_{ij}=(-1)^{i+j}\boldsymbol{M}_{ij}=(-1)^{i+j}\begin{vmatrix} a_{11} & \cdots & a_{1i-1} & a_{1i+1} & \cdots & a_{1n} \\ \vdots & & \vdots & \vdots & & \vdots \\ a_{j-11} & \cdots & a_{j-1i-1} & a_{j-1i+1} & \cdots & a_{j-1n} \\ a_{j+11} & \cdots & a_{j+1i-1} & a_{j+1i+1} & \cdots & a_{j+1n} \\ \vdots & & \vdots & \vdots & & \vdots \\ a_{n1} & \cdots & a_{ni-1} & a_{ni+1} & \cdots & a_{nn} \end{vmatrix}$$

式中，$\boldsymbol{M}_{ij}$是矩阵 $\boldsymbol{A}$ 去除第 i 行和第 j 列元素得到的 $(n-1)\times(n-1)$ 维矩阵；$|\cdot|$ 代表矩阵的行列式。

（2）高斯消元法

方阵$\boldsymbol{A} \in \mathbf{R}^{n\times n}$，把 n 维单位方阵 $\boldsymbol{I}$ 放在方阵 $\boldsymbol{A}$ 的右侧，形成一个 n 行 $2n$ 列的新矩阵，对该矩阵做初等行变换，把左边的方阵 $\boldsymbol{A}$ 化为单位方阵 $\boldsymbol{I}$，则右边的单位方阵 $\boldsymbol{I}$ 经过变换后得到的方阵就是方阵 $\boldsymbol{A}$ 的逆矩阵$\boldsymbol{A}^{-1}$，这种求逆矩阵的方法称为高斯消元法，如图 1-6 所示。矩阵的初等行变换是指一个标量乘矩阵某一行的行向量，再加到该矩阵另一行的行向量上得到一个新的矩阵。

$$\left[\begin{array}{ccc|cccc} a_{11} & a_{12} \cdots & a_{1n} & 1 & 0 & \cdots & 0 \\ a_{12} & a_{22} \cdots & a_{2n} & 0 & 1 & \cdots & 0 \\ \vdots & \vdots & \vdots & \vdots & \vdots & & \vdots \\ a_{1n} & a_{2n} \cdots & a_{nn} & 0 & 0 & 0 & 1 \end{array}\right] \xrightarrow{\text{初等行变换}} \left[\begin{array}{cccc|ccc} 1 & 0 & \cdots & 0 & a_{11}^{-1} & a_{12}^{-1} \cdots & a_{1n}^{-1} \\ 0 & 1 & \cdots & 0 & a_{12}^{-1} & a_{22}^{-1} \cdots & a_{2n}^{-1} \\ \vdots & \vdots & & \vdots & \vdots & \vdots & \vdots \\ 0 & 0 & 0 & 1 & a_{1n}^{-1} & a_{2n}^{-1} \cdots & a_{nn}^{-1} \end{array}\right]$$

图 1-6　高斯消元法

4. 线性方程组的解析解

我们利用矩阵的逆这一工具求解线性方程组 $\boldsymbol{Ax}=\boldsymbol{b}$，其中 $\boldsymbol{A}=\left(a_{ij}\right)\in\mathbf{R}^{m\times n}$，$\boldsymbol{x}=\left(x_1,x_2,\cdots,x_n\right)^{\mathrm{T}}\in\mathbf{R}^n$，$\boldsymbol{b}=\left(b_1,b_2,\cdots,b_m\right)^{\mathrm{T}}\in\mathbf{R}^m$。我们注意到，矩阵 $\boldsymbol{A}$ 的行数和列数并不相等，而矩阵的逆只定义在方阵上，这里需要使用一个小技巧，即线性方程组的两边同时左乘一个矩阵$\boldsymbol{A}^{\mathrm{T}}$，得到$\boldsymbol{A}^{\mathrm{T}}\boldsymbol{Ax}=\boldsymbol{A}^{\mathrm{T}}\boldsymbol{b}$。根据矩阵乘法的运算法则，$\boldsymbol{A}^{\mathrm{T}}\boldsymbol{A}\in\mathbf{R}^{n\times n}$是一个方阵，并且可以验证$\boldsymbol{A}^{\mathrm{T}}\boldsymbol{A}$是一个对称矩阵。如果方阵$\boldsymbol{A}^{\mathrm{T}}\boldsymbol{A}$存在逆矩阵$(\boldsymbol{A}^{\mathrm{T}}\boldsymbol{A})^{-1}$，则我们在方程组的两边同时左乘$\boldsymbol{A}^{\mathrm{T}}\boldsymbol{A}$的逆矩阵，得到$(\boldsymbol{A}^{\mathrm{T}}\boldsymbol{A})^{-1}\boldsymbol{A}^{\mathrm{T}}\boldsymbol{Ax}=(\boldsymbol{A}^{\mathrm{T}}\boldsymbol{A})^{-1}\boldsymbol{A}^{\mathrm{T}}\boldsymbol{b}$，即$\boldsymbol{x}=(\boldsymbol{A}^{\mathrm{T}}\boldsymbol{A})^{-1}\boldsymbol{A}^{\mathrm{T}}\boldsymbol{b}$。也就是说，对于任何一个线性方程组$\boldsymbol{Ax}=\boldsymbol{b}$而言，只要方阵$\boldsymbol{A}^{\mathrm{T}}\boldsymbol{A}$可逆，我们就能得到该线性方程组的一个解析解$\boldsymbol{x}=(\boldsymbol{A}^{\mathrm{T}}\boldsymbol{A})^{-1}\boldsymbol{A}^{\mathrm{T}}\boldsymbol{b}$。

需要注意的是，我们使用矩阵的逆得到的线性方程组的解通常不是唯一解。一般而言，当 m（线性方程组的个数）$<n$（变量的个数）时，线性方程组有无穷多个解。当 $m=n$ 时，如果矩阵 $\boldsymbol{A}$ 可逆，则线性方程组有唯一解；如果矩阵 $\boldsymbol{A}$ 不可逆，则线性方程组有无穷多个解。当 $m>n$ 时，需要进一步考察矩阵 $\boldsymbol{A}$ 的性质才能得到解的形态。

1.2.6 特征值和特征向量

本节讨论矩阵的特征值和特征向量，我们先给出特征值和特征向量的定义。

1. 特征值和特征向量的定义及性质

矩阵$\boldsymbol{A} \in \mathbf{R}^{n\times n}$，如果存在向量$\xi$和标量$\lambda$，满足$\boldsymbol{A}\xi=\lambda\xi$，则称标量$\lambda$是矩阵$\boldsymbol{A}$的一个特征值，而向量$\xi$称为矩阵$\boldsymbol{A}$的属于特征值$\lambda$的一个特征向量。

从直观上可以看出，矩阵$\boldsymbol{A}$左乘向量ξ并没有改变这个向量的方向，只是对这个向量的长度做了变换。特征向量有如下两个重要的性质。

性质 1：如果向量ξ是矩阵$\boldsymbol{A}$的属于特征值λ的一个特征向量，那么对于任意的$k\in\mathbf{R}$且$k \neq 0$，$k\xi$也是矩阵$\boldsymbol{A}$的属于特征值λ的特征向量。

性质 2：如果向量ξ和$\boldsymbol{\mu}$都是矩阵$\boldsymbol{A}$的属于特征值λ的特征向量，那么对于任意的a、$b\in\mathbf{R}$，$a\xi+b\boldsymbol{\mu}$也是矩阵$\boldsymbol{A}$的属于特征值λ的特征向量。

2. 对称矩阵的特征值分解

从定义中可以看出，特征值和特征向量存在于任意一个方阵$\boldsymbol{A}$中。一般而言，方阵$\boldsymbol{A}$的特征值个数不超过n个，并且特征值不一定是实数。但如果我们把讨论范围限制在方阵的一种特殊情况即对称矩阵上，那么特征值和特征向量有非常良好的性质。

假设$\boldsymbol{A}=(a_{ij})\in\mathbf{R}^{n\times n}$是对称矩阵，即满足$a_{ij}=a_{ji}$的矩阵，那么矩阵$\boldsymbol{A}$的特征值全部为实数，并且存在$n$个互相正交的特征向量$\xi_1,\xi_2,\cdots,\xi_n$，其构成的矩阵$\boldsymbol{U}$满足$\boldsymbol{U}^{\mathrm{T}}\boldsymbol{A}\boldsymbol{U}=\mathrm{Diag}(\lambda_1,\lambda_2,\cdots,\lambda_n)$。这个性质可以改写为$\boldsymbol{A}=\boldsymbol{U}\mathrm{Diag}(\lambda_1,\lambda_2,\cdots,\lambda_n)\boldsymbol{U}^{\mathrm{T}}$，被称为矩阵$\boldsymbol{A}$的特征值分解，如图 1-7 所示。

$$\begin{bmatrix} a_{11} & a_{12} & \cdots & a_{1n} \\ a_{12} & a_{22} & \cdots & a_{2n} \\ \vdots & \vdots & & \vdots \\ a_{1n} & a_{2n} & \cdots & a_{nn} \end{bmatrix} = \boldsymbol{A} = \boldsymbol{U}\mathrm{Diag}(\lambda_1,\lambda_2,\cdots,\lambda_n)\boldsymbol{U}^{\mathrm{T}} = [\xi_1,\xi_2,\cdots,\xi_n]\begin{bmatrix} \lambda_1 & 0 & \cdots & 0 \\ 0 & \lambda_2 & \cdots & 0 \\ \vdots & \vdots & & \vdots \\ 0 & 0 & \cdots & \lambda_n \end{bmatrix}\begin{bmatrix} \xi_1^{\mathrm{T}} \\ \xi_2^{\mathrm{T}} \\ \vdots \\ \xi_n^{\mathrm{T}} \end{bmatrix}$$

图 1-7 矩阵 $\boldsymbol{A}$ 的特征值分解

在图 1-7 中，$\lambda_1,\lambda_2,\cdots,\lambda_n$都是实数，并且是对称矩阵 $\boldsymbol{A}$ 的特征值，但我们不能保证特征值两两不同。特征向量$\boldsymbol{\xi}_1,\boldsymbol{\xi}_2,\cdots,\boldsymbol{\xi}_n$是对应于特征值$\lambda_1,\lambda_2,\cdots,\lambda_n$的特征向量，并且两两正交，即对于任意$i \neq j$，满足$\boldsymbol{\xi}_i^{\mathrm{T}}\boldsymbol{\xi}_j = 0$。

对称矩阵的这一性质在机器学习中有着非常重要的应用。在主成分分析（PCA）方法中，数据或特征数据的协方差矩阵是一个对称矩阵，使用上述特征值分解方法，我们把数据或特征数据映射到一个新空间。在这个新空间里，协方差矩阵是一个对角矩阵，即所有的特征值都是彼此独立的，并且特征值的重要性可以由对角矩阵中的对角线元素的大小来表示。

3. 正定矩阵与负定矩阵

在本节的最后我们介绍一种对称矩阵的分类方法。观察对称矩阵 $\boldsymbol{A}$ 在特征值分解中得到的对角矩阵$\boldsymbol{D} = \mathrm{Diag}(\lambda_1,\lambda_2,\cdots,\lambda_n)$，如果所有特征值都满足$\lambda_i > 0$，则称对称矩阵 $\boldsymbol{A}$ 是正定的；如果所有特征值都满足$\lambda_i \geqslant 0$，则称对称矩阵 $\boldsymbol{A}$ 是半正定的；如果所有特征值都满足$\lambda_i < 0$，则称对称矩阵 $\boldsymbol{A}$ 是负定的；如果所有特征值都满足$\lambda_i \leqslant 0$，则称对称矩阵 $\boldsymbol{A}$ 是半负定的；如果同时存在$\lambda_i < 0$和$\lambda_j > 0$，则称对称矩阵 $\boldsymbol{A}$ 是不定的。在有些机器学习的应用中会对矩阵做出正定或半正定的假设，希望读者在看到这些假设时能够有所思考，如这样的假设在现实中能否达到。

1.2.7 张量的定义和运算

本节我们将对张量的概念做简单的介绍，事实上在机器学习的应用中很少用到张量，随着深度学习及深度学习工具的推出，张量的概念成为学习该领域不可或缺的基础之一。张量被大量地运用于图像处理领域，由于图像是由三维张量表示的，而文本处理和传统的特征数据中的数据通常是二维的，因此为了加速计算，实现算法的软件应用常会引入批次的概念，把原来的二维数据提升为三维张量数据。

1. 张量的定义

张量$\boldsymbol{X} \in \mathbf{R}^{I_1 \times I_2 \times \cdots \times I_n}$，称为 n 阶张量，$I_1,I_2,\cdots,I_n$是每一阶的维数。张量是向量和

矩阵在高维情况下的推广，向量$\boldsymbol{x} \in \mathbf{R}^n$可以看作一阶张量，矩阵$\boldsymbol{A} \in \mathbf{R}^{mn}$可以看作二阶张量。

2. 张量的纤维化与切片

张量可以进行纤维化[2]。我们以三阶张量为例，假设张量$\boldsymbol{X} \in \mathbf{R}^{I\times J\times K}$，$\boldsymbol{X}$可以根据三个阶分别进行纤维化，得到$\boldsymbol{x}_{:jk}$、$\boldsymbol{x}_{i:k}$和$\boldsymbol{x}_{ij:}$，其中$\boldsymbol{x}_{:jk}$是固定张量的第二阶和第三阶得到的一个$\mathbf{R}^I$的向量。张量也可以进行切片。对于张量$\boldsymbol{X} \in \mathbf{R}^{I\times J\times K}$，根据三个阶分别进行切片，得到$\boldsymbol{x}_{i::}$、$\boldsymbol{x}_{:j:}$和$\boldsymbol{x}_{::k}$，其中$\boldsymbol{x}_{i::}$是固定张量的第一阶且保留其他阶的变化得到的一个$\mathbf{R}^{J\times K}$的矩阵。

张量的纤维化与切片不局限于三阶张量。一般而言，一个n阶张量经过纤维化会变成一阶向量，经过切片会变成$n-1$阶张量。

3. 张量的运算

两个张量之间可以进行内积运算和阿达马（Hadamard）乘积运算[2]，前提是张量的形状一致。假设张量$\boldsymbol{X} \in \mathbf{R}^{I_1\times I_2\times\cdots\times I_n}$，张量$\boldsymbol{Y} \in \mathbf{R}^{I_1\times I_2\times\cdots\times I_n}$，则张量$\boldsymbol{X}$和$\boldsymbol{Y}$的内积定义为$\boldsymbol{XY} = \sum_{i_1=1}^{I_1}\sum_{i_2=1}^{I_2}\cdots\sum_{i_n=1}^{I_n} x_{i_1 i_2\cdots i_n} y_{i_1 i_2\cdots i_n} \in \mathbf{R}$。如果把张量限制在一阶范围内，则张量的内积定义与向量的内积定义是一致的。张量$\boldsymbol{X}$和$\boldsymbol{Y}$的Hadamard乘积定义为$\boldsymbol{XY} = \boldsymbol{Z} \in \mathbf{R}^{I_1\times I_2\times\cdots\times I_n}$，其中$z_{i_1 i_2\cdots i_n} = x_{i_1 i_2\cdots i_n} y_{i_1 i_2\cdots i_n}$。Hadamard乘积按元素相乘，得到的张量维度和原张量维度相同。

张量还可以与矩阵进行乘法运算，但需要指定张量的某一个阶与矩阵进行乘法运算。假设张量$\boldsymbol{X} \in \mathbf{R}^{I_1\times I_2\times\cdots\times I_n}$，矩阵$\boldsymbol{A} \in \mathbf{R}^{I_k\times J}$，则$\boldsymbol{X}_k \times \boldsymbol{A} \in \mathbf{R}^{I_1\times\cdots\times I_{k-1}\times J\times I_{k+1}\times\cdots\times I_n}$，其中$y_{i_1\cdots j\cdots i_n} = \sum_{i_k=1}^{I_k} x_{i_1\cdots i_k\cdots i_n} a_{i_k j}$。由此可以得出，张量与矩阵进行乘法运算的前提是，指定张量的阶的维数和矩阵的行数相同，得到的新张量在这个阶上的维数等于矩阵的列数，其他阶上的维数不变。

1.3 概率基础

1.3.1 频率与概率

1. 频率的定义

在 n 次重复实验中，事件 A 发生了 m 次，m 叫作事件 A 发生的频次，事件 A 发生的频次 m 与实验总次数 n 的比值 $\frac{m}{n}$ 叫作事件 A 出现的频率 [3]，记作

$$f_n(\mathrm{A})=\frac{m}{n}$$

根据定义可知，频率的特性如下：

$$0\leqslant f_n(\mathrm{A})\leqslant 1$$

例如，连续抛掷 5 次质地均匀的硬币，其中正面出现了 3 次，那么出现正面的频率是$\frac{3}{5}$。

2. 概率的定义

在日常生活中，人们经常以抛掷质地均匀的硬币来决定是否做某一件事，因为在人们心中，抛掷质地均匀的硬币出现正面和反面的可能性相同，我们用概率 [3] 来刻画这个可能性，即抛掷质地均匀的硬币出现正面和反面的概率都是$\frac{1}{2}$。

通过上面的描述我们可以看出，概率具有客观性，不能随意改变。

事件 A 的概率用$P(\mathrm{A})$表示，并且规定$0\leqslant P(\mathrm{A})\leqslant 1$。

3. 频率和概率的区别与联系

在通常情况下，事件发生的概率是难以计算的，我们可以通过在相同条件下进行大量实验来识别和检验。

一般来说，在相同条件下，当大量重复进行同一实验时，事件 A 发生的频率 $\frac{m}{n}$

总是接近某一个常数，并在它附近波动，这时我们可以把这个常数作为事件 A 发生的概率，记作$P(\mathrm{A})$。

频率和概率的区别与联系如下。

区别：频率是不确定的，与每一次实验密切相关；概率是固定不变，不随实验的进行而变化。

联系：大量重复进行同一实验的频率在一定程度上可以用来表示概率。

4. 联合概率

在实际生活中，我们有时候需要知道两个事件同时发生的概率。例如，任意抛两次质地均匀的硬币，第一次出现正面记作事件 A，第二次出现正面记作事件 B，那么事件 A 和 B 同时出现的概率叫作联合概率 [3]，记作$P(\mathrm{A},\mathrm{B})$。我们知道连续抛两次质地均匀的硬币会出现四种情况：(正面 , 正面),(正面 , 反面),(反面 , 正面),(反面 , 反面)。根据经验我们知道这四种情况出现的概率是相同的，所以$P(\mathrm{A},\mathrm{B})=\frac{1}{4}$。

5. 条件概率

如果我们已知“事件 B 已经发生”，在这个条件下事件 A 发生的概率叫作条件概率 [3]，记作$P(\mathrm{A}|\mathrm{B})$或$P_{\mathrm{B}}(\mathrm{A})$，连续抛两次硬币会出现四个基本事件，第二次出现正面的情况有两种，即 (正面 , 正面) 和 (反面 , 正面)，那么我们就可以知道在事件 B（第二次出现正面）下出现事件 A（第一次出现正面）的概率为

$$P(\mathrm{A}|\mathrm{B})=\frac{1}{4}\div\frac{2}{4}=\frac{1}{2}$$

由条件概率的定义可得

$$P(\mathrm{A},\mathrm{B})=P(\mathrm{A}|\mathrm{B})\cdot P(\mathrm{B})$$
$$P(\mathrm{A},\mathrm{B})=P(\mathrm{B}|\mathrm{A})\cdot P(\mathrm{A})$$

6. 全概率公式

在很难直接确定事件 B 发生的概率的情况下，我们可以先把事件分成若干类，

然后计算每一类事件A_i与事件 B 的联合概率，最后求和就可以计算出事件 B 发生的概率。因此，对于任一事件 B，有

$$P(\mathrm{B})=\sum_{i}^{n}P(\mathrm{B},\mathrm{A}_i)=\sum_{i}^{n}P(\mathrm{B}\mid\mathrm{A}_i)P(\mathrm{A}_i)$$

上式称为全概率公式[3]。

7. 贝叶斯理论

全概率公式为我们提供了一种间接计算事件 B 发生的概率的方法，即当无法直接计算事件 B 发生的概率时，我们根据在各个事件发生的情况下事件 B 发生的概率间接计算事件 B 发生的概率。但是有时候我们知道事件 B 已经发生，也知道在各种情况下事件 B 发生的概率，如何计算事件 B 发生的“原因”中各种情况的概率呢？贝叶斯公式[3]解决了这个问题，贝叶斯公式如下：

$$P(\mathrm{A}_i\mid\mathrm{B})=\frac{P(\mathrm{B}\mid\mathrm{A}_i)P(\mathrm{A}_i)}{\sum_{j=1}^{n}P(\mathrm{B}\mid\mathrm{A}_j)P(\mathrm{A}_j)}$$

例 现有 2 个袋子，每个袋子中有 10 个球，其中第一个袋子中有 8 个红球，2 个白球；第二个袋子中有 7 个红球，3 个白球。现在随机选择一个袋子并且抽出一个红球，请问这个红球从第一个袋子中抽出的概率是多少？

解 设 A_1 和 A_2 分别表示选择的是第一个袋子和第二个袋子的事件，B 表示抽出一个红球的事件。由题意可知

$$P(\mathrm{A}_1)=P(\mathrm{A}_2)=0.5$$
$$P(\mathrm{B}\mid\mathrm{A}_1)=0.8;\ P(\mathrm{B}\mid\mathrm{A}_2)=0.7$$

按照贝叶斯公式计算这个红球是从第一个袋子中抽出的概率为

$$\begin{aligned}P(\mathrm{A}_1\mid\mathrm{B})&=\frac{P(\mathrm{A}_1)P(\mathrm{B}\mid\mathrm{A}_1)}{P(\mathrm{A}_1)P(\mathrm{B}\mid\mathrm{A}_1)+P(\mathrm{A}_2)P(\mathrm{B}\mid\mathrm{A}_2)}\\&=\frac{0.5\times0.8}{0.5\times0.8+0.5\times0.7}\\&\approx0.53\end{aligned}$$

1.3.2 熵

1. 熵的定义

熵[4]最早是由热力学领域的专家提出的，是体系混乱程度的度量。熵越大，混乱程度越大；熵越小，混乱程度越小。“信息论之父”香农借用热力学领域中的熵的概念提出了信息熵。在信息论中，熵可以看作随机变量的平均不确定度的度量。变量的不确定性越大，熵就越大，确定它所需要的信息量也就越大。

例如，甲、乙两人参加一场射击比赛，如果从历史成绩来看甲的胜率是100%，那么我们就很容易确定这场比赛甲会获胜；如果从历史成绩来看甲和乙的胜率都是50%，那么我们就难以确定这场比赛谁会获胜。香农提出用下面的公式来描述这种不确定度：

$$H = -\sum_{i=1}^{m} P(x_i)\log_2 P(x_i)$$

考虑只有两种状态 $\{x_1, x_2\}$ 的随机变量，当 x_1 和 x_2 都是 $\frac{1}{2}$ 时，H=1；当 $x_1=1$，$x_2=0$ 时，H=0。

2. 联合熵

我们可以用下面的公式来表示两个随机变量的熵（联合熵）[4]：

$$H(X,Y) = \sum_{x,y} P(x,y)\log\frac{1}{P(x,y)}$$

3. 条件熵

与条件概率类似，在随机变量 X 发生的前提下，随机变量 Y 发生的熵被定义为 Y 的条件熵。条件熵主要用来衡量在已知随机变量 X 的条件下随机变量 Y 的不确定性，用下面的公式来表示[4]：

$$H(Y|X) = -\sum_{x\in X}\sum_{y\in Y} P(x,y)\log P(y|x)$$

由定义可知

$$H(Y|X)=H(X,Y)-H(Y)$$

4. 相对熵

假设一个离散随机变量 x，它的离散概率分布有两种可能的形式，即 $p(x)$ 和 $q(x)$。为了表示这两种分布之间距离的大小，我们把这种距离叫作相对熵[4]，也叫作 Kullback-Leibler 距离，公式如下：

$$D_{\mathrm{KL}}(p(x),q(x))=\sum_{x} q(x)\log\frac{q(x)}{p(x)}$$

5. 互信息

两个随机变量 X 和 Y 的互信息的定义为 X 和 Y 的联合概率分布和各自独立分布乘积的熵，用下面的公式表示：

$$I(X,Y)=\sum_{x\in X}\sum_{y\in Y}p(x,y)\log\frac{p(x,y)}{p(x)p(y)}$$

根据熵的定义和计算公式，我们可以得到各种熵之间的关系，如图 1-8 所示。

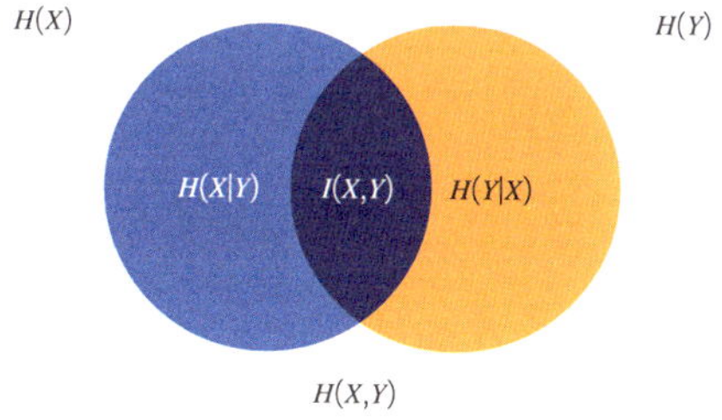

图 1-8 熵之间的关系图

1.3.3 常见的概率分布

1. 伯努利分布

在一次打靶实验中，假设打中的概率为 0.6，打不中的概率为 0.4，我们用 w_i 表示打中的概率，用 w_j 表示打不中的概率，用一个字母 ξ 把 $\{w_i, w_j\}$ 映射到实数空间 $\{0,1\}$，我们称 ξ 为一个随机变量。在离散情况下，假设 ξ 的一切可能值为 $x_1,x_2,\cdots,x_n$，记作$p_n=P\{\xi=x_n\}$（n=1,2,⋯），称$p_1,p_2,\cdots,p_n$为ξ的分布列，在连续情况下又称为ξ的概率函数。

以上面的一次打靶实验为例，ξ只有两种情况，即打中和打不中，我们称ξ服从两点分布，也叫伯努利分布[3]。伯努利分布列如表 1-1 所示。

表 1-1　伯努利分布列

ξ	0	1
P	$1-p$	p

2．二项分布

若随机变量ξ满足如表 1-2 所示的二项分布列，我们就把这种分布叫作二项分布。

表 1-2　二项分布列

ξ	0	1	⋯	k	⋯	n
P	$(1-p)^n$	$C_n^1 p(1-p)^{n-1}$	⋯	$C_n^k p^k(1-p)^{n-k}$	⋯	p^n

根据上面的分布列可以看出，随机变量ξ取值k的概率$P\{\xi=k\}=C_n^k p^k q^{n-k}$恰好是$(p+q)^n$二项展开式的第$k+1$项，这就是二项分布名称的由来。

二项分布通常可以看作描绘多次射击，k次“命中”的概率分布情况的一个数学模型；也可以看作多次抛掷一枚质地均匀的硬币，k次“出现正面”的概率分布情况的一个数学模型。

3．多项分布

多项分布（Multinomial Distribution）[3]是二项分布的推广。二项分布是指当做n次伯努利实验时，每次实验的结果只有两个。如果现在还是做n次实验，只不过每次实验的结果有m个，且m个结果发生的概率互斥且和为 1，则发生其中一个结果X次的概率就属于多项分布。以掷骰子为例，通常骰子有 6 个面，每一个面出现的概率是$\frac{1}{6}$，多次掷骰子，骰子的每个面出现的次数的概率分布情况就可以看作一个多

项分布模型，重复掷骰子 n 次，k 次点数 6 朝上的概率是

$$P\{X=k\}=\mathrm{C}_n^k p_6^k\left(1-p_6\right)^{n-k}，\ k=0,1,2,\cdots,n$$

式中，p_6 为点数 6 朝上的概率。

多项分布的概率质量函数为

$$P\{X_1=K_1,X_2=K_2,\cdots,X_n=K_n\}=\frac{n!}{k_1!k_2!\cdots k_n!}\prod_{i=1}^{n}p_i^{k_i}，\ \sum_{i=0}^{n}k_i=n$$

4. 贝塔分布（Beta 分布）

在打靶实验中，如果我们想知道一名运动员的中靶率（暂时不考虑打中多少环，只考虑是否中靶），我们可以获取这名运动员最近几年的打靶记录，统计这名运动员打靶的中靶率，就可以预估这名运动员此次打靶的中靶率。但是如果这名运动员的历史打靶记录丢失，或者他只有一次打靶记录，且中靶率是 100%，我们根据这次打靶记录预测此次打靶这名运动员的中靶率为 100% 是不现实的，也是不合理的。因为根据所有运动员的打靶记录，我们知道中靶率应该是 0.85 ～ 0.95。

对于这个问题，我们可以用二项分布表示（一系列成功或失败），一种表示这些经验（在统计中称为先验信息）的方法是 Beta 分布 [3]，这表示在这名运动员打靶之前，我们就对结果预测了一个大概的范围。Beta 分布的定义域是 (0,1)，这与概率的范围是一致的。Beta 分布的密度函数如下：

$$f(x)=\frac{\Gamma(\alpha+\beta)}{\Gamma(\alpha)\Gamma(\beta)}x^{\alpha-1}(1-x)^{\beta-1}$$

式中，α 和 β 是 Beta 分布的两个重要参数，根据先验知识获取；$\Gamma(\alpha)$是伽马函数，即

$$\Gamma(\alpha)=\int_0^{\infty}x^{\alpha-1}\mathrm{e}^{-x}\,\mathrm{d}x$$

5. 狄利克雷分布

狄利克雷分布 [3] 也称多元 Beta 分布，Beta 分布是二项分布，而狄利克雷分布是多项分布。

狄利克雷分布的密度函数如下：

$$\mathrm{Dir}\left(X \mid \alpha\right)=\frac{1}{\mathrm{B}(\alpha)}\prod_{i=1}^{d}X_i^{\alpha_i-1}$$

式中，$\mathrm{B}(\alpha)$表示 Beta 分布。

1.4 优化理论

1.4.1 优化理论简介

本节我们将主要介绍优化理论，优化理论是机器学习中非常重要的一部分，并且直接影响机器学习的效率和最终结果。在绝大部分的机器学习应用中，我们会设定一个目标函数，并且希望通过数据预处理、特征工程、模型结构等手段来最小化或最大化该目标函数。最小化或最大化目标函数是优化理论需要解决的核心问题。

1. 优化问题的定义

假设$x \in \mathbf{R}^n$，函数$f\left(x\right)$：$\mathbf{R}^n \to \mathbf{R}$，函数$g\left(x\right)$：$\mathbf{R}^n \to \mathbf{R}^m$，函数$h\left(x\right)$：$\mathbf{R}^n \to \mathbf{R}^r$，任意一个优化问题可以写作

$$\begin{aligned} &\min_{x\in\mathbf{R}^n} f\left(x\right) \\ &\text{s.t. } g\left(x\right)=0 \\ &\qquad h(x)\leqslant 0 \end{aligned}$$

式中，x 为自变量；$f(x)$ 为目标函数；$g(x)$ 为等式约束；$h(x)$ 为不等式约束。

需要注意的是，目标函数 $f(x)$ 的输出是标量；等式约束 $g(x)$ 的输出是 m 维向量，代表自变量需要满足 m 个不同的等式；不等式约束 $h(x)$ 的输出是 r 维向量，代表自变量需要满足 r 个不同的不等式。这样的优化问题也被称为单目标优化，可以用于描述绝大部分的机器学习问题。如果目标函数 $f(x)$ 输出的是一个高维向量，那么优化问题就转化为多目标优化，该问题不在本节的讨论范围内。

另外需要指出的是，任意一个优化问题都可以写作上述形式。最大化一个函数

$f(x)$相当于最小化$-f(x)$，且约束条件保持不变；$h(x)\geq 0$的约束可以转化为$-h(x)\leq 0$的约束。因此，上述形式适用于任何优化问题。

2. 优化问题的分类

下面我们讨论优化问题的几种分类方法[5]，并且结合典型的优化问题及机器学习应用帮助读者更好地理解优化理论。

（1）离散空间和连续空间的优化问题

优化问题按照自变量$x\in\mathbf{R}^n$是离散值还是连续值可以分成离散空间和连续空间的优化问题。指派问题是一个典型的离散空间的优化问题，即一个工厂有 n 个工人和 n 台设备，如何把设备合理地分派给工人，使得整个工厂的工作效率最大化。自变量x_{ij}共有n^2个，每一个x_{ij}代表设备 j 是否分配给工人 i，$x_{ij}=1$代表是，$x_{ij}=0$代表否。本书中讨论的机器学习模型基本上都是连续空间的优化问题，如图像数据本身是连续的；文本数据本身是离散的，但常被转换为连续数据后再进入模型；特征工程得到的特征数据也是连续的。

（2）无约束和带约束的优化问题

优化问题按照是否带有约束条件可以分成无约束和带约束的优化问题。无约束的优化问题即$\min\limits_{x\in\mathbf{R}^n} f(x)$，是机器学习和深度学习中常见的类型，对函数$f(x)$做不同形式的假设，对应着机器学习中的各种模型。带约束的优化问题即$\min\limits_{x\in\mathbf{R}^n} f(x)$，且s.t. $g(x)=0$，$h(x)\leq 0$，常见的约束条件包括某个自变量x的上下限、自变量加和的上下限等。现实中的应用通常带有约束条件，但这并不意味着我们一定要把它们看作带约束的优化问题，我们可以在目标函数上增加一个惩罚项，有时对违反约束条件的情况进行“惩罚”，就能以无约束的优化问题来解决实际的应用问题。

（3）线性和非线性优化问题

优化问题按照目标函数和约束条件是线性还是非线性可以分为线性和非线性优化问题。一般而言，线性优化问题是指目标函数$f(x)$是线性的，约束条件$g(x)$和

$h(x)$ 也是线性的。线性优化问题具有非常良好的性质，在机器学习中线性模型有诸多应用场景。如果目标函数和约束条件中有一个不是线性的，则该问题就属于非线性优化问题。随着深度学习的发展，非线性优化问题被再一次带入人们的视野，非线性优化问题存在难以收敛至全局最优解并且优化算法的效率和收敛性难以平衡等缺陷，但相比线性优化问题，其在机器学习和深度学习的情境下有着更为重要的意义。

1.4.2 无约束的优化问题

本节我们将重点讨论无约束的优化方法，无约束的优化方法可以覆盖大部分机器学习和深度学习模型所涉及的优化问题，并且也是带约束的优化方法的基础。

1. 局部最优和全局最优的定义

我们先系统地给出局部最优和全局最优的定义。当且仅当在 x^* 在邻域 $\left(x^*-\varepsilon,x^*+\varepsilon\right)$ 内任意的 x 满足 $f\left(x\right)\geq f\left(x^*\right)$，我们称 $f\left(x\right)$ 在 x^* 处取到全局最小值。如果 $f\left(x\right)$ 在 x^* 处取到全局最小值，则我们称 x^* 是优化问题 $\min f\left(x\right)$ 的全局最优解，并记 $x^*=\operatorname{argmin} f\left(x\right)$。如果 $f\left(x\right)$ 在 x^* 处取到局部最小值，则我们称 x^* 是优化问题 $\min f\left(x\right)$ 的局部最优解。如图 1-9 所示，图中 x_0 是局部最优解但不是全局最优解，x_1 是全局最优解。

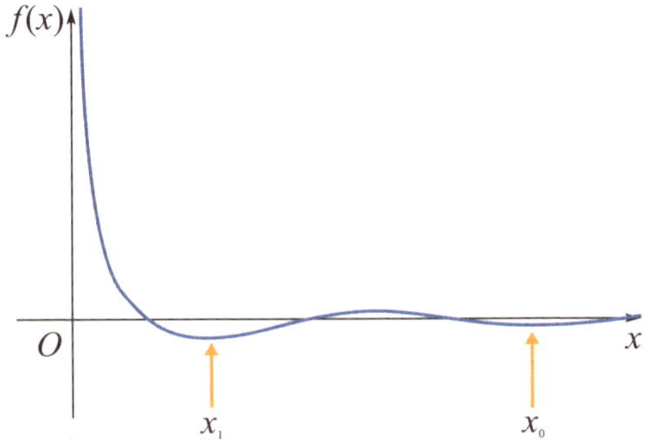

图 1-9 局部最优解和全局最优解

2. 一维情况下局部最优的性质

我们知道了局部最优和全局最优的定义，自然而然想到的问题是，给定一个优化问题，如何找到局部最优解和全局最优解。我们先把目光聚焦于简单的一维情况，假设自变量$x\in\mathbf{R}$，如果$f(x)$是一个可导函数，那么x^*是局部最优解的必要条件是$f'(x)=0$。我们可以从图 1-9 得知x_0和x_1都是局部最优解，过x_0和x_1作曲线的切线，得到的是斜率为 0 的直线，即$f(x)$在x_0和x_1处的导数为 0。我们再从泰勒展开式的角度来理解局部最优解，泰勒展开式是函数的一个局部性质，在邻域$(x^*-\varepsilon,x^*+\varepsilon)$内的任意一个$x$都满足$f(x)\approx f(x^*)+(x-x^*)f'(x^*)$。如果$f'(x^*)<0$，那么我们可以取邻域内的$x$使得$x-x^*>0$，则$(x-x^*)f'(x^*)<0$，根据泰勒展开式有$f(x)<f(x^*)$，即我们在$x^*$的邻域内找到一个使目标函数$f(x)$更小的$x$，因此$x^*$就不是局部最优解。读者可以用同样的方法证明，当$f'(x^*)>0$时，$x^*$也不可能是局部最优解。因此，$f'(x^*)=0$是局部最优解的一个必要条件。

另外，局部最优有没有充分必要条件呢？当限定目标函数$f(x)$二阶可导时，局部最优有充分必要条件。局部最优的充分必要条件是，如果$f(x)$二阶可导，当且仅当$f'(x^*)=0$且$f''(x^*)>0$时，$f(x^*)$取到局部最小值；当且仅当$f'(x^*)=0$且$f''(x^*)<0$时，$f(x^*)$取到局部最大值。如图 1-10 所示，左侧是$f(x)=(x-2)^2+2$的图像，右侧是$f(x)=-(x+1)^2+3$的图像，我们可以验证其是否满足局部最优的充分必要条件。局部最优的充分必要条件同样可以用泰勒展开式来理解，在邻域$(x^*-\varepsilon,x^*+\varepsilon)$内的任意一个$x$都满足$f(x)\approx f(x^*)+(x-x^*)f'(x^*)+(x-x^*)^2f''(x^*)$，当$f'(x^*)=0$并且$f''(x^*)>0$时，邻域内的任何一个$x$都满足$(x-x^*)f'(x^*)=0$且$(x-x^*)^2f''(x^*)>0$，因此$f(x)>f(x^*)$，即$f(x^*)$是局部最小值。

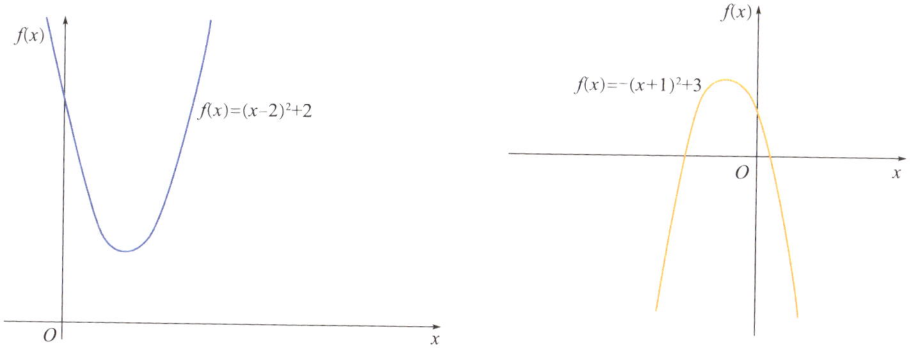

图 1-10 局部最小值和局部最大值

3. 高维情况下局部最优的性质

下面我们介绍在高维情况下局部最优的性质。在描述高维情况的局部最优之前，我们先简单介绍一下梯度和赫西让（Hessian）矩阵的内容。假设函数$f(x)$：$\mathbf{R}^n \to \mathbf{R}$，$x \in \mathbf{R}^n$，那么函数$f(x)$的梯度定义为$\nabla f(x) = \left(\partial f(x)/x_1, \partial f(x)/x_2, \cdots, \partial f(x)/x_n\right)$，即$f(x)$关于每个$x_i$求偏导得到的向量。函数$f(x)$的Hessian矩阵定义为$\boldsymbol{H}f(x) = \left(\partial^2 f(x)/x_i x_j\right)$，是一个$n \times n$维的对称矩阵，即$f(x)$关于每对$x_i x_j$求二阶偏导得到的矩阵。

在高维情况下，局部最优的必要条件由导数$f'(x^*) = 0$扩展到梯度$\nabla f(x^*) = 0$；局部最小值的充分必要条件由$f'(x^*) = 0$且$f''(x^*) > 0$扩展到梯度$\nabla f(x^*) = 0$且Hessian矩阵$\boldsymbol{H}f(x^*)$是正定矩阵；局部最大值的充分必要条件由$f'(x^*) = 0$且$f''(x^*) < 0$扩展到梯度$\nabla f(x^*) = 0$且Hessian矩阵$\boldsymbol{H}f(x^*)$是负定矩阵。关于正定矩阵和负定矩阵的定义，读者可以参考1.2.6节线性代数的特征值和特征向量中的相关内容。

4. 凸函数和全局最优

前面我们讨论了在一维和高维情况下局部最优的必要条件和充分必要条件，回顾本节的开端，提到了局部最优是一个函数的局部性质，而全局最优是一个函数在整个定义域内的最优。我们求解无约束的优化问题$\min f(x)$，为什么要用如此大的篇幅来介绍局部最优，而不直接介绍全局最优呢？事实上，机器学习和深度学习涉及的优化问题大体上分为两类：一类是凸函数的优化，在凸函数的情形下局部最优一定是全局最优；另一类是非凸函数的优化，这类函数的全局最优解一般很难求解，在实际应用中通常寻找局部最优解，在不同的局部最优解中选择一个解来近似全局最优解。

下面我们简单地介绍凸函数。假设函数$f(x)$是一个凸函数，如果任意的x_1、$x_2 \in \mathbf{R}^n$，$\alpha \in \mathbf{R}$，则函数$f(x)$满足$f(\alpha x_1 + (1-\alpha)x_2) \leqslant \alpha f(x_1) + (1-\alpha) f(x_2)$。如果函数$f(x)$是二阶可导的，且$f(x)$是凸函数，则Hessian矩阵$\boldsymbol{H}f(x)$是半正定的。如果一个函数$f(x)$是凸函数，那么$f(x)$的局部最小值一定是$f(x)$的全局最小值，这是凸函数非常重要的性质。

1.4.3 无约束的优化方法

我们在上一节中详细介绍了局部最优和全局最优的定义，并给出了局部最优的必要条件和充分必要条件。本节将介绍两种主要的优化方法，用于求解无约束的优化问题的局部最优解。我们只讨论$\min f(x)$的情形，在 1.4.1 节中我们已经说明了任何一个优化问题都可以写成最小化的形式。

无约束的优化问题通常没有解析解，即使用$\nabla f(x)=0$的条件也不能求出满足方程组的自变量x。因此，针对这种问题的优化方法，一般是从一个随机自变量x_0开始，寻找一个序列$\{x_0,x_1,x_2,\cdots,x_m\}$，使得$f(x_m)$取局部最小值。在计算每个中间变量$x_{n+1}$时，不同的优化方法会使用$f(x_n)$的不同性质，有些使用一阶导数$\nabla f(x_n)$，有些使用二阶导数 Hessian 矩阵$\boldsymbol{H}f(x_n)$。接下来我们会详细介绍两种优化方法。

1. 梯度下降法

梯度下降法[5]是使用一阶导数$\nabla f(x)$来迭代求解的方法。随机选择初始自变量$x_0\in\mathbf{R}^n$，精度$\varepsilon\in\mathbf{R}$和学习率$\alpha\in\mathbf{R}$，每一步根据公式$x_{n+1}=x_n-\alpha\nabla f(x)$更新，得到一个序列$\{x_0,x_1,x_2,\cdots,x_m\}$，直到$x_m$满足$|\nabla f(x_m)|<\varepsilon$，其中$|\cdot|$代表向量的模。梯度$\nabla f(x_n)$给出了函数下降的方向，学习率$\alpha$决定了自变量沿着该方向改变的量级，因此$\alpha$也被称为步长。图 1-11 的左侧是梯度下降法在一维情况下的优化过程。使用泰勒展开式可以验证，梯度下降法的每一步都满足$f(x_{n+1})\leqslant f(x_n)$，即$f(x)$在序列$\{x_0,x_1,x_2,\cdots,x_m\}$上是非严格单调下降的，因此可以下降到局部最优解。但需要注意的是，梯度下降法在非凸函数的情形下只能得到局部最优解而不一定能得到全局最优解，如图 1-12 所示，函数$f(x)$从x_0处开始迭代，最终收敛到局部最优解x^*，但全局最优解是x^{**}。

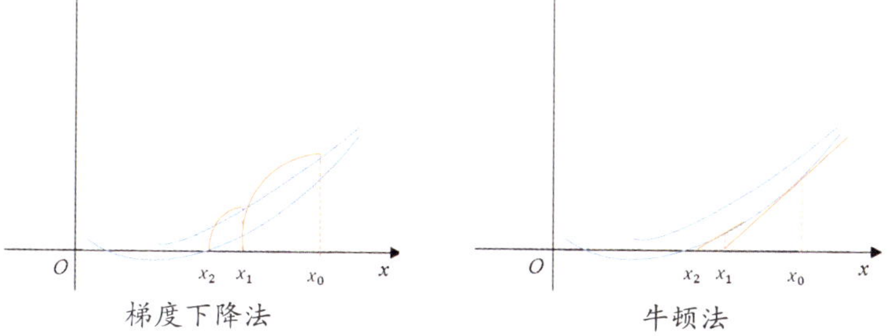

图 1-11　梯度下降法和牛顿法在一维情况下的优化过程

2. 牛顿法

牛顿法[6]是使用二阶导数$\boldsymbol{H}f(x)$和一阶导数$\nabla f(x)$来共同迭代求解的方法，因此需对函数性质做出更严格的假设。我们需要假设函数$f(x)$是二阶可导的并且Hessian矩阵$\boldsymbol{H}f(x)$是正定的。随机选择初始自变量$x_0 \in \mathbf{R}^n$和精度ε，每一步根据公式$x_{n+1} = x_n - \boldsymbol{H}f^{-1}(x)\nabla f(x_n)$得到一个序列$\{x_0, x_1, x_2, \cdots, x_m\}$，直到$x_m$满足$|\nabla f(x_m)| < \varepsilon$。图 1-11 的右侧是牛顿法在一维情况下的优化过程，一维情况下的迭代算法可以写作$x_{n+1} = x_n - f'(x_n)/f''(x_n)$。由图 1-11 可以看出，牛顿法比梯度下降法能更快地收敛到局部最优解，但在机器学习和深度学习中梯度下降法的应用更为广泛。由于对函数性质的假设不一定能满足牛顿法的要求，并且计算矩阵的逆会耗费大量的时间，因此梯度下降法的效率远高于牛顿法的效率。

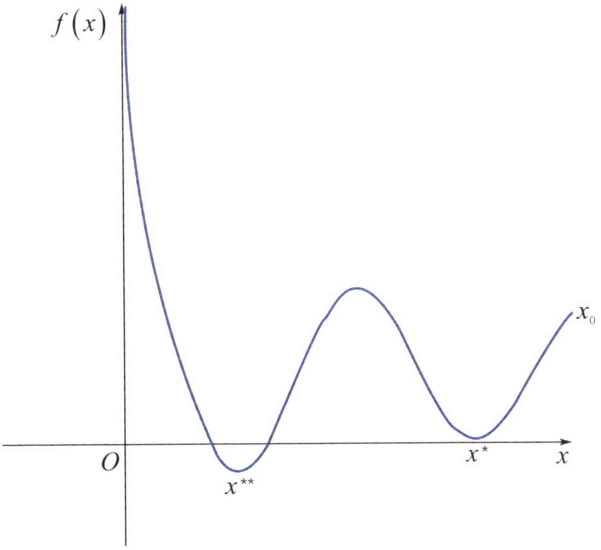

图 1-12　梯度下降法的局部最优解

1.4.4　风险函数的优化方法

本节我们将介绍机器学习和深度学习中一类特殊的函数，即风险函数，并讨论风险函数的优化方法。

1. 风险函数的定义

风险函数[5]是指形如$R_n(w)=\frac{1}{n}\sum_{i=1}^{n}L(x_i,y_i;w)$的函数，一般而言，$w\in\mathbf{R}^d$，$x_i\in\mathbf{R}^n$，$y_i\in\mathbf{R}$，注意 w 是自变量，且$\{(x_1,y_1),(x_2,y_2),\cdots,(x_n,y_n)\}$是已知的。

优化问题$\min R_n(w)$即求解$w^*\in\mathbf{R}^d$使得$R_n(w)=\frac{1}{n}\sum_{i=1}^{n}L(x_i,y_i;w)$取局部最小值。回顾 1.4.3 节的无约束的优化问题的梯度下降法，风险函数的优化同样属于无约束的优化范畴，因此我们可以用梯度下降法来求解。风险函数的梯度为$\nabla R_n(w)=\frac{1}{n}\sum_{i=1}^{n}\nabla L(x_i,y_i;w)$，计算$\nabla R_n(w)$时，我们需要分别计算 n 个函数的梯度$\nabla L(x_i,y_i;w)$，$i=1,2,\cdots,n$。在一般情况下，n 的数量级比较大，这就导致风险函数的梯度下降法的效率很低。

2. 批次梯度下降法

风险函数是一个类似求平均值的特殊形式，我们假设(x,y)服从 $p(x,y)$ 的概率分布，并且$\{(x_1,y_1),(x_2,y_2),\cdots,(x_n,y_n)\}$是从这个概率分布中随机采样得到的，那么风险函数$R_n(w)$可以改写为$R_n(w)=\frac{1}{n}\sum_{i=1}^{n}L(x_i,y_i;w)\approx E_{x,y\sim p(x,y)}L(x,y;w)$形式，即我们把风险函数表示为期望的形式。我们希望能解决梯度下降法效率较低的问题，一种自然的思路是使用一个远小于 n 的 m，重新采样$\{(x_{k_1},y_{k_1}),(x_{k_2},y_{k_2}),\cdots,(x_{k_m},y_{k_m})\}$，使用$\frac{1}{m}\sum_{j=1}^{m}L(x_{k_j},y_{k_j};w)$来近似期望，即$R_n(w)=E_{x,y\sim p(x,y)}L(x,y;w)\approx\frac{1}{m}\sum_{j=1}^{m}L(x_{k_j},y_{k_j};w)$，其中 $m\ll n$。这种方法被称为批次梯度下降法，m 被称为批次的大小。

批次梯度下降法的优势在于，在相同的时间内，批次梯度下降法相比于标准梯度下降法可以迭代更多次数，并且消耗的内存大大降低。批次梯度下降法的缺陷在于，理论上该方法并不能保证收敛到局部最小值，但在实践中发现该方法是可以比较稳定地收敛到局部最小值的，尤其是在合理地调整学习率和批次的大小之后。

3. 随机梯度下降法

为了解决梯度下降法效率较低的问题而提出的另一种优化方法被称为随机梯度下降法。每次在$\{(x_1,y_1),(x_2,y_2),\cdots,(x_n,y_n)\}$中只采集一个样本$(x_k,y_k)$，使用$\nabla L(x_k,y_k;w)$替代梯度下降法中的$\frac{1}{n}\sum_{i=1}^{n}L(x_i,y_i;w)$来做每一步的迭代。需要注意的是，随机梯度下降法、批次梯度下降法和标准梯度下降法之间有着密不可分的关系，批次梯度下降法中的批次大小 m 就是联系这三者的关键。如果 $m=1$，那么批次梯度下降法就等同于随机梯度下降法；如果 $m=n$，那么批次梯度下降法就等同于标准梯度下降法。因此，随机梯度下降法进一步扩大了批次梯度下降法的优势，即计算效率很高并且占用的内存非常小，但同时也继承了批次梯度下降法的劣势，即无法保证稳定地收敛到局部最小值，一方面每个样本带来的梯度更新可能互相抵消，另一方面每个样本的梯度不能代表全局的风险函数的梯度。随机梯度下降法也有独特的优势，如适用于在线更新，并且有可能挑出局部最优解，这些都是批次梯度下降法不具有的性质。

1.4.5 带约束的优化方法

本节我们将讨论带约束的优化方法，回顾前面的内容，我们介绍了任意一个优化问题都可以写成如下形式：

$$\begin{aligned} &\min_{\boldsymbol{x}\in\mathbf{R}^n} f(\boldsymbol{x}) \\ &\text{s.t. } g(\boldsymbol{x})=0 \\ &\quad\;\; h(\boldsymbol{x})\leqslant 0 \end{aligned}$$

式中，$\boldsymbol{x}$ 为自变量；$f(\boldsymbol{x})$ 为目标函数；$g(\boldsymbol{x})$ 为等式约束；$h(\boldsymbol{x})$ 为不等式约束。

通过前两节对无约束的优化方法的讨论，我们知道无约束的优化问题的局部最优的必要条件是$\nabla f(\boldsymbol{x})=0$，我们通过求解$\nabla f(\boldsymbol{x})=0$可以求得局部最优解。然而带约束的优化问题的最优解 $\boldsymbol{x}$ 必须进一步满足$g(\boldsymbol{x})=0$和$h(\boldsymbol{x})\leqslant 0$的约束条件，因此无约束的优化方法不能直接应用于带约束的优化问题的求解。下面我们将引入拉格朗日乘子，把一个带约束的优化问题转化成一个无约束的问题，从而能够直接使用梯度下降法对带约束的优化问题进行求解。

1. 等式约束的优化问题及方法

为了循序渐进地了解带约束的优化方法，我们先讨论只含有等式约束的优化问题，即$\min_{\boldsymbol{x}\in\mathbf{R}^n} f(\boldsymbol{x})$，s.t. $g(\boldsymbol{x})=0$。

假设 $F(\boldsymbol{x},\lambda)=f(\boldsymbol{x})+\lambda g(\boldsymbol{x})$，则 $\min\limits_{\boldsymbol{x}\in\mathbf{R}^n,\lambda\in\mathbf{R}} F(\boldsymbol{x},\lambda)$ 是一个无约束的优化问题。$\nabla F(\boldsymbol{x},\lambda)=0$等价于$\partial F(\boldsymbol{x},\lambda)/\partial\boldsymbol{x}=0$且$\partial F(\boldsymbol{x},\lambda)/\partial\lambda=0$，即$\nabla f(\boldsymbol{x})=-\lambda\nabla g(\boldsymbol{x})$且$g(\boldsymbol{x})=0$。

λ被称为拉格朗日乘子，我们在带约束的优化问题中引入拉格朗日乘子，构造一个新的无约束的优化问题。观察无约束的优化问题的局部最优条件，可以发现$g(\boldsymbol{x})=0$，即原问题的约束条件，$\nabla f(\boldsymbol{x})=-\lambda\nabla g(\boldsymbol{x})$代表$f(\boldsymbol{x})$和$g(\boldsymbol{x})$的梯度在同一方向上。满足这两个条件的向量$\boldsymbol{x}$是无约束问题$\min\limits_{\boldsymbol{x}\in\mathbf{R}^n,\lambda\in\mathbf{R}} F(\boldsymbol{x},\lambda)$的局部最优解，同时又满足$g(\boldsymbol{x})=0$，因此这个向量$\boldsymbol{x}$满足$F(\boldsymbol{x},\lambda)=f(\boldsymbol{x})+\lambda g(\boldsymbol{x})=f(\boldsymbol{x})$。因此，我们求得了带约束的$f(\boldsymbol{x})$的局部最优解。

我们再从几何学角度进行直观的解释，如图 1-13 所示，假设红色直线代表所有满足$g(\boldsymbol{x})=0$的向量$\boldsymbol{x}$构成的超平面，$\boldsymbol{x}^*$是该优化问题的局部最小向量。假设$f(\boldsymbol{x})$在$\boldsymbol{x}^*$处的梯度与$g(\boldsymbol{x})$在$\boldsymbol{x}^*$处的梯度方向不同，则∇f可以分解为∇f_g和$\nabla f_\perp$，其中$\nabla f_\perp$与$g(\boldsymbol{x})=0$的超平面是垂直的，即与∇g是平行的。我们构造$\boldsymbol{x}^{**}=\boldsymbol{x}^*+\alpha\nabla f_g$，即把$\boldsymbol{x}^*$沿着超平面的方向移动，得到的$\boldsymbol{x}^{**}$仍然满足$g(\boldsymbol{x}^{**})=0$的约束条件。由于$\nabla f_g$和梯度$\nabla f$呈锐角，只要令$\alpha<0$，得到的$\boldsymbol{x}^{**}$就能满足$f(\boldsymbol{x}^{**})<f(\boldsymbol{x}^*)$，因此违背了$\boldsymbol{x}^*$是局部最小向量的性质。读者可以使用泰勒展开式进行验证，从直观上说负梯度方向是函数下降最快的方向，但只要移动的方向和负梯度呈锐角，就能保证函数呈下降趋势。我们从几何学的角度可知，在带约束的优化问题中，局部最优解$\boldsymbol{x}$一定满足$\nabla f(\boldsymbol{x})$和$\nabla g(\boldsymbol{x})$是平行的，否则我们就能在$\boldsymbol{x}$的附近找到一个使函数值更小的解。

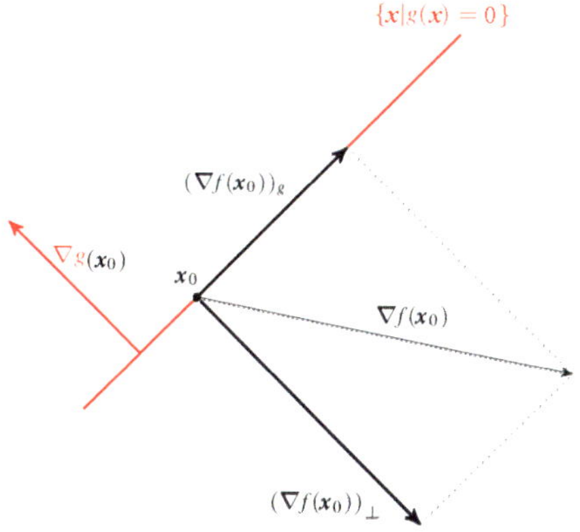

图 1-13　$\nabla f(\boldsymbol{x})=-\lambda\nabla g(\boldsymbol{x})$的几何解释

综上所述，通过引入拉格朗日乘子，我们把求解优化问题$\min_{x\in\mathbf{R}^n} f(\boldsymbol{x})$且$g(\boldsymbol{x})=0$转化为求解方程组$\nabla f(\boldsymbol{x})=-\lambda\nabla g(\boldsymbol{x})$且$g(\boldsymbol{x})=0$，其中$\lambda\neq 0$。借助线性代数的工具可以对该方程组进行求解。

2. 不等式约束的优化问题及方法

我们再来讨论更为复杂的一种情形，即带有不等式约束的优化问题，即$\min_{x\in\mathbf{R}^n} f(\boldsymbol{x})$, s.t. $g(\boldsymbol{x})\leqslant 0$。

假设$G=\{\boldsymbol{x}\mid g(\boldsymbol{x})\leqslant 0\}$是该优化问题的可行域，定义$G=\inf(G)\cup\partial G$，其中$\inf(G)=\{\boldsymbol{x}\mid g(\boldsymbol{x})<0\}$代表可行域的内部，$\partial G=\{\boldsymbol{x}\mid g(\boldsymbol{x})=0\}$代表可行域的边界。我们分两种情况来讨论最优解的性质，第一种情况是最优解$\boldsymbol{x}^*\in\partial G$，则$g(\boldsymbol{x}^*)=0$。通过之前对等式约束的优化方法的讨论我们知道，$\boldsymbol{x}^*$一定满足$\nabla f(\boldsymbol{x})=-\lambda\nabla g(\boldsymbol{x})$，否则我们可以在$g(\boldsymbol{x})=0$的超平面上找到$\boldsymbol{x}^*$附近的另一个点$\boldsymbol{x}^{**}$使得$f(\boldsymbol{x}^{**})<f(\boldsymbol{x}^*)$，这就违背了$\boldsymbol{x}^*$是最优解的假设。因此，如果最优解$\boldsymbol{x}$出现在可行域边界$\partial G$上，则$\boldsymbol{x}$满足$g(\boldsymbol{x})=0$且$\nabla f(\boldsymbol{x})=-\lambda\nabla g(\boldsymbol{x})$，其中$\lambda\geqslant 0$。

另一种情况是最优解$\boldsymbol{x}^*\in\inf(G)$，则$g(\boldsymbol{x}^*)<0$。此时$\boldsymbol{x}^*$一定满足$\nabla f(\boldsymbol{x}^*)=0$的条件，否则我们在$\boldsymbol{x}^*$的邻域内一定可以找到一个点$\boldsymbol{x}^{**}=\boldsymbol{x}^*-\alpha\nabla f(\boldsymbol{x}^*)$，满足$f(\boldsymbol{x}^{**})<f(\boldsymbol{x}^*)$且$g(\boldsymbol{x}^{**})\leqslant 0$，即$\boldsymbol{x}^*$沿着$f(\boldsymbol{x})$梯度的反方向移动，使得$f(\boldsymbol{x})$的函数值进一步下降，并且同时能满足$g(\boldsymbol{x})\leqslant 0$的约束条件。因此，如果最优解$\boldsymbol{x}$出现在可行域内部$\inf(G)$上，则$\boldsymbol{x}$满足$g(\boldsymbol{x})<0$且$\nabla f(\boldsymbol{x})=0$。

我们希望用统一的表达式来综合上述两种情况，当$\boldsymbol{x}\in\inf(G)$时，$\nabla f(\boldsymbol{x})=0$的条件可以改写为$\nabla f(\boldsymbol{x})=-\lambda\nabla g(\boldsymbol{x})$，其中$\lambda=0$。因此，我们可以把最优解的条件写作

$$
\begin{gathered}
\nabla f(\boldsymbol{x})=-\lambda\nabla g(\boldsymbol{x})\\
\text{s.t. } g(\boldsymbol{x})\leqslant 0\\
\lambda=0 \text{ if } \boldsymbol{x}\in\inf(G)\\
\lambda>0 \text{ if } \boldsymbol{x}\in\partial G
\end{gathered}
$$

我们可以进一步得到

$$\nabla f(\boldsymbol{x}) = -\lambda \nabla g(\boldsymbol{x})$$
$$\text{s.t. } g(\boldsymbol{x}) \leqslant 0$$
$$\lambda g(\boldsymbol{x}) = 0$$
$$\lambda \geqslant 0$$

以上条件被称为带约束的优化问题的 KKT 条件[6]，是最优解需要满足的必要条件，也是我们求解的基础。特别地，当$G=\{\boldsymbol{x} \mid g(\boldsymbol{x}) \leqslant 0\}$是一个凸集合时，KKT 条件是最优解的充分必要条件。读者可能会觉得，从一个形式简单的优化问题$\min\limits_{\boldsymbol{x}\in\mathbf{R}^n} f(\boldsymbol{x})$且$g(\boldsymbol{x}) \leqslant 0$出发，得到了一个复杂的 KKT 条件，是否把简单的问题复杂化了呢？事实上，原本的优化问题形式是无法求解的，我们并不能利用无约束的优化问题的思路来直接解决带约束的优化问题。而在转化成 KKT 条件后，我们得到了一个方程组，利用数值代数的工具 , 如内点法，可以求得 KKT 条件的近似解，从而找到带约束的优化问题的局部最优解。

1.5 本章小结

本章我们从线性代数、概率论和优化理论三个方面回顾了机器学习中最重要的数学基础知识，希望能给读者构建一个相对完整的理论体系，帮助读者理解后续的 AI 技术在各个场景中的落地和应用。

参考文献

[1] 王萼芳，石生明 . 高等代数 [M]. 3 版 . 北京：高等教育出版社，2003.

[2] Brownlee J. Basics of Linear Algebra for Machine Learning[M]. Machine Learning Mastery，2018.

[3] 邓集贤，杨维权，司徒荣，等 . 概率论及数理统计 [M]. 4 版 . 北京 ：高等教育出版社，2009.

[4] 阮吉寿，张华 . 信息论基础 [M]. 2 版 . 北京：机械工业出版社 .2008.

[5] Nocedal J，Wright S J. Numerical Optimization[M]. Berlin：Springer，2006.

[6] Boyd S，Vandenberghe L. Convex Optimization[M]. Cambridge Cambridge : University Press，2004.

第2章 模型构建

2.1 引言

用机器学习来解决实际问题是一个数学建模的过程。如何定义问题的数学模型，如何刻画我们的目标，采用什么方式来训练模型，以及如何评估我们构建的模型，都有一套完整的流程。本章我们将介绍整个建模流程，以及在实际中比较常见的一些模型和建模方法。希望读者通过对本章的学习能够掌握建模的相关知识。

2.2 建模流程

2.2.1 目标定义

1. 回归目标

在日常生活中，我们会遇到各式各样的问题，有时候我们需要找到解决问题的方法，如找到能准确计算出房子的价格的方法。房子每平方米的具体价格主要是由同一小区里面其他房子的成交价格决定的，虽然每一套房子的成交价格略有不同，但是我们可以通过某一个房子每平方米的成交价格来计算其他房子的价格。由于房子的价格是根据近期其他已成交房子的价格决定的，因此我们需要知道最近成交房子的价格，以及该房子共有多少平方米。对于机器学习而言，假设有 n 套已出售的房子，x_i表示第 i 套房子的总面积，y_i表示第 i 套房子的总价格，$\{(x_1,y_1),(x_2,y_2),(x_3,y_3),\cdots,(x_n,y_n)\}$ 是建模所需要的样本，我们的目标是找到一个映射函数$f(x)\to y$，把x_i映射到y_i。

以一元回归为例（见图 2-1），$f(x)=ax+b$ 先通过样本计算出参数 a 和 b 的值，再通过房子的面积计算房子的价格。

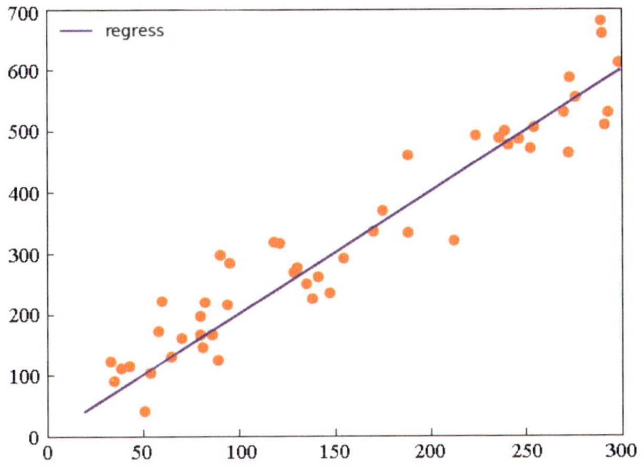

图 2-1　一元回归

2. 分类目标

我们经常收到垃圾邮件，阅读垃圾邮件会浪费我们的时间，垃圾邮件可能造成重要邮件被埋没，因此需要一种方法判断一封邮件是否是垃圾邮件。假设 0 表示一封邮件是垃圾邮件，1 表示这封邮件不是垃圾邮件。机器学习中的分类算法可以解决这种问题，与回归问题相比，分类问题也需要学习样本。房价样本是房子的面积和对应的价格，而邮件分类样本是一封邮件和这封邮件是否属于垃圾邮件；房价预测的目标是确定一个面积已定的房子的价格，而邮件分类的目标是确定这封邮件是否属于垃圾邮件。前者是预测具体的值，后者是预测类别（0 或 1）；前者的结果是具体的、有意义的值，后者的结果是一个代表符号，它们对应分类问题，这样就可以把样本映射到某对应类别上。

以简单的二分类为例，我们可以使用 sigmoid 函数把 $f(x)$ 计算的结果映射到 0 和

1 上面（见图 2-2），这样就能判断出该邮件是否是垃圾邮件。

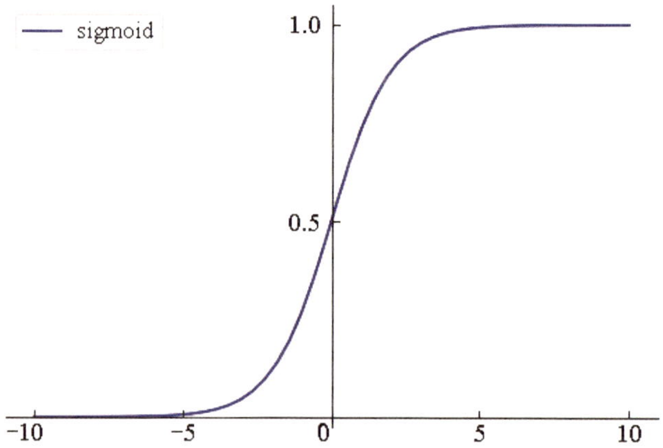

图 2-2 sigmoid

3. 聚类目标

随着自媒体的发展，越来越多的人成为创作者，越来越多的文章需要分类。我们希望把这些文章按照某一规律聚合成多个类别，这样有利于我们分析这些文章的特点。假设我们用 x 表示一篇文章，x_i表示第 i 篇文章。文章分类的目标是根据文章的某一特征，把这些文章分成$D_1, D_2, D_3, \cdots, D_n$ n 个集合（见图 2-3），每一个集合中的文章具有比较相似的特征，根据分类的情况，我们可以了解这些文章的特征。

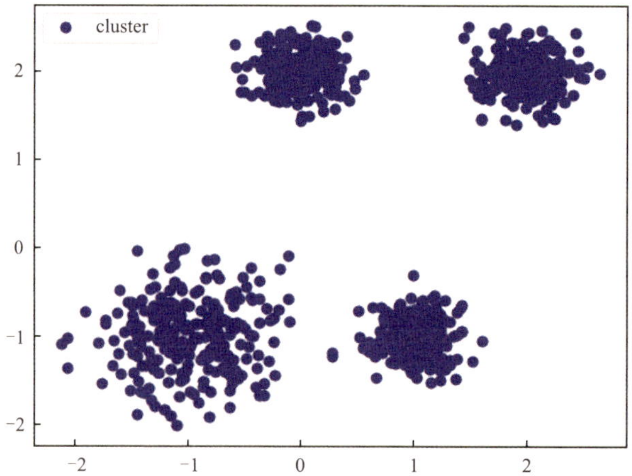

图 2-3 聚类

2.2.2 损失函数

1. 回归损失函数

分析了需求的目标之后，我们使用样本进行学习，以便找到合适的参数，使得模型能正确地预测我们想要的结果。我们需要对预测结果与真实值的不一致程度进行估量，一般使用损失函数对这种不一致程度进行估量。它是一个非负实值函数，通常用 $L(Y,f(x))$ 来表示。损失函数越小，模型的预测准确率就越好。

下面介绍常用的回归损失函数。

均方误差（MSE）又称 L2 损失，是常用的回归损失函数。MSE 是目标变量的真实值与预测值之间的距离平方之和，计算公式如下：

$$\text{MSE}=\sum_{i=1}^{n}(y_i-y_i^{\text{p}})^2$$

式中，y_i^{p}是预测结果，而y_i是目标变量的真实值，二者的差值称为残差。在房价预测中可以使用 MSE 来计算样本的真实价格和模型的预测价格的差距，以此对房价预测模型的参数进行修正，使得模型的预测更加准确。

平均绝对误差（MAE）又称 L1 损失，是用于回归模型的另一个损失函数。MAE 是目标变量和预测变量之间的绝对差值的总和。

平均绝对误差的计算公式如下：

$$\text{MAE}=\sum_{i=1}^{n}\left|y_i-y_i^{\text{p}}\right|$$

式中，y_i^{p}是预测结果；y_i是目标变量的真实值。

MSE 对误差取了平方（令 $e=|y_i-y_i^{\text{p}}|$），因此若 $e>1$，则 MSE 会进一步增大误差。如果数据中存在异常点，那么 e 值就会变大，而 e^2 则会远大于 $|e|$，由此可以看出 MSE 对异常点比较敏感。如果 MAE 的导数不连续，则会出现梯度下降效率比较低等问题。针对两者的缺点，有人提出了 Huber 损失函数。

Huber 损失函数的计算公式如下：

$$\text{Huber}=\begin{cases}\frac{1}{2}\left(y_i-y_i^{\text{p}}\right)^2 & \left|y_i-y_i^{\text{p}}\right|<\delta \\ \delta\left|y_i-y_i^{\text{p}}\right|-\frac{1}{2}\delta^2 & \left|y_i-y_i^{\text{p}}\right|\geqslant\delta\end{cases}$$

由上式可以看出，当 $\left|y_i-y_i^{\text{p}}\right|<\delta$ 时，我们使用 MSE，这样既解决了异常点敏感问题，又提高了效率。

2. 分类损失函数

Zero-One Loss 即 0-1 损失，它是一种较为简单的损失函数。如果预测值与目标值不相等，那么 0-1 损失为 1，否则为 0，即

$$\text{Zero-One}=\begin{cases}1 & y_i\neq y_i^{\text{p}} \\ 0 & y_i=y_i^{\text{p}}\end{cases}$$

在垃圾邮件分类中，如果一封邮件是垃圾邮件而模型预测的结果是它不是一封垃圾邮件，那么损失值就是 1；相反，如果预测的结果是它是一封垃圾邮件，那么损失值就是 0。

Perceptron Loss 即感知损失，感知损失函数的计算公式如下：

$$\text{Perceptron}=\begin{cases}1 & \left|y_i-y_i^{\text{p}}\right|>t \\ 0 & \left|y_i-y_i^{\text{p}}\right|\leqslant t\end{cases}$$

式中，t 是一个超参数，可以根据实际情况进行调整。

在计算损失函数值时，在一般情况下进行连乘，但是为了计算方便，一般会使用对数函数，把连乘转化为求和。由于对数函数是单调递增函数，因此不会改变优化结果。例如，在逻辑回归（Logistic Regression，LR）中使用交叉熵（Cross Entropy）作为损失函数，即

$$\text{Cross Entropy}=-y_i\cdot\log y_i^{\text{p}}-\left(1-y_i\right)\cdot\log\left(1-y_i^{\text{p}}\right),\quad y\in\{0,1\}$$

由 0-1 损失函数的计算公式可知，当y_i^p=0.99 时，y_i 的损失值是 1，这样就会出现对模型“惩罚”过大的问题，导致不能得到最好的结果。

2.2.3 求解优化

针对一个现实问题定义了目标函数和损失函数之后，我们可以通过损失函数计算参数，根据每一个样本提供的信息对参数进行优化，这就是求解优化。求解优化方法有很多，根据具体场景使用不同的求解优化方法才能使模型更加准确，具体的求解优化方法详见 1.4 节的内容。

2.2.4 结果评估

1. 交叉验证法

利用优化函数对参数进行评估，可以得到最终的模型，但是我们如何评估模型的好坏呢？

评估模型的最终效果先要找到评估的目标。我们一般把样本按照一定的比例分成两部分，一部分用来进行模型训练，另一部分用来进行模型测试。交叉验证法是一种常用的模型验证方法，包括如下三种常见的方法。

第一种是一般交叉验证法。首先，我们将样本数据随机分为两部分（如 80% 的样本作为训练集，20% 的样本作为测试集），然后用训练集来训练模型，通过一些评价指标来测试模型的性能。其次，我们重新随机选取样本并生成训练集和测试集，继续训练数据和检验模型。最后，我们用损失函数评估最优模型和参数。

第二种是 K 折交叉验证（K-Folder Cross Validation）法。与第一种方法不同，K 折交叉验证法会把样本数据随机分成 K 份，每次随机选择 K−1 份数据作为训练集，剩下的 1 份数据作为测试集。测试完成之后，重新随机选择 K−1 份数据作为训练集，剩下的 1 份数据作为测试集。若干次（小于 K）之后，我们用损失函数评估最优模型和参数。

第三种是留一交叉验证（Leave-One-Out Cross Validation）法。它是第二种方法的特例，在样本比较少的情况下，K 份样本数据中的每一份只有一个样本，因此只会留下一个样本作为测试集，这种方法就叫作留一交叉验证法。

通过多次交叉验证，并用损失函数来评价模型，最终我们能选择一个较好的模型。在一般情况下，如果我们只对数据做初步的模型建立，不深入分析，可以使用一般交叉验证法；否则需用 K 折交叉验证法。当样本数量小于 50 时，使用留一交叉验证法。

2. 均方误差

在回归任务中，可以通过均方误差来评价回归模型的准确率。假设测试样本集为 $\{(x_1,y_1),(x_2,y_2),(x_3,y_3),\cdots,(x_n,y_n)\}$，可以通过训练好的模型得到测试的结果集 $\{(x_1,y_1^{\mathrm{p}}),(x_2,y_2^{\mathrm{p}}),(x_3,y_3^{\mathrm{p}}),\cdots,(x_n,y_n^{\mathrm{p}})\}$，$y_1^{\mathrm{p}}$是$x_1$在 $f(x)$ 函数上的映射。我们通过计算平均误差对模型进行评估。均方误差的计算公式如下：

$$E(f;D)=\frac{1}{m}\sum_{i=1}^{m}\left(f\left(x_i\right)-y_i\right)^2$$

更一般地，对于数据分布 D 和概率密度函数$p(\cdot)$，均方误差可描述为

$$E(f;D)=\int_x^D\left(f\left(x\right)-y\right)^2 p\left(x\right)\mathrm{d}x$$

3. 查准率和查全率与 F_1

分类问题不能用回归问题的均方误差来进行模型评估，因为分类问题的 y 只是一个符号，没有具体值。分类问题可以通过计算预测准确样本占总样本的比例来计算模型的准确率，也可以通过计算预测错误样本占总样本的比例来计算错误率。虽然准确率和错误率很常用，但是有时候我们也需要通过其他指标来了解模型的情况。以垃圾邮件为例，我们不仅需要知道多少邮件被正确分类，还想知道预测是垃圾邮件的邮件中有多少是非垃圾邮件，也想知道所有垃圾邮件中有多少垃圾邮件被挑出来了。在不同情况下，我们需要的评测指标是不同的，在垃圾邮件分类问题中，我们更加看重有多少非垃圾邮件被预测成垃圾邮件，因此在分类问题上需要更多的指

标才能更加全面地评测模型的情况。对于二分类问题，一般我们把预测后的结果分成以下四类（见表 2-1）。

① 真正例（TP）。真正例是指模型将正类别样本（非垃圾邮件）正确地预测为正类别样本（非垃圾邮件）。

② 真负例（TN）。真负例是指模型将负类别样本（垃圾邮件）正确地预测为负类别样本（垃圾邮件）。

③ 假正例（FP）。假正例是指模型将负类别样本（垃圾邮件）错误地预测为正类别样本（非垃圾邮件）。

④ 假负例（FN）。假负例是指模型将正类别样本（非垃圾邮件）正确地预测为负类别样本（垃圾邮件）。

表 2-1 预测结果分类

真实情况	预测结果	
	正例	反例
正例	TP	FN
反例	FP	TN

查准率 P 和查全率 R 分别定义为

$$P=\frac{\mathrm{TP}}{\mathrm{TP}+\mathrm{FP}}$$

$$R=\frac{\mathrm{TP}}{\mathrm{TP}+\mathrm{FN}}$$

由公式可以看出，查准率和查全率是一对矛盾的指标，在两个指标中一个偏高，另一个就会偏低，因此需要综合考虑两个指标，找到一种新的度量方法。F_1 值就是一种综合考虑查准率和查全率的指标，F_1 值的度量公式如下：

$$F_1=\frac{2P\times R}{P+R}$$

我们想尽可能少地把非垃圾邮件预测成垃圾邮件，需要设置一个系数 β，通过 β

来调节查准率和查全率对 F_1 值的贡献，计算公式如下：

$$F_\beta = \frac{\left(1+\beta^2\right)\times P\times R}{\left(\beta^2\times P\right)+R}$$

其中，$\beta>0$度量了查全率对查准率的相对重要性。当 $\beta=1$ 时，结果就是 F_1 值；当 $\beta>1$ 时，查准率有更大的影响；当 $\beta<1$ 时，查全率有更大的影响。

2.2.5 模型选择

对房价预测来说，我们可以使用一元一次回归模型，也可以使用一元二次回归模型，甚至使用一元多次回归模型进行学习。因此，我们需要从这些模型中，选择解决问题最好的模型。如果只追求对训练数据的预测能力，模型越复杂，预测能力就越强。

如果模型特别复杂，就会出现在训练数据上的效果比较好，在测试集上的效果比较差，这就是机器学习中常说的过拟合（见图 2-4）。但是如果模型特别简单，就不能很好地学习样本信息，同时在测试集上的效果也会比较差，在机器学习中这种情况叫作欠拟合（见图 2-5）。

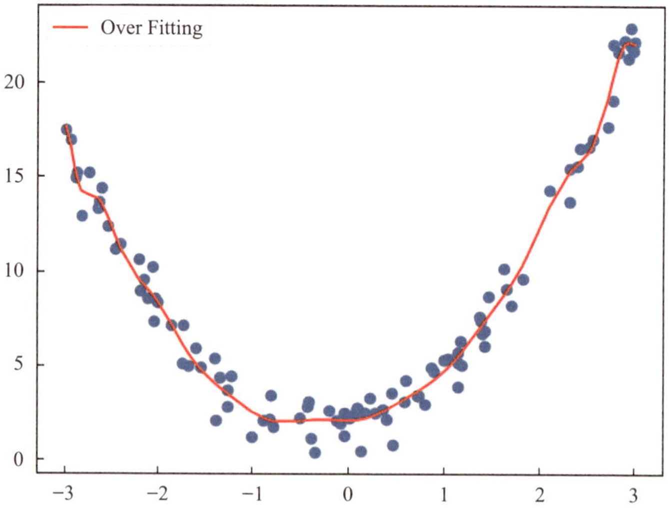

图 2-4　过拟合

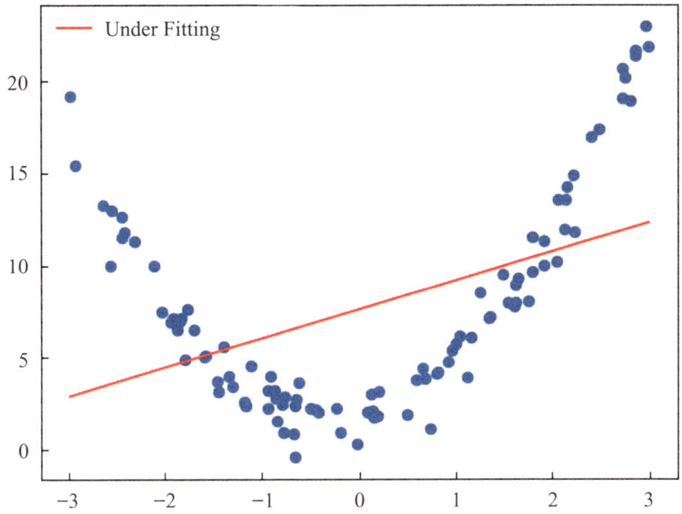

图 2-5 欠拟合

为了选择一个更好的模型，减少模型的过拟合和欠拟合的发生，通常使用正则化方法来进行模型选择。正则化项一般是模型复杂度的单调递增函数，模型越复杂，正则化值就越大。正则化项有不同的形式，在房价预测的回归问题中，正则化项可以是参数向量的 L1 范数，即

$$L(\boldsymbol{w})=\frac{1}{N}\sum_{i=1}^{N}\left(f\left(x_i;\boldsymbol{w}\right)-y_i\right)^2+\gamma\left\|\boldsymbol{w}\right\|_1$$

式中，$\left\|\boldsymbol{w}\right\|_1$表示参数向量 $\boldsymbol{w}$ 的 L1 范数。当然我们也可以使用 $\boldsymbol{w}$ 的 L2 范数作为正则化项，即

$$L(\boldsymbol{w})=\frac{1}{N}\sum_{i=1}^{N}\left(f\left(x_i;\boldsymbol{w}\right)-y_i\right)^2+\frac{\gamma}{2}\left\|\boldsymbol{w}\right\|_2^2$$

式中，$\left\|\boldsymbol{w}\right\|_2$表示 $\boldsymbol{w}$ 的 L2 范数。

范数是衡量某个向量空间（或矩阵）中的每个向量的长度或大小的。L1 范数表示 $\boldsymbol{w}$ 中所有元素的绝对值的和，L2 范数表示 $\boldsymbol{w}$ 中所有元素的平方和再开根，即欧几里得距离公式。

2.3 常见模型

本节我们将介绍常见的模型的分类方法，以及对应的常用回归模型。

2.3.1 模型的分类方法

机器学习的分类方法有很多，如基于学习策略、基于学习方式、基于学习目标的分类等。目前主流的分类方法是基于学习方式，它分为有监督学习、无监督学习和强化学习。

1. 有监督学习

有监督学习是指建立一个数学模型，从带标签的训练数据中学习一种推断方法来拟合该数据集，并且该模型能够对未知数据进行标签预测。有监督学习的训练目标可以用如下数学语言描述。

$$\min L\big(f(x),y\big)+\lambda\Omega(f)$$

式中，$f(x)$表示数学模型；(x,y)是训练数据集合，x 表示特征，y 表示标签；$\lambda\Omega(f)$表示正则项。

常用的有监督学习模型有线性回归、逻辑回归、支持向量机、朴素贝叶斯、决策树等，其应用最广泛。

2. 无监督学习

在实际生活中，我们往往很难获取足够的带标签的训练数据来训练模型，甚至在一些场景中无法获取带标签的训练数据。在这类场景中，我们希望能从数据中找到某种模式来刻画数据的规律，以便进行数据挖掘和知识发现。常用的一些无监督学习模型有降维分析、聚类分析和关联分析等。

3. 强化学习

强化学习是指智能体在与环境的不断交互中，根据奖赏的大小来调整自己的参数，从而使得智能体获得的奖赏利益最大，如图 2-6 所示。与有监督学习相比，强化学习是通过奖赏的大小来反馈系统学习的，但在大多数情况下，这种奖赏也有延时。著名的 AlphaGo（阿尔法围棋）正是基于强化学习的框架进行学习的。强化学习和深度学习的结合成为目前强化学习新兴的方向。

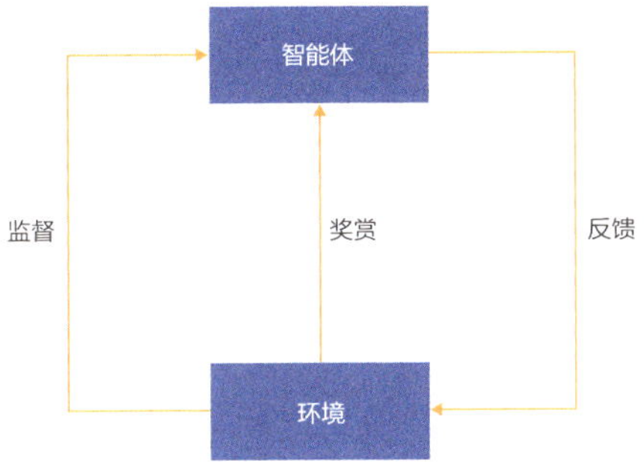

图 2-6 强化学习示意图

2.3.2 回归模型

1. 线性回归模型

一般线性回归模型是比较简单的模型，众所周知，回归问题的目标是找到一个映射函数 $f(x)$，把 x 映射到 y。一般线性回归模型也不例外，以房价预测为例，假设我们有 m 个房屋销售样本 $D=\left\{\left(x_1^0,x_2^0,x_3^0,\cdots,x_n^0,y_0\right),\left(x_1^1,x_2^1,x_3^1,\cdots,x_n^1,y_1\right),\cdots,\left(x_1^m,x_2^m,x_3^m,\cdots,x_n^m,y_m\right)\right\}$，其中$x_i$包含多个维度（如房屋的面积、房屋的房间数量等），$y_i$ 表示房屋的销售价格，线性回归模型的目标是找到参数e_i，将它与x_i进行线性组合来预测房屋的价格y_i，表示形式如下：

$$h_e\left(x_1,x_2,\cdots,x_n\right)=e_0+e_1x_1+e_2x_2+\cdots+e_nx_n$$

矩阵形式如下：

$$h_e\left(\boldsymbol{X}\right)=\boldsymbol{EX}$$

我们找到了参数e_i，进而可以计算未销售房屋的价格。我们可以利用样本信息找到使模型的损失值最小的参数，一般我们使用均方误差作为损失函数，损失函数的计算公式如下：

$$J\left(e_0,e_1,e_2,\cdots,e_n\right)=\frac{1}{m}\sum_{j=0}^{m}\left(h_e\left(x_1,x_2,\cdots,x_n\right)-y_j\right)^2$$

矩阵形式如下：

$$J(\boldsymbol{E})=\frac{1}{2}(\boldsymbol{EX}-\boldsymbol{Y})^{\mathrm{T}}(\boldsymbol{EX}-\boldsymbol{Y})$$

回归的目标就变成了找到最小化$J(E)$对应的e_i。通常一般线性回归模型的常用优化方法是梯度下降法和最小二乘法。

最小二乘法是损失函数对e_i进行求导，当导数值为0时，损失函数取得最小值。解方程组

$$\frac{\partial J\left(e_0,e_1,e_2,\cdots,e_n\right)}{\partial e_i}=\frac{2}{m}\sum_{j=0}^{m}x_i^j\left(h_e\left(x_1^j,x_2^j,\cdots,x_n^j\right)-y_j\right)=0\left(i\neq 0\right)$$

$$\frac{\partial J\left(e_0,e_1,e_2,\cdots,e_n\right)}{\partial e}=\frac{2}{m}\sum_{j=0}^{m}\left(h_e\left(x_1^j,x_2^j,\cdots,x_n^j\right)-y_j\right)=0\left(i=0\right)$$

可以得到e_i，这样就可以利用e_i来预测房屋的价格。

最小二乘法的矩阵形式如下：

$$\frac{\partial J(\boldsymbol{E})}{\partial \boldsymbol{E}}=\boldsymbol{X}^{\mathrm{T}}(\boldsymbol{EX}-\boldsymbol{Y})=0$$

经过转化可得

$$\boldsymbol{E}=\left(\boldsymbol{X}^{\mathrm{T}}\boldsymbol{X}\right)^{-1}\boldsymbol{X}^{\mathrm{T}}\boldsymbol{Y}$$

梯度下降法是指让参数e_i沿着损失值降低的方向移动，经过多次迭代得到损失值较小的e_i，计算公式如下：

$$e_i=e_i-\alpha\frac{\partial J\left(e_0,e_1,e_2,\cdots,e_n\right)}{\partial e_i}$$

众所周知，梯度下降法受初始值和学习率影响，得到的结果是局部最优而不是

全局最优。

但是最小二乘法需要计算$\boldsymbol{X}^{\mathrm{T}}\boldsymbol{X}$的逆矩阵，在应用时会出现两种情况，第一种情况是$\boldsymbol{X}^{\mathrm{T}}\boldsymbol{X}$没有逆矩阵，这时不能使用最小二乘法；第二种情况是如果样本数量比较大，求$\boldsymbol{X}^{\mathrm{T}}\boldsymbol{X}$的逆矩阵的计算量就比较大。因此，最小二乘法只能在$\boldsymbol{X}^{\mathrm{T}}\boldsymbol{X}$有逆矩阵且样本数量较小的情况下使用，在大多数情况下还是使用梯度下降法。

2. lasso 回归模型和岭回归模型

lasso 回归模型和岭回归模型是在一般线性回归模型的基础上添加正则项，lasso 回归模型是在一般的线性回归模型基础上添加 L1 正则化，岭回归模型是在一般的线性回归模型基础上添加 L2 正则化。

lasso 回归模型的损失函数如下：

$$J\left(e_0,e_1,e_2,\cdots,e_n\right)=\frac{1}{m}\sum_{j=0}^{m}\left(h_e\left(x_1,x_2,\cdots,x_n\right)-y_j\right)^2+\gamma\|\boldsymbol{e}\|_1 \tag{2.1}$$

岭回归模型的损失函数如下：

$$J\left(e_0,e_1,e_2,\cdots,e_n\right)=\frac{1}{m}\sum_{j=0}^{m}\left(h_e\left(x_1,x_2,\cdots,x_n\right)-y_j\right)^2+\gamma\|\boldsymbol{e}\|_2^2 \tag{2.2}$$

众所周知，引入正则化主要是解决过拟合问题，对于一般线性回归来说，lasso 回归模型和岭回归模型对过拟合有一定的抑制作用。我们对 e_i 值的大小做了约束，计算损失值时，当正则项和前面的损失达到一定的“平衡”时，损失值最小，公式（2.1）和公式（2.2）都是拉格朗日形式，因此分别等价于如下公式。

lasso 回归模型的计算公式如下：

$$\min\frac{1}{m}\sum_{j=0}^{m}\left(h_e\left(x_1,x_2,\cdots,x_n\right)-y_j\right)^2 \tag{2.3}$$

$$\text{s.t.}\|\boldsymbol{e}\|_1\leqslant t$$

岭回归模型的计算公式如下：

$$\min \frac{1}{m}\sum_{j=0}^{m}\left(h_e\left(x_1,x_2,\cdots,x_n\right)-y_j\right)^2 \tag{2.4}$$

$$\text{s.t. } \|\boldsymbol{e}\|_2^2 \leqslant t$$

根据公式（2.3）和公式（2.4），我们可以分别画出 lasso 回归模型和岭回归模型的损失梯度图，以二维为例，如图 2-7 和图 2-8 所示。

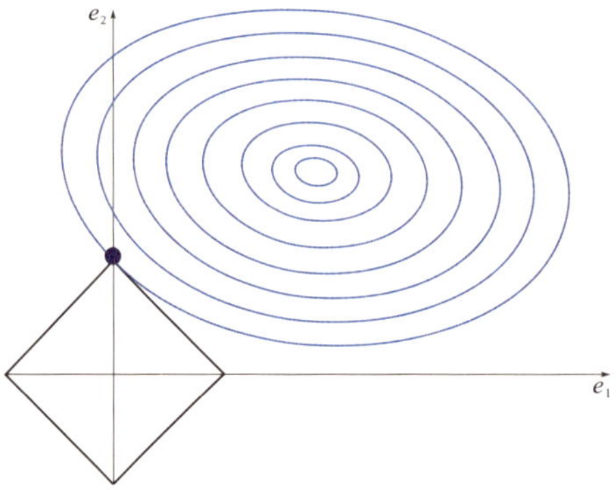

图 2-7　lasso 回归模型的损失梯度图

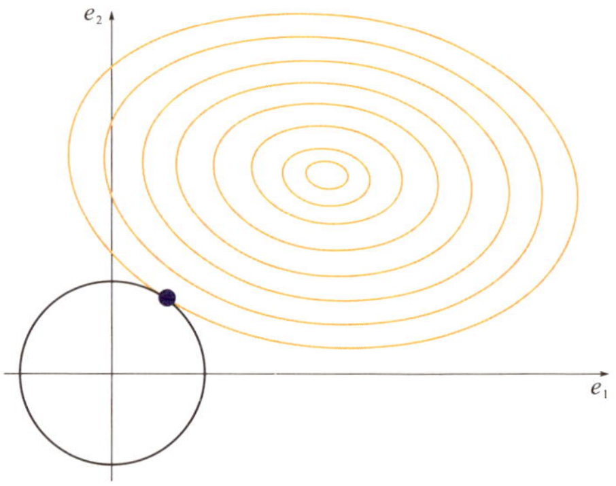

图 2-8　岭回归模型的损失梯度图

在图 2-7 和图 2-8 中，位置越靠近中心表示损失值越小，中心位置表示损失值最小。如果没有正则化约束，那么损失值就能达到最小，但是 e_i 会不受限制，模型可能会比较复杂，出现过拟合情况。加了正则化以后，对 e_i 进行了约束，e_i 限制在方形和圆形区域内，t 值控制方形和圆形的大小，因此我们可以在一定程度上保证模型的泛化能力，也能在一定程度上避免发生过拟合。

由图 2-7 和图 2-8 可知，当损失等高线从低到高与正则化区域第一次相切时，切点就是添加正则化约束之后所求的最小损失值的坐标。方形区域和圆形区域相比，方形区域更容易与等高线相切于坐标轴上，即 L1 正则化会使某一个维度的系数为 0；而圆形区域不太容易与等高线相切于坐标轴上，这样每一个维度都对结果有贡献，能利用的信息更多。

2.3.3 逻辑回归模型

逻辑回归模型是一种广义的线性模型，虽然它的名称中带有“回归”二字，但它其实是一种分类模型，经常被用于点击率预估、文本分类等场景。在广告场景里，由于训练样本数量和特征量都十分巨大，因此简洁的逻辑回归模型有着良好的性能优势，被广泛使用。

为了充分发挥逻辑回归模型的效果，特征工程必不可少，如对特征进行独热编码、归一化和特征交叉等。经过上述特征转换后，特征的维度往往能够达到百万级，在如此稀疏和高维的特征中优化模型的方法也成为研究的热点。下面我们介绍逻辑回归模型的数学定义。

1. 二项逻辑回归模型

在分类模型中，最常用的模型是二项逻辑回归模型。二项逻辑回归模型是一个概率模型，在二分类场景中，其数学模型可表示为

$$P\left(Y=1|\boldsymbol{x}\right)=\frac{1}{1+\mathrm{e}^{-(\boldsymbol{w}^{\mathrm{T}}\boldsymbol{x}+b)}}$$

$$P\left(Y=0|\boldsymbol{x}\right)=\frac{1}{1+\mathrm{e}^{\boldsymbol{w}^{\mathrm{T}}\boldsymbol{x}+b}}$$

式中，$\boldsymbol{x}\in\mathbf{R}^n$；$Y\in\left\{0,1\right\}$；$\boldsymbol{w}\in\mathbf{R}^n$；$b\in\mathbf{R}$。

一个事件的优势比是指该事件发生的概率与该事件不发生的概率的比值。假设事件发生的概率为p，那么该事件的优势比定义为

$$P=\frac{p}{1-p}$$

我们把二项逻辑回归模型代入上述优势比计算公式中得

$$\operatorname{logit}\left(P\right)=\log\frac{P(Y=1\,|\,\boldsymbol{x})}{P(Y=0\,|\,\boldsymbol{x})}=\boldsymbol{w}^{\mathrm{T}}\boldsymbol{x}+b$$

上式说明二项逻辑回归模型的对数优势比是关于输入$\boldsymbol{x}$的线性函数。因此，二

项逻辑回归模型也属于对数线性模型。

在求解二项逻辑回归模型时，我们可以采用最大似然估计方法，似然函数如下：

$$L=\prod_{i=1}^{N}P\left(Y=y_i|x_i\right)$$

我们做如下假设：

$$P\left(Y=1|\boldsymbol{x}\right)=p(\boldsymbol{x})$$

则似然函数可以转换为

$$L=\prod_{i=1}^{N}[p(\boldsymbol{x}_i)]^{y_i}[1-p(\boldsymbol{x}_i)]^{1-y_i}$$

根据梯度下降法求解该似然函数可得到参数的最优解。

二项逻辑回归模型的训练一般需要正则化来控制模型的复杂度，防止模型过拟合，公式如下：

$$\min\log\left(\prod_{i=1}^{N}\left[p\left(x_i\right)\right]^{y_i}\left[1-p\left(x_i\right)\right]^{1-y_i}\right)+\lambda_1\left\|\boldsymbol{w}\right\|^2+\lambda_2\left\|\boldsymbol{w}\right\|$$

2. 多项逻辑回归模型

在多分类场景中，类别为 $k\geqslant 2$，把上述二项逻辑回归模型推广到多分类场景中，得到的数学表达式如下：

$$P\left(Y=k|\boldsymbol{x}\right)=\frac{\mathrm{e}^{\boldsymbol{w}_k^{\mathrm{T}}\boldsymbol{x}+b_k}}{\sum_{j=1}^{K}\mathrm{e}^{\boldsymbol{w}_j^{\mathrm{T}}\boldsymbol{x}+b_j}}$$

式中，$k=1,2,\cdots,K$ 表示类别。

上述模型也称为 Softmax 回归模型，Softmax 回归模型实际上是有限离散概率分布的归一化。Softmax 回归模型的参数求解依然可以采用似然函数求解，计算公式如下：

$$L=\prod_{i=1}^{N}\prod_{k=1}^{K}\left[\frac{\mathrm{e}^{\boldsymbol{w}_k^{\mathrm{T}}\boldsymbol{x}+b_k}}{\sum_{j=1}^{K}\mathrm{e}^{\boldsymbol{w}_j^{\mathrm{T}}\boldsymbol{x}+b_j}}\right]^{I\{y_i=k\}}$$

式中，$I\{y_i=k\}$是当样本y_i类标签为 k 时，其值为 1，否则其值为 0 的指示函数。

在多分类场景中，如果类别之间是互斥的关系，则可以直接使用 Softmax 回归模型；如果多个类别有交叉，则可以使用多个二项逻辑回归模型。

2.4 集成学习

本节我们将介绍机器学习中的集成学习，它又称为模型融合。集成学习常见的方法包括 Bagging、Boosting 和 Stacking，又由于集成学习模型不同而衍生出更多的方法，如随机森林、AdaBoost、XGBoost 等。我们将在本节介绍集成学习的原理和基础知识、Bagging 和 Boosting 的基础知识，并给出两种典型的模型，即随机森林和 AdaBoost。

2.4.1 集成学习概述

假设如下情境：在法庭上有 m 个陪审团成员，其中 m 是奇数，每个陪审团成员独立地对被告人是否犯罪进行投票，每个人只能投有罪或无罪这两个选项中的一个，最后法庭采用多数胜过少数的方法来决定最终的裁决结果。这是生活中一种常见的决策方法，我们不禁想问，多数人的决定是否正确？在考察这个问题前，我们先做如下两个基本假设。

① 每个陪审团成员独立地做出选择。

② 每个陪审团成员做出正确选择的概率是 $p\in[0,1]$。

由概率论知识可知，使用多数胜过少数的方法来决定结果，其最终结果正确的概率为

$$P(\text{最终结果是正确的})=\sum_{j=m+\frac{1}{2}}^{m}\frac{m!}{j!(m-j)!}p^{j}(1-p)^{m-j}$$

进一步地，我们对 p 的不同值进行可视化，如图 2-9 所示。由图 2-9 可以看出，如果每个人的正确概率 p 比随机选择的正确概率 0.5 稍高，人数只要为 100 人以上就能得到一个相当高的正确率结果；如果每个人的正确概率 p 非常高，那么只需要少数几个人就能得到满意的结果。相反地，如果每个人的正确概率 p 都低于 0.5，那么随着人数的增多，最终正确的概率会越来越低。

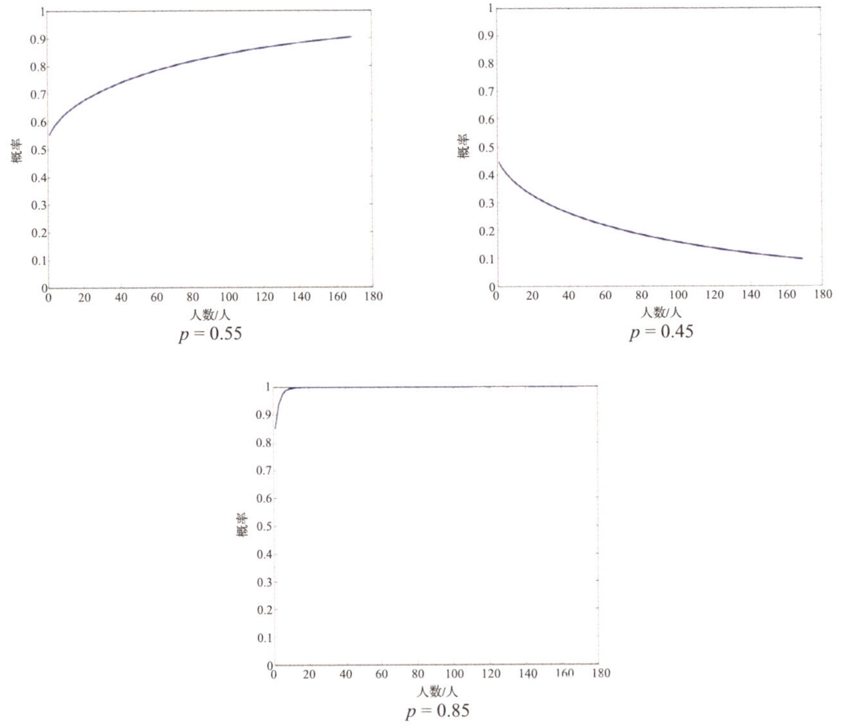

图 2-9　不同 p 值的最终结果的正确概率

因此，集成学习的基本方法是由多个弱学习器共同决定最终的结果。在二分类场景中，只要每个弱分类器的正确率优于随机选择的正确率，那么把多个弱分类器结合到一起来做分类，其正确率就会显著地优于每个弱分类器的正确率，其效果通常可以超过单一的强分类器。需要指出的是，读者需谨记集成学习起作用的基本假设，即每个弱学习器独立地做出决策。但事实上数据是唯一的，模型的类别也是有限的，在实际应用场景中很难保证其独立性，Bagging 和 Boosting 通过两个不同的角度来尽可能地保证弱学习器之间的独立性。

2.4.2 Bagging

Bagging[1] 是集成学习中常见的一种方法，通过在不同的数据上训练弱学习器来实现弱学习器之间的独立性假设，其中用到的数据采样方法称为有放回的采样。假设所有的样本数据为$\{x_1, x_2, \cdots, x_n\}$，我们对该样本进行 n 次有放回的采样，获得$\left\{\bar{x}_1, \bar{x}_2, \cdots, \bar{x}_n\right\}$。由于采用有放回的采样，因此$\left\{\bar{x}_1, \bar{x}_2, \cdots, \bar{x}_n\right\}$中有重复的元素，采样得到的样本是原始样本的一个子集。我们在这组采样得到的样本上可以训练一个弱学习器，并将它用于机器学习，具体的训练方法参见 2.2 节的内容。

Bagging 是指通过重复有放回的采样，在每组样本上训练一个弱学习器，再把所有的弱学习器的预测结果综合作为最终结果。以分类任务为例，具体的做法如下。

给定样本$(x_1, y_1), (x_2, y_2), \cdots, (x_n, y_n)$，其中$y_1, y_2, \cdots, y_n \in \{0,1\}$；分类器函数为$f(x)$；弱分类器的数量为 m 个。当 k=1,2,⋯,m 时，则

① 对样本集进行 n 次有放回的采样，得到样本集$(\bar{x}_1, \bar{y}_1), (\bar{x}_2, \bar{y}_2), \cdots, (\bar{x}_n, \bar{y}_n)$，

② 在样本集上训练分类器 $f(x)$，得到弱分类器$f_k(x)$，最终的分类器为

$$f_{\text{Bagging}}(x) = \begin{cases} 1 & \sum_{k=1}^{m} f_k(x) > \frac{m}{2} \\ 0 & \sum_{k=1}^{m} f_k(x) \leqslant \frac{m}{2} \end{cases}$$

在介绍另一种集成学习方法 Boosting 之前，我们深入介绍一下 Bagging 中的一种典型方法——随机森林。

决策树是一种常见的机器学习模型，根据叶子节点值的不同，决策树既可以作为分类器，又可以作为回归模型。但决策树构成的决策空间是呈阶梯状的，通常不能很好地拟合数据。Bagging 和决策树的结合可以把决策空间扩展到一个高度非线性空间，因此在实际应用中可以较好地拟合数据。随机森林是由 Bagging 和决策树结

合得到的，是 Bagging 中常见的一种方法。

Bagging 通过样本有放回的采样来保证各学习器之间的独立性，而随机森林又进一步地增加了各学习器之间的独立性，构建决策树的每一步是在所有维度、所有值中，计算一个使目标函数最小或最大的分割点。随机森林在构建决策树时，每一步操作的维度限制在了所有维度的一个子集上，由于构建的子集具有随机性，因此随机森林的每一个弱学习器之间即每一棵决策树之间就产生了随机性。这种随机性能更好地保证集成学习的基本假设，即弱学习器独立地做出决策。

我们以分类任务为例，随机森林完整的算法如下。

给定样本$(\boldsymbol{x}_1, y_1),(\boldsymbol{x}_2, y_2),\cdots,(\boldsymbol{x}_n, y_n)\in \mathbf{R}^d$，其中$y_1, y_2,\cdots, y_n\in\{0,1\}$；决策树为$f_k$；弱分类器的数量为 m 个。当 k=1,2,…,m 时，则

① 对样本集进行 n 次有放回的采样，得到样本集$(\overline{\boldsymbol{x}}_1, \overline{y}_1),(\overline{\boldsymbol{x}}_2, \overline{y}_2),\cdots,(\overline{\boldsymbol{x}}_n, \overline{y}_n)$。

② 在样本集上训练决策树$f_{k(\boldsymbol{x})}$，每一步遵循如下步骤。

- 在 d 个维度中随机选取$\sqrt{d}$个维度。
- 在$\sqrt{d}$个维度中选择最优分割点(j^*, t^*)，其中j^*是维度的下标，t^*是分割值。
- 决策树沿着维度j^*的t^*值分裂成两棵子树，最终的分类器为

$$f_{\text{Bagging}}(\boldsymbol{x})=\begin{cases}1 & \sum_{k=1}^{m} f_k(\boldsymbol{x})>\frac{m}{2} \\ 0 & \sum_{k=1}^{m} f_k(\boldsymbol{x})\leqslant\frac{m}{2}\end{cases}$$

2.4.3 Boosting

集成学习通过结合多个弱分类器形成一个强分类器，集成学习算法一般有两种，一种是 Bagging，另一种是 Boosting。Bagging 通过多个弱分类器进行并行化计算，最后投票得到最终的分类结果；而 Boosting 是在模型之间进行串行化，后面的分类模型对前面的分类错误样本进行更加严格的处理，从而提高整体的分类准确率。

在 Boosting 中比较有代表性的算法是 AdaBoost，AdaBoost 于 1995 年由弗洛恩德（Freund）和夏皮尔（Schapire）提出。由上面的分析可知，Boosting 有两个关键点，一是如何更改模型分类错误样本的权值；二是如何把得到的多个弱分类器组合成强分类器。接下来介绍 AdaBoost 是如何处理这两个关键点的。

1. AdaBoost[2]

AdaBoost 通过提高前一个分类器分错的样本在下一个分类器中的权重，降低前一个分类器分正确的样本在下一个分类器中的权重，这样就可以使下一个分类器对前一个分类器有一定的互补作用，进而提高组合分类的准确率。得到多个分类器之后，我们可以计算每一个分类器的误差率，误差率比较低的分类器的结果所占权重比较高；反之，误差率比较高的分类器的结果所占权重比较低。

以二分类为例，Adaboost 的详细步骤为：假设 n 个样本的数据集为

$$T=\left\{\left(\boldsymbol{x}_1,y_1\right),\left(\boldsymbol{x}_2,y_2\right),\left(\boldsymbol{x}_3,y_3\right),\cdots,\left(\boldsymbol{x}_n,y_n\right)\right\}$$

$$y_i\in\left\{-1,+1\right\}$$

首先设置样本的初始化权重。经过初始化，所有样本的权重都是一样的。计算公式如下：

$$\boldsymbol{D}_1=\left(w_{1,1},\cdots,w_{1,i},\cdots,w_{1,N}\right),\ \ w_{1,i}=\frac{1}{N},\ \ i=1,2,\cdots,N$$

其次计算分类的误差，误差的大小影响分类结果在最终分类器中的权重。计算公式如下：

$$e_m=\sum_{i=1}^{N}w_m I,\ \ y_i^{\mathrm{p}}\neq y_i$$

$$I\left(y_i^{\mathrm{p}}\neq y_i\right)=\begin{cases}1 & y_i^{\mathrm{p}}\neq y_i\\0 & y_i^{\mathrm{p}}=y_i\end{cases}$$

再次计算分类器的权重，权重越大，此分类器对最终分类器的影响越大。计算公式如下：

$$\alpha_m = \frac{1}{2}\log\frac{1-e_m}{e_m}$$

解决了分类器的权重问题之后，更新样本在下一个分类器中所占的权重，即

$$\boldsymbol{D}_{m+1} = \left(w_{m+2,2}, w_{m+1,1}, \cdots, w_{m+1,i}, \cdots, w_{m+1,N}\right)$$

$$w_{m+1,i} = \frac{w_{m,i}}{Z_m}\exp\left(-\alpha_m y_i y_i^{\mathrm{p}}\right), \quad i = 1,2,\cdots,N$$

式中，Z_m是规范化因子，计算公式如下：

$$Z_m = \sum_{i=1}^{N} w_{m,i}\exp\left(-\alpha_m y_i y_i^{\mathrm{p}}\right)$$

根据上式可以看出，如果样本分类正确，那么权重就会变小；如果样本分类错误，那么权重就会变大。规范化因子使分类正确的权重变小，分类错误的权重变大，因此后一个分类器能够修正前一个分类器的错误分类。

最后我们根据分类器的权重进行加权表决，形成最终分类器，其表达式为

$$\operatorname{sign}\left(\sum_{m=1}^{M}\alpha_m G_m(\boldsymbol{x})\right)$$

根据前面的计算步骤可以看出，AdaBoost 只是一个提升算法的框架，弱分类器可以是各种分类器，因此 AdaBoost 比较灵活。但是它对异常点比较敏感，由于异常点比较特殊，很容易被错误分类，导致样本的权重比较高，影响模型的准确率。

2. 对 AdaBoost 的解释

通过上面的介绍，我们明白了 AdaBoost 是如何解决 Boosting 中的两个关键点的。AdaBoost 的关键点在于α_m的计算，而α_m是通过损失函数推导而来的。

AdaBoost 是通过多个基础分类器进行顺序组合而得到的，前 k–1 个基础分类器组成的强学习器如下：

$$f_{k-1}(x) = \sum_{i=1}^{k-1}\alpha_i G_i(x)$$

那么第 k 轮的强学习器可以表示为

$$f_k(x)=f_{k-1}(x)+\alpha_k G_k(x)$$

根据 Adaboost 的损失函数可以得出$f_k(x)$的损失函数为

$$(\alpha_k,G_k(x))=\arg\min_{\alpha,G}\sum_{i=1}^{N}\exp[-y_i f_k(x)]$$

上式等价于

$$(\alpha_k,G_k(x))=\arg\min_{\alpha,G}\sum_{i=1}^{N}\exp\left[-y_i\left(f_{k-1}(x)+\alpha_k G_k(x)\right)\right]$$

由于我们的目标是求$(\alpha_k,G_k(x))$，而与$f_{k-1}(x)$无关，所以可以用$\overline{w_{ki}}=\exp[-y_i f_{k-1}(x)]$进行替换，那么上式可以表示为

$$(\alpha_k,G_k(x))=\arg\min_{\alpha,G}\sum_{i=1}^{N}\overline{w_{ki}}\exp[-y_i\alpha_k G_k(x)] \tag{2.5}$$

对于式（2.5）而言，由于α_k大于 0，并且$-y_i$只能是 1 或 -1，因此只有$G_k(x)$在下列情况下式（2.5）才能取得最小值。

$$G_k(x)=\arg\min_{G}\sum_{i=1}^{N}\overline{w_{ki}}I\left(y_i^{\mathrm{p}}\neq G(x_i)\right)$$

$$\begin{aligned}\left(\sum_{i=1}^{N}\right)\overline{e_{ki}}\exp[-y_i\alpha_k G_k(x)] &= \sum_{y_i=G_k(x_i)}\overline{w_{ki}}\mathrm{e}^{-\alpha}+\sum_{y_i\neq G_k(x_i)}\overline{w_{ki}}\mathrm{e}^{\alpha}\\ &=(\mathrm{e}^{\alpha}-\mathrm{e}^{-\alpha})\sum_{i=1}^{N}\overline{w_{ki}}I\left(y_i^{\mathrm{p}}\neq G(x_i)\right)=\mathrm{e}^{-\alpha}\sum_{i=1}^{N}\overline{w_{ki}}\end{aligned} \tag{2.6}$$

将$e_m=\sum_{i=1}^{N}w_m I\left(y_i^{\mathrm{p}}\neq y_i\right)$和$\sum_{i=1}^{N}\overline{w_{ki}}=1$ 代入式（2.6），并对 α 求导且使导数为 0，可得

$$\alpha_m^*=\frac{1}{2}\log\frac{1-e_m}{e_m}$$

2.5 本章小结

本章介绍了如何构建模型、一些常用的模型及集成学习的概念，这些模型在实际中应用十分广泛，但由于本书篇幅有限，如果读者对相关模型感兴趣，可以查看

相关参考文献。机器学习工程师除了掌握这些算法模型，还需要了解建模的基本流程，知道如何把实际问题转换为数学问题，从而求得问题的最优解。本书的目的是让机器学习工程师了解在企业中的模型实践和应用，在后续章节中会从算法和实践相融合的角度进行详细的阐述和说明。

第 3 章结合旅游业务场景的特点，介绍了一些推荐与搜索方面的实践经验。首先，介绍了使用跨领域推荐与 Bandit 算法来缓解冷启动问题；其次，对于度假搜索场景，介绍了所使用的排序学习算法的演进；再次，讲述了如何将深度学习与强化学习用于酒店房型及酒店的推荐与排序；最后，介绍了在旅游信息流中的排序算法的实践。

第 4 章介绍了算法结合旅游行业及携程业务特点的实际应用，包括旅游领域知识图谱构建、知识图谱在问答机器人和文本内容理解上的应用、问答机器人的文本匹配技术演进、契合携程国际化战略的机器翻译模型，以及在证件全文本识别应用上的探索。在知识图谱方面，阐述了旅游领域知识图谱的独特性、常见的图谱构建方法及多个依赖于图谱的 AI 化应用。在文本匹配的技术演进方面，比较了基于深度学习的表征式模型和交互式模型，详述了迁移学习在语义匹配上的应用，并给出了对语义匹配模型优化的展望。在机器翻译方面，详述了该领域最新的模型架构，提供了建模方面的一些技巧，并阐述了机器翻译模型的评估方法。在证件全文本识别应用方面，从文本检测和文本识别出发，以证件全文本识别在携程的应用为终点，描述了文本识别的通用流程和实际应用。

第 5 章主要涵盖了分类、匹配、序列化标注、知识推理，以及内容生成等算法方向。对于分类和匹配问题，均从图片和文本两个角度进行了阐述，详述了在两个领域上的基于迁移学习的分类模型。对于匹配而言，图片和文本非常相似，如相近的匹配框架、一致的损失函数定义，只是在数据上存在差异。标题自动生成是基于 seq2seq 内容生成的实践，并从 OOV、重复词语、数据缺失、主题相关性等方面进行了具体的阐述。除此之外，序列化标注模型在命名实体中的应用和基于知识推理的自动化打标是在知识抽取维度的实践。

第 6 章主要涵盖了机器学习、自然语言处理等算法方向。对于机器学习在 AI 运营中的应用，从数据预处理、特征工程、模型选择与效果评估等方面，介绍了如何构建并优化机器学习模型；由此得到的模型结合具体应用场景可减少海外酒店客房服务缺陷，并提高运营效率；同时运用 LSTM 模型较好地实现了实时智能异常检测。对于自然语言处理在 AI 运营中的应用，从数据清洗、词向量生成、深度学习网络构建等方面，介绍了自然语言处理分类问题中的模型如何构建；通过自然语言处理技术，结合 IM+ 用户模拟评分和海外邮件自动化项目的具体场景，能够最大限度地节约企业运营成本。

第 7 章通过两个案例介绍机器学习在安全检测中的应用，其中包括 Web 攻击检测和验证码防御检测。在各案例中，首先介绍原来架构存在的问题与机器学习的解决方案；其次，根据业务逻辑介绍机器学习模型特征工程的过程；最后，展示机器学习模型应用于原有架构后的效果。

第 8 章从 3 个方面来介绍模型算法在携程风险控制中的应用实践。首先，介绍欺诈风险的特点，以及风控团队在高对抗下是如何做到“见招拆招”的；其次，针对“闪住”、租车、Wi-Fi 租赁等信用产品，介绍风控团队如何构建“程信分”模型体系进行信用风险控制；最后，介绍如何在业务风险标签匮乏的普遍情况下，通过主动学习的模型思路进行风险控制。

第 9 ～ 11 章结合中台化实践，介绍了算法的工程化和应用落地，主要阐述了携程 AI 挖掘中台、AI 运营中台和通用数据服务的功能及具体实现过程。

参考文献

[1] 李航 . 统计学习方法 [M]. 北京：清华大学出版社，2012.
[2] 周志华 . 机器学习 [M]. 北京：清华大学出版社，2016.

第3章 个性化推荐与搜索

携程 App 每天为上亿用户提供全方位的旅行服务，如何为如此众多的用户提供适合他们的旅游产品与服务，挖掘其潜在的兴趣，缓解信息过载，个性化推荐与搜索发挥着不可或缺的作用。OTA（在线旅行社）领域的个性化推荐与搜索没有太多成功的经验可以借鉴，并且其业务形态带来了一些独特的挑战。本章我们将介绍携程在个性化推荐与搜索实践中的一些尝试与探索，并从以下几个方面展开：首先介绍推荐流程与算法；其次介绍一些与产品冷启动相关的实践；最后介绍度假产品、酒店、综合瀑布流排序方面的内容。

3.1 个性化推荐概述

推荐流程大体上可以分为四部分：数据源整合、召回、排序（粗排、精排）、结果生成，推荐流程如图 3-1 所示。

召回阶段是推荐流程的第一步，主要是利用数据工程和算法，从成千上万的产品中生成数量有限的候选集，这在一定程度上决定了排序阶段的效率和推荐结果的优劣。OTA 的属性决定了用户的访问行为大多是低频的，这就使得用户与产品的交互数据极其稀疏，对召回提出了很大的挑战。对于召回阶段得到的候选集，我们通过分析，得到一个较小的、用户可能感兴趣的产品列表。携程的推荐排序并不单纯追求点击率或转化率，还需要考虑距离控制、产品质量控制等因素。排序后的列表在综合考虑多样性、新颖性、Exploit & Explore 等因素后，生成最终的推荐结果。

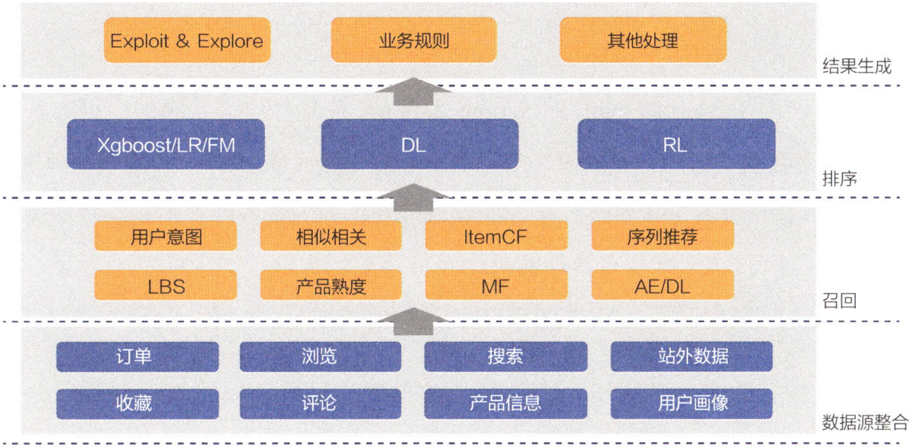

图 3-1 推荐流程

3.2 跨领域推荐改善用户冷启动问题

3.2.1 背景描述

为了给用户提供更好的使用体验，携程需要针对用户实现个性化推荐。然而对于新栏位而言，大量用户属于尚未浏览过该栏位的新用户，如何对这部分用户进行个性化推荐，如何构建有效的模型来对这部分用户进行个性化推荐，就是冷启动问题中针对冷启动用户推荐的问题。

冷启动问题是推荐系统无法绕过的难题。携程 App 每天都在进行不断的优化更新，经常会上线新栏位，如何在这些栏位上对用户进行推荐，就是一个典型的冷启动问题。

对于新栏位而言，用户处于“冷”的状态。如果直接在该栏位上进行建模，由于大量用户没有历史行为记录，因此数据过于稀疏，这会对模型的结果产生非常大的影响。为了解决这样的建模难题，最容易想到的办法是引入额外的信息辅助建模。

携程的主营业务如机票、酒店等栏位积累了大量的用户交互行为数据，因此该问题可以转换为如何通过已有栏位上的历史信息来对这些新栏位上的产品进行推荐。

3.2.2 基础定义

跨领域推荐（Cross Domain Recommendation）是改善这类问题的一种方法。理解跨领域推荐需要先理解两个定义，即目标领域（Target Domain）和源领域（Source Domain）。目标领域就是需要进行推荐的领域，在携程的业务背景下是指那些需要推荐的新栏位。源领域是指具有其他额外信息并能够用来辅助建模的其他领域，在携程的业务背景下是指机票、酒店等用户行为数据比较充足的栏位。

跨领域推荐的实质是运用多个领域的数据解决目标领域的推荐问题。在跨领域推荐的框架下，结合不同的算法已经有了大量研究，如跨领域推荐下的协同过滤。传统的协同过滤的目的是填补用户－物品评分矩阵中的空缺值，进而实现个性化推荐。在跨领域推荐的框架下，目标领域的评分矩阵太过稀疏，需要结合源领域的评分矩阵来辅助建模并完成预测。因此，跨领域推荐的实质是运用不同领域的评分矩阵来解决数据稀疏问题。例如，在跨领域推荐框架下，使用深度学习和神经网络来融合或提取不同领域的评分矩阵或表示它们之间的关系，进而得到目标领域的推荐结果。

根据源领域中的信息应用方式，跨领域推荐分为两种不同的研究方向，如表 3-1 所示。

表 3-1 算法分类

项　目	非对称形	对　称　形
源领域稀疏性要求	较稠密	较稀疏
建模目标	目标领域任务	多领域任务
能否解决冷启动问题	只要求待推荐的用户在源领域上有行为数据即可	要求用户在两个领域上都有行为数据，才能实现两个领域上的任务同时建模

续表

项　目	非对称形	对　称　形
特点	利用源领域和目标领域交叠部分的用户在两个领域上的行为模式知识，完成冷启动用户在目标领域上行为模式的预测，进而完成推荐	由于两个领域同时建模，因此无法完成冷启动用户的推荐
研究方向	需要学习一种合适的映射方式迁移这种知识或模式，并且这种映射方式是一种从源领域到目标领域的单向映射	学习一种合适的映射方式同时完成两个领域上的特征学习，并且这种映射方式能够解决区分不同领域上的特异性和共性问题

1. 对称形

在对称形方向中，将源领域中的信息与目标领域中的信息视为同等地位，认为两个领域上的信息是相互补充的。于是在源领域与目标领域上同时进行建模，以完成两个领域上的任务。这就意味着，不论是在离线训练模型阶段还是在上线预测阶段，两个领域上的用户是完全交叉的。

2. 非对称形

在非对称形方向上，源领域中的数据较为稠密，蕴含充足的信息，将源领域上丰富的信息加以提取和利用，将学到的知识或某种行为模式作为目标领域中的先验信息，完成目标领域上的任务。此时，两个领域并没有被同等，在待建模过程中只有目标领域上的任务才是真正的建模目标，作为辅助的源领域上的任务结果是否准确或是否对源领域进行建模都已经不再重要，因此它是一种非对称方式。在这种方式下，由于源领域不再重要，因此在上线预测阶段不要求两个领域上的用户是完全交叉的。

3.2.3 建模思路

在携程的实际生产场景中需要解决的问题是对新栏位中的冷启动用户完成推荐工作，当这些用户在其他栏位上的行为数据非常充分时，新栏位的冷启动用户推荐就可以采用非对称形的跨领域推荐算法。同时我们有理由认为用户在所有旅游产品上潜在的消费形式、兴趣偏好是相通的，因此用到的建模思想是从源领域上用户的评分矩阵中提取用户的兴趣偏好模式，并将这种偏好模式迁移到目标领域上，完成冷启动用户在目标领域上的产品推荐。具体而言，学习两个领域上交叉用户的兴趣相互补充、相互联系的模式，并将这种模式从源领域迁移到目标领域上，获取用户在目标领域上的用户表示向量。利用矩阵分解的方式，将用户隐向量与目标领域中同一个特征空间上的物品表示向量进行内积，可以实现在目标领域上对冷启动用户的推荐。

3.2.4　模型结构

跨领域推荐采用改善用户冷启动问题的思路，算法流程示意图如图 3-2 所示，该算法分为个性化推荐（Overlap Learning）和冷启动推荐（Cold-start Recommending）两部分，接下来一一进行介绍。

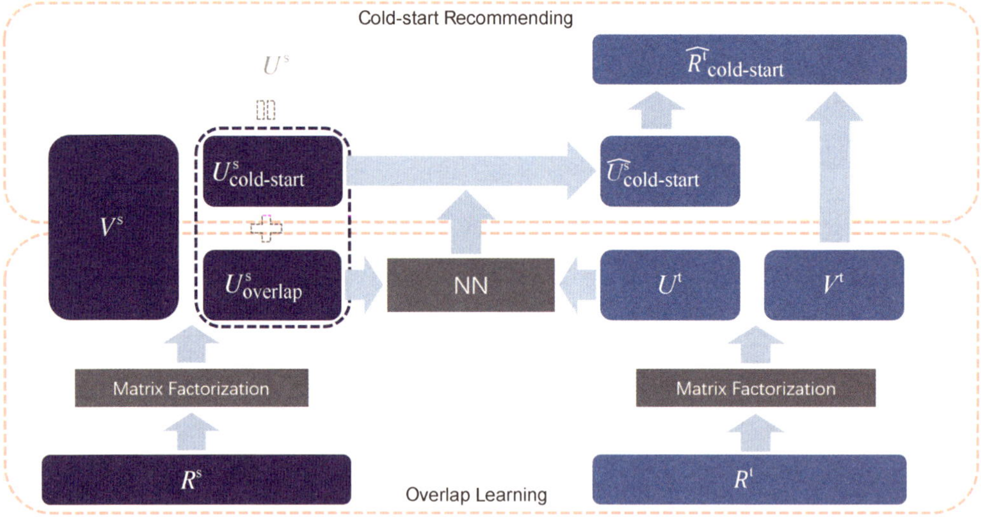

图 3-2　算法流程示意图

1. 个性化推荐部分

需要推荐的对象是在目标领域上没有行为数据但在源领域上有行为数据的冷启动用户，这部分用户被称为冷启动用户（Cold Start User）。同时，为了保证跨领域推荐能够提取到用户从源领域到目标领域上的行为偏好模式，需要收集部分既在源领域上又在目标领域上有行为数据的用户的相关数据，这部分用户被称为个性化推荐用户（Overlap Users）。

根据用户日志，分别获取冷启动用户和个性化推荐用户在源领域上的历史交互行为，构成$\boldsymbol{R}^{\mathrm{s}}$；获取个性化推荐用户在目标领域上的历史交互行为，构成$\boldsymbol{R}^{\mathrm{t}}$。个性化推荐用户用于提取两个领域之间的用户隐向量关系。这里所用到的符号及说明如表 3-2 所示。

表 3-2　符号及说明

符　　号	含　　义	维　　度
$\boldsymbol{R}^{\mathrm{t}}$	目标领域上的评分矩阵	$n_{\mathrm{t}} \times m_{\mathrm{t}}$
$\boldsymbol{R}^{\mathrm{s}}$	源领域上的评分矩阵	$n_{\mathrm{s}} \times m_{\mathrm{s}}$
$\widehat{\boldsymbol{R}^{\mathrm{t}}}$	目标领域上的评分矩阵的估计	$n_{\mathrm{s}} \times m_{\mathrm{s}}$
$\widehat{\boldsymbol{R}_i^{\mathrm{t}}}$	目标领域上的对用户 i 的评分矩阵的估计	$l \times m_{\mathrm{t}}$
$\boldsymbol{U}^{\mathrm{t}}$	目标领域上矩阵分解（Matrix Factorization，MF）结果中的用户隐向量	$n_{\mathrm{t}} \times k$
$\boldsymbol{U}^{\mathrm{s}}$	源领域上 MF 结果中的用户隐向量	$n_{\mathrm{s}} \times k$
$\boldsymbol{V}^{\mathrm{t}}$	目标领域上 MF 结果中的物品隐向量	$m_{\mathrm{t}} \times k$
$\boldsymbol{V}^{\mathrm{s}}$	源领域上 MF 结果中的物品隐向量	$m_{\mathrm{s}} \times k$
$\widehat{\boldsymbol{U}^{\mathrm{t}}}$	通过迁移得到的目标领域上的用户隐向量的估计	$n_{\mathrm{t}} \times k$
$\widehat{\boldsymbol{U}_i^{\mathrm{t}}}$	通过迁移得到的目标领域上的用户 i 隐向量的估计	$l \times k$
$f(\cdot)$	迁移函数	

（1）步骤一：获取用户隐向量（$\boldsymbol{U}^{\mathrm{t}}$、$\boldsymbol{U}^{\mathrm{s}}$）与物品隐向量（$\boldsymbol{V}^{\mathrm{t}}$、$\boldsymbol{V}^{\mathrm{s}}$）

利用矩阵分解从两个评分矩阵中分别提取用户隐向量和物品隐向量，它们的关系如下：

$$\boldsymbol{R}^{\mathrm{t}} \approx \boldsymbol{U}^{\mathrm{t}}(\boldsymbol{V}^{\mathrm{t}})^{\mathrm{T}}$$

$$\boldsymbol{R}^{\mathrm{s}} \approx \boldsymbol{U}^{\mathrm{s}}(\boldsymbol{V}^{\mathrm{s}})^{\mathrm{T}}$$

（2）步骤二：$\boldsymbol{U}^{\mathrm{s}}$到$\boldsymbol{U}^{\mathrm{t}}$的迁移

为了更好地提取用户在源领域与目标领域上的兴趣偏好关系，借助深度网络对非线性关系的优良刻画能力实现$\boldsymbol{U}^{\mathrm{s}}$到$\boldsymbol{U}^{\mathrm{t}}$的转换，如图 3-3 所示，转换关系如下：

$$\widehat{\boldsymbol{U}^{\mathrm{t}}}=f\left(\boldsymbol{U}^{\mathrm{s}}\right)$$

$$\widehat{\boldsymbol{U}^{\mathrm{t}}} \rightarrow \boldsymbol{U}^{\mathrm{t}}$$

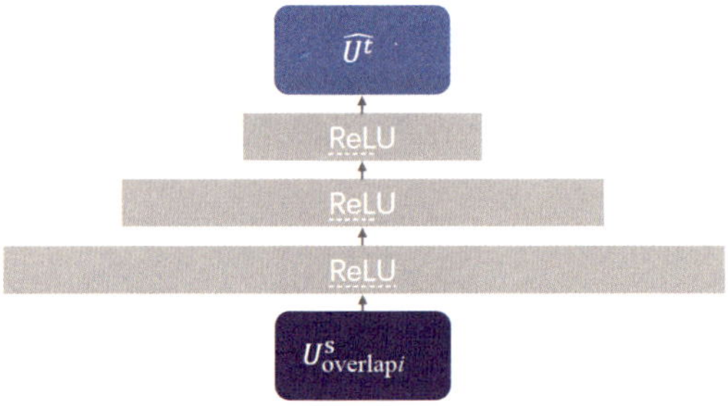

图 3-3 $\boldsymbol{U}^{\mathrm{s}}$ 到 $\boldsymbol{U}^{\mathrm{t}}$ 的迁移流程图

（3）步骤三：预测冷启动用户在目标领域上的评分

从 $\boldsymbol{U}^{\mathrm{s}}$ 中得到$\widehat{\boldsymbol{U}^{\mathrm{t}}}$之后，可以通过 $\boldsymbol{V}^{\mathrm{s}}$ 对 $\boldsymbol{R}^{\mathrm{s}}$ 上稀疏的值进行预测，然后根据预测值的高低完成指定用户在目标领域上的物品推荐。预测公式如下：

$$\widehat{\boldsymbol{R}^{\mathrm{t}}}=\widehat{\boldsymbol{U}^{\mathrm{t}}}(\boldsymbol{V}^{\mathrm{t}})^{\mathrm{T}}$$

2. 冷启动推荐部分

通过 Overlap Learning，我们可以得到两个已经充分学习到并存储下来的信息，即从 $\boldsymbol{U}^{\mathrm{s}}$ 到 $\boldsymbol{U}^{\mathrm{t}}$ 的映射方式$\boldsymbol{f}(\cdot)$和目标领域上的物品隐向量 $\boldsymbol{V}^{\mathrm{t}}$。

因此，当完成冷启动用户的推荐任务时，可以直接提取这些用户在源领域上的用户隐向量 $\boldsymbol{U}_i^{\mathrm{t}}$，再直接通过映射模型，得到它在目标领域上的用户隐向量估计$\widehat{\boldsymbol{U}_i^{\mathrm{t}}}$。同时，通过从内存中读取物品隐向量 $\boldsymbol{V}^{\mathrm{t}}$，可以实现预测该冷启动用户在目标领域上的行为偏好，预测公式如下：

$$\widehat{\boldsymbol{R}_i^{\mathrm{t}}}=\widehat{\boldsymbol{U}_i^{\mathrm{t}}}(\boldsymbol{V}^{\mathrm{t}})^{\mathrm{T}}$$

然后根据预测值进行排序、推荐。

3.2.5 实验结果

冷启动推荐算法在多个场景中应用解决了冷启动用户的产品推荐问题。下面以为冷启动用户推荐攻略为例进行说明。该场景下的攻略是携程近期（在实验进行之际）新开放的栏位，只收集到了十几天内的回流数据，因此携程已有的大量日活用户在该栏位上处于“新用户”状态，非常需要跨领域推荐帮助实现个性化推荐。

1. 数据清洗

由于评分矩阵 $\boldsymbol{R}^{\mathrm{s}}$、$\boldsymbol{R}^{\mathrm{t}}$ 的稀疏程度会对是否能够提取到可以合理刻画用户兴趣偏好和物品特征的 $\boldsymbol{U}^{\mathrm{t}}$、$\boldsymbol{U}^{\mathrm{s}}$、$\boldsymbol{V}^{\mathrm{t}}$、$\boldsymbol{V}^{\mathrm{s}}$ 有较大影响，因此需要进行数据清洗工作。数据清洗主要是对源领域上的物品进行筛选、对用户进行归类。具体的操作规则如下。

（1）源领域的酒店筛选

源领域上的物品数量会在一定程度上影响整个模型的运行效率，同时，大量低频的酒店会对源领域上用户隐向量的刻画产生影响，因此这里不将总订单量、总订购用户量小于一定阈值的酒店纳入构建源领域的评分矩阵中。

（2）用户归类

对源领域的酒店进行筛选后，对于所有用户而言，只在源领域上出现的用户属于冷启动用户，既在源领域上又在目标领域上出现的用户属于个性化推荐用户。在进行首次归类后，会发现在个性化推荐用户中，部分用户所浏览的攻略低于 5 篇，他们属于超级低频用户，如果继续将这部分用户保留在个性化推荐用户中，会对模型结果造成较大影响，因此将这些用户归类于需要冷启动的用户。

2. 数据集说明

表 3-3 所示为实验数据情况。

表 3-3 实验数据情况

项　目	说　明
时间跨度	2018-08-01— 2018-08-10
源领域	订购酒店
目标领域	浏览攻略
个性化推荐用户量占比	5% 左右
冷启动用户量占比	95% 左右
训练集	两个领域均有交互行为的用户中的 70%
测试集	两个领域均有交互行为的用户中的 30%

3. 模型结果

对两个领域均有交互行为的用户进行划分，训练集与测试集之比为 7:3。以召回（在计算模型为用户推荐的 K 篇攻略中用户产生了浏览行为的攻略数量的比例）作为模型评价指标，在测试集上对本章所构建的跨领域推荐模型与直接为用户推荐热门的攻略模型进行比较。

从表 3-4 所示的实验结果可以看出，跨领域推荐模型的效果更好，更多的产品得以曝光，使推荐更具个性化。目前跨领域推荐已经被广泛用于携程的多个实际生产场景中。

表 3-4 实验结果

项　目	Recall@5	Recall@10	Recall@20	Recall@30
较热门而言	+1.7562%	+0.9740%	+2.4431%	+1.4033%

3.3 Bandit 算法在携程场景中的应用实践

携程作为全球领先的 OTA 服务平台，为用户提供诸多推荐服务。下面我们介绍几个在实际推荐场景中面临的问题。

① 假设一个用户对不同类别的内容感兴趣程度不同，那么推荐系统初次遇到这个用户时，如何快速地知道他对每类内容的感兴趣程度呢？

② 假设我们有若干广告库存，如何知道给每个用户展示哪个广告能获得最大的点击收益？如果每次都推荐效果最好的广告，那么新广告何时才有出头之日呢？

③ 如果只推荐已知用户感兴趣的物品，会导致马太效应。例如，在实际的场景中，部分优质物品由于初始推荐策略（如热门推荐策略等）被推荐的次数变多，这导致用户购买或点击的次数较多，形成的用户购买轨迹也较多。这种策略会导致头部物品得到大量曝光，而中长尾物品的曝光次数很少。如何才能科学地为用户推荐一些新鲜的物品来平衡系统的准确性和多样性呢？

Bandit 算法源于赌博学，一个赌徒去摇老虎机，一个老虎机共有 n 个外表一模一样的臂，每个臂的中奖概率为 P_i，他不知道每个臂中奖的概率分布，那么每次选择哪个臂可以做到收益最大化呢？这就是多臂赌博机（Multi-armed Bandit，MAB）问题。

将 MAB 问题进行抽象，假设老虎机共有 n 个臂，每个臂的中奖概率为 P_i，用户可以对每个臂进行尝试，每次尝试若成功则中奖概率为 1，若失败则中奖概率为 0。用户不知道每个臂的中奖概率，需要调整尝试策略，最终找到中奖概率最大的臂。

Bandit 算法能较好地平衡探索和利用问题（E&E 问题），无须事先积累大量数据就能较好地处理冷启动问题，同时能够克服根据直接收益计算权重而产生的马太效应，但无法体现资源的真实质量，这导致多数资源没有展示机会。利用 Bandit 算法设计的推荐算法可以较好地解决上述问题。

3.3.1 Context-free Bandit 算法

1. 置信上限（Upper Confidence Bound，UCB）

Context-free Bandit 算法的思想在于采用一种乐观的态度，根据每个臂预期回报的不确定性的上界值进行选择，确定每次选出的臂。每个臂尝试的次数越多，预期回报的置信区间越窄；每个臂尝试的次数越少，预期回报的置信区间越宽。对于某个臂a_i，计算相应的预期回报分数，即$\bar{x}_{i,t}+\sqrt{\frac{2\ln n}{n_{i,t}}}$，其中第一项$\bar{x}_{i,t}=\frac{\sum_{s=1:I_s=i}^{t} r_s}{n_{i,t}}$为第 i 个臂到当前时刻 t 的平均回报，称为利用项（Exploitation Term）；后一项为置信度，即对第一项的回报估计的确信程度，称为探索项（Exploration Term），r_s为在 s 时刻观察到的收益，$n_{i,t}$为第 i 个臂到当前时刻 t 的选择次数，n 为总选择次数。平衡选择已有较好表现的物品和具有潜在贡献的物品。如果物品的置信区间很宽（被选次数很少，且不确定），那么它会倾向于被多次选择，即利用，这是算法冒风险的部分。如果物品的置信区间很窄（备选次数很多，且能确定其好坏），那么均值大的倾向于被多次选择，即探索，这是算法保守稳妥的部分。

2. 汤姆森取样（Thompson Sampling）

汤姆森取样是一种通过贝叶斯后验采样（Bayesian Posterior Sampling）进行探索与利用的方法。采用贝叶斯思想，对奖赏分布的参数假设一个先验分布，根据观测到的奖赏更新后验分布，根据后验分布选择臂。

对于臂的奖赏服从伯努力分布，中奖概率（被点击的概率）即平均奖赏$\theta_k\in[0,1]$。假设第 k 个臂的奖赏分布固定但未知，即参数θ_k未知。在 Bernoulli Bandit 问题中，采用 Beta 分布对第 k 个臂的中奖概率建模，因为 Beta 分布是二项分布的共轭分布。如果先验分布为$\mathrm{Beta}(\alpha,\beta)$，在观测到伯努力二元选择（Bernoulli Trial）后，后验分布变为$\mathrm{Beta}(\alpha+1,\beta)$或$\mathrm{Beta}(\alpha,\beta+1)$。

① 如果候选物品被选中的次数很多，那么 Beta 分布随着$\alpha_k+\beta_k$的增大会变得更加集中，即这个候选物品的收益已经确定，用它产生的随机数基本在分布的中心位置附近，且接近这个分布的平均收益。

② 如果一个候选物品的$\alpha+\beta$很大，且$\alpha/(\alpha+\beta)$也很大，那么该候选物品是一个好的候选项，其平均收益也很好。

③ 如果一个候选物品的$\alpha+\beta$ 很小，且分布很宽，即没有给予充分的探索次数，

无法确定好坏，那么这个较宽的分布有可能得到一个较大的随机数，在排序时被优先输出，并用给予次数进行探索。

算法 1 Thompson Sampling for the Bernoulli Bandit

要求：Beta 分布的先验参数 α, β

定义：$S_i = 0$ 和 $F_i = 0$（成功计数和失败计数）

for t=1, 2,⋯, T do

  for i=1,2,⋯,K do

    Draw θ_i according to Beta($S_i + \alpha$,$F_i + \beta$)

  end for

  Draw arm $\hat{i}$ = argmax$_i \theta_i$ and observe reward r

  if r =1 then

    $S_{\hat{i}} = S_{\hat{i}} + 1$

  else

    $F_{\hat{i}} = F_{\hat{i}} + 1$

  end if

end for

3.3.2 Contextual Bandit 算法

Context-free Bandit 算法没有充分利用实时推荐的上下文特征（用户偏好特征、场景特征等），在某一时刻对所有用户展示的文案是相同的。事实上，针对同一个文案，不同的用户在不同的情境下的接受程度是不同的。而 Contextual Bandit 算法充分利用了这些特征。

每个臂包含特定的随时间变化的上下文特征 $\boldsymbol{x}_t$，并且其回报 $\boldsymbol{r}_t$ 和上下文特征 $\boldsymbol{x}_t$ 直接相关，即存在一个函数 f，使得 $\boldsymbol{r}_t = f(\boldsymbol{x}_t)$，其中 $\boldsymbol{x}_t$ 为实际应用中抽象出的辅助选择每个臂的特征。根据不同的互联网推荐系统场景可以产生不同的用户特征和物品特征，不同的有关函数 f 的假设会得到不同的模型，选择最大化期望回报策略：$\text{argmax}_\pi E_{x,r} \approx D\left[\boldsymbol{r}_{\pi(x,\theta)}\right]$，其中 $E_{x,r}$ 为期望。

算法 2 Contextual Multi-Armed Bandit

定义：action 集合$A=\{1,2,3,\cdots,K\}$，contextual 向量$\boldsymbol{x}_t\in\boldsymbol{X}$，$K$ 维的 reward 向量$\boldsymbol{r}_t=\{r_{t,1},r_{t,2},\cdots,r_{t,K}\}$，以及 policy ð：$X\to A$。

在第 t 轮，

- 从未知分布 D 选择 $(\boldsymbol{x}_t,\boldsymbol{r}_t)$，只有 $\boldsymbol{x}_t$ 被展示给 learner。
- 一旦观测到 $\boldsymbol{x}_t$，learner 使用 policy π（π 由未知参数 θ 决定）选择 action $a\in A$，并返回相应的 reward $\boldsymbol{r}_{t,a}$。
- 利用本轮收集到的数据来修正 policy ð（可选）。

算法 3 Linear Thompson Sampling 算法

要求：$\sigma\in(0,1)$

定义：$v=R\sqrt{\dfrac{24}{\varepsilon d\ln\dfrac{t}{\sigma}}}$，$\boldsymbol{B}=\boldsymbol{I}_d$，$\hat{\boldsymbol{\mu}}=\boldsymbol{0}_d$，$\boldsymbol{f}=\boldsymbol{0}_d$

for $t=1, 2, 3, \cdots, T$

从分布$\mathrm{N}\left(\hat{\boldsymbol{\mu}}(t),v^2\boldsymbol{B}(t)^{-1}\right)$选择 arm $a(t):=\operatorname{argmax}_i\boldsymbol{b}_i(t)^{\mathrm{T}}\hat{\boldsymbol{\mu}}(t)$，观测 reward $\boldsymbol{r}_{a(t)}(t)$

更新：

$$\boldsymbol{B}=\boldsymbol{B}+\boldsymbol{x}_{t,a}\boldsymbol{x}_{t,a}^{\mathrm{T}}$$
$$\boldsymbol{f}=\boldsymbol{f}+\boldsymbol{x}_{t,a}\boldsymbol{r}_t$$
$$\hat{\boldsymbol{\mu}}=\boldsymbol{f}^{-1}\boldsymbol{B}$$

3.3.3 场景应用

1. 文案创意选择

传统的 Test-rollout 策略分为 Testing Period 和 Post-testing Period，它在给定的测试周期内分配等量流量，挑选出指标表现最优的文案并切换全流量。但其存在下述缺陷。

① 在初始阶段，一部分用户会收到质量较低（表现为 CTR 较低）的文案，这会损害用户体验的效果，也会影响用户的参与度。

② 文案的表现会随着场景信息（时间、地点等）的变化而变化，在测试周期内得到的结论不一定适用于文案的整个生命周期。

编辑人工撰写的文案的质量有一定保证，利用 E&E 算法进行探索时不会严重地影响用户体验而导致用户流失。我们可以将文案模板优化建模为多臂 Bandit 问题，并引入 Batched Thompson Sampling（成批的汤姆森采样）优化用户体验。在传统的 Thompson Sampling 中，只要接收到用户反馈就会更新模型参数。在实际应用中，高频的模型更新会给系统带来严重的计算负担，同时由于日志系统存在延迟问题而无法确保收到实时的点击、转化等数据，因此更理想的情况是处理一定时间段内批量的用户反馈。相关研究表明，Thompson Sampling 通过对反馈引入随机性，对数据延迟反馈和批量数据反馈相比其他 Bandit 算法更加准确。例如，UCB 是一种确定性算法，虽然可以处理较短的延迟，但是当延迟增大时，模型性能会急剧下降。Beta 分布的采样利用 org.apache.commons.math3.distribution.BetaDistribution 包快速实现。系统整体处理流程如图 3-4 所示。

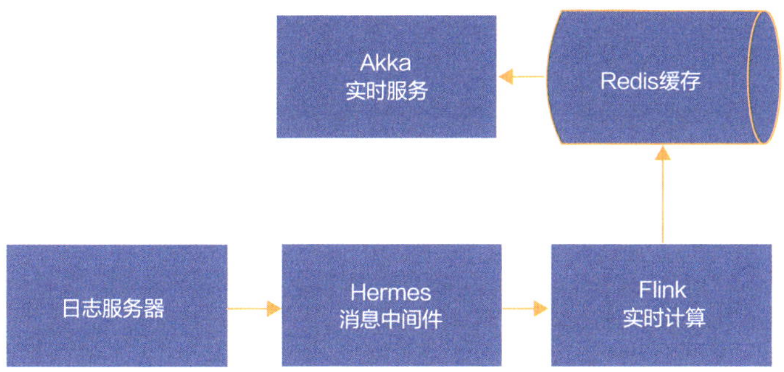

图 3-4　系统整体处理流程

2. 更新机制

Thompson Sampling 假设第 i 个臂拥有先验 Beta(1,1)，Beta(1,1) 是 (0,1) 的均匀分布。采用 Batched Thompson Sampling，每个臂的 Beta 分布只在每批次的结尾更新。

对于传统的 Bernoulli Bandits 的 Thompson Sampling 算法，如果观测到点击行为，被选择臂的$\text{Beta}(\alpha,\beta)$更新为$\text{Beta}(\alpha+1,\beta)$，否则更新为$\text{Beta}(\alpha,\beta+1)$。

对于 Batched Thompson Sampling，采用两种更新机制：求和更新与归一化更新。

对于第 t 个批次内第 k 个臂的 Beta 分布为$\text{Beta}(\alpha_k^t, \beta_k^t)$；$S_k^t$和$F_k^t$分别表示第 t 个批次中第 k 个臂的点击次数和非点击次数；M^t表示总的曝光次数。

求和更新公式如下：

$$\alpha_k^{t+1} = \alpha_k^t + S_k^t$$

$$\beta_k^{t+1} = \beta_k^t + F_k^t$$

归一化更新公式如下：

$$\alpha_k^{t+1} = \alpha_k^t + \frac{M^t}{K}\frac{S_k^t}{S_k^t + F_k^t}$$

$$\beta_k^{t+1} = \beta_k^t + \frac{M^t}{K}\frac{F_k^t}{S_k^t + F_k^t}$$

$\frac{M^t}{K}$的参数更新策略可以解决在每个数据流批次内不同臂之间的不平衡流量的分配问题。如果第 k 个臂在每个批次内有较少的点击次数，则 θ_k较低，或者分配到该臂的流量不足以产生足够的点击次数，这会降低算法对于噪声的容忍度。较小的 K 会放大潜在噪声。数据噪声（Data Noise）相较于不平衡流量分配的副作用，对算法表现有更大的影响。

算法 4　Batched Thompson Sampling

要求：Beta 分布的先验参数α和β；初始化$\alpha_k^1 = 1$和$\beta_k^1 = 1$

For batch index $t \in \{1, 2, \cdots, T\}$ do
　初始化$S_k^t = 0$和$F_k^t = 0$（成功计数和失败计数）

for event $i \in \{1, 2, \cdots, M^t\}$ do
　　for arm $k \in \{1, 2, \cdots, K\}$ do
　　　Draw θ_k according to $\text{Beta}(\alpha_k^1, \beta_k^1)$
　　end for
　　Draw arm $\hat{k} = \text{argmax}_k \theta_k$ and observe reward r

---

```
    if r=1 then
      S_k^t = S_k^t + 1
    else
      F_k^t = F_k^t + 1
    end if
  end for
# Option 1: summation update
  for arm k ∈ {1,2,···,K} do
    α_k^{t+1} = α_k^t + S_k^t
    β_k^{t+1} = β_k^t + F_k^t
  end for
# Option 2: normalization update
  for arm k ∈ {1,2,···,K} do
```

$$\alpha_k^{t+1} = \alpha_k^t + \frac{M^t}{K}\frac{S_k^t}{S_k^t + F_k^t}\beta_k^{t+1} = \beta_k^t + \frac{M^t}{K}\frac{F_k^t}{S_k^t + F_k^t}$$

```
  end for
end for
```

3. 采集无偏的数据

在推荐系统中经常面临的一个问题是用户对根据某些策略推荐的一部分物品感兴趣并做出反馈，但是还有更多的物品实际上没有展示机会。在理想状态下，我们希望用户遍历推荐系统准备的产品列表全集。采集到的数据通常会被用于多个任务，如进行排序、建立用户画像、构建内容分类器等。

基于这些用户交互数据，后续采用传统的有监督模型训练并上线个性化排序，实际上学习得到的排序函数是有偏的，会给推荐系统引入较大的偏置。如何尽可能地收集无偏的用户交互数据呢？传统的做法是从物料池中随机均匀采样并展示。但是这种做法会影响用户体验，降低用户的参与度，导致需要更长的时间来收集用户反馈。我们引入一种用户友好的无偏数据收集框架来改进传统的 E&E 算法，用于解决该问题。

现有的 E&E 算法本质上不是为了消除偏差，而是最大化期望回报。一旦在探索中从未得到展示机会的物品对于某个指标（如 CTR）的贡献被充分地利用，E&E 算法就会收敛于产生最大回报的物品。

在标准的 K-armed Bernoulli Bandit 问题中，每一轮只有一个物品会被选择。一种常见的做法是将 Item-wise Bernoulli Bandit 扩展为 List-wise Bernoulli Bandit，并将所有物品的排列视为一个臂。

算法 5 Thompson Sampling for the Bernoulli Ranked-list Bandit

要求：Beta 分布的先验参数 α和β

S_i=0 和F_i=0（成功计数和失败计数）

for $t=1,2,\cdots,T$ do

  for $i=1,2,\cdots,K$ do

    Draw θ_i according to $\text{Beta}(S_i+\alpha, F_i+\beta)$

  end for

  Sort θ_i in the descending order

  Select the top N items and observe N rewards

  Update S and F for those N items

end for

算法 6 Thompson Sampling for the Bernoulli Ranked-list Bandit

要求：Beta 分布的先验参数α和β

S_i=0 和F_i=0（成功计数和失败计数）

for $t=1,2,\cdots,T$ do

  for $i=1,2,\cdots,K$ do

    Draw θ_i according to $\text{Beta}(S_i+\alpha, F_i+\beta)$

  end for

  Compute p such that $p_k=\theta_k/\Sigma\theta_k$

  Sample N items from Multinoial (p)

  Observe N rewards r_t

  Update S and F for those N items according to r_t

```
  Logging N items，p and r_t
end for
```

更改 E&E 算法使得高质量的内容和低质量的内容能够相伴产生，并且高质量的内容排在前面的概率更高，使用户体验的损失可控。

4. 策略评估

离线评估方法如下：

$$R_A(T)=G^*(T)-G_A(T)$$

在探索过程中，由于选择一些次优的臂，因此会增大短期的累积遗憾（Regret）。但是对于每个臂奖赏的评估，获取臂的平均奖赏信息可以优化算法，从而减少长期 Regret。

随着迭代轮次增大而减少 Regret，即确保$\frac{R_A(T)}{T}$随着 T 增大而逐步减小，数学表达式如下：

$$g_A(T)=\frac{R_A(T)}{T}=\frac{1}{T}E_D\left[\sum_{t=1}^{T}r_{t,a_t}\right]$$

在理想情况下，我们进行分桶实验，划分一小部分线上真实流量评估各类 Bandit 算法，这对于 Bandit 算法的离线评估十分重要。用于离线评估的数据格式为：用户信息、展示的物品、用户对该物品的反馈（点击或不点击），这些数据是由其他推荐策略收集到的日志信息。当 Bandit 算法的推荐与离线数据为不同的物品时，则无法获取用户反馈。这种“Partial-label”的天然特性用来评估 Bandit 算法与有监督算法之间的主要区别。

① 使用历史日志数据 $D=\{(x,a,r_a)\}$，要求每个臂以 $1/K$ 概率被选择，满足独立同分布。

② 奖赏的反事实性：当 Bandit 算法推选的臂不等于日志中的 a 时，则无法观测到奖赏$r_{\pi(x)}$。

算法 7 Replay 方法

输入

• Contextual Bandit 算法 A

• Stream of events S of length L， triplets (x, a, r)

输出：An estimate of g_A

$h_0 \leftarrow \varnothing$ {An initially empty history}

$\hat{G}_A \leftarrow 0$ {An initially zero total payoff}

$T \leftarrow 0$ {An initially zero counter of valid events}

for $t = 1,2,3,\cdots,L$ do

  Get the t-th event $\left(x,a,r_a\right)$ from S

  if $A\left(h_{t-1},x\right) = a$ then

    $h_t \leftarrow$ CONCATENATE$(h_{t-1}, (x,a, r_a))$

    $\hat{G}_A \leftarrow \hat{G}_A + r_a$

    $T \leftarrow T + 1$

  else

    $h_t \leftarrow h_{t-1}$

  end if

end for

return $\hat{G}_A / T$

算法 8 Bootstrap Replay on Expanded Data（BRED）方法

输入

• Contextual Bandit 算法 A

• Stream of events S of length L， triplets (x, a, r)

• An integer B

输出：An estimate of g_A

$h^{(b)} \leftarrow \varnothing$， $\forall b \in \{1,2,\cdots,B\}$ {An initially empty history}

$\hat{G}_A^{(b)} \leftarrow 0, \forall b \in \{1,2,\cdots,B\}$ {An initially zero total payoff}

$T^{(b)} \leftarrow 0, \forall b \in \{1,2,\cdots,B\}$ {An initially zero counter of valid events}

Bootstrap Loop

for $b \in \{1,2,\cdots,B\}$

```
  # estimation of CTR_A^(b)(T)
for i ∈ {1,2,···,T × K} do
    Sample with replacement (x,a,r_a) from S
    x ← JITTER(x) # optional
    if A(h_{t-1}^(b), x) = a then
      h_t^(b) ← CONCATENATE(h_{t-1}^(b), (x,a,r_a))
      Ĝ_A^(b) ← G_A^(b) + r_a
      T ← T + 1
    else
      h_t^(b) ← h_{t-1}^(b)
    end if
end for
end for
return (1/B) Σ_{b=1}^{B} Ĝ_A^(b) / T^(b)
```

Jittering Technique：数据集中的每条记录在每个扩展数据 S_B 中出现了 K 次。为了防止潜在的过拟合风险，在 context 特征上引入一小部分高斯噪声（Gaussian Noise），这也是一种在神经网络领域中常用的技巧。

5. 实践经验

① 先验的选择十分重要。K 个臂未知的点击概率$(\theta_1,\theta_2,\cdots,\theta_k)$采用均匀的 Beta 分布。但是事实上，某些 θ 值应该比其他值更大，采用均匀先验会损害模型，并且均匀先验没有考虑情境信息及历史经验知识。对于新上架的文案，我们并不打算直接采用均匀的 Beta 分布，而是寻找与其类似的文案（利用文本和图像的相关性）对其赋予先验知识。

② 参数 α 和 β 可调整，从而可以控制采样样本的方差。items 的先验知识可以方便地融入这些参数中。在 α 和 β 中引入参数 γ，使得参数分别变为 α/γ 和 β/γ，对后验分布稍做调整，这样不会改变后验均值，但是方差会乘系数 γ^2。当 γ 值小于 1 时，会减少探索的次数，从而获得较低的回报。

③ 解决探索问题，势必要冒险，势必要走向未知，而这显然会伤害用户的体验，如明知道用户肯定喜欢 A，还偏偏给他推荐某个小概率非 A。因此，我们需要保证用于探索的候选池物品本身的质量，即使用户不感兴趣，也不至于引起用户反感，避免用户流失。

④ 在线计算时，是否需要实时采样取决于推荐服务是否要求每次 request 都进行实时响应。对于某些场景，用户不希望看到的内容在短时间内剧烈变化。在这种情况下，我们可以每隔几分钟采样一次，然后将参数保存，在线计算时采用查表法。

6. 优化点

① θ_k 不随时间变化，即静态环境。Non-stationary Bandit 问题即 θ_k 变化较大会使在生命周期内 k 个臂的 θ_k 顺序剧烈变化。

② 采用相比于点击更加复杂的回报。例如，考虑停留时长的点击，将回报转换为 [0,1] 内的实数，从而可以有效避免作弊点击的问题。

3.4 旅游度假产品的搜索个性化排序

携程网每天都会为世界各地的用户提供旅游方面的在线信息、旅游咨询和预订等服务。以跟团游为主的度假业务在不断增长，一方面是由于国民生活水平越来越高而使人们对旅游的需求日益旺盛；另一方面是由于携程不断优化自身的业务水平，充分利用各方资源提高对用户的服务质量。携程一直秉持以用户为中心的原则，这样能够不断地吸引更多的优质供应商和用户。

随着移动智能终端的发展，用户逐渐从线下和 PC 端向移动智能终端转移。携程业务的不断发展也使其逐渐积累了诸多优质用户，如何为这些用户和不断到来的新用户提供更人性化的 OTA 服务成为携程的重要目标。携程紧随时代发展，追随科技的步伐，大数据和人工智能两大“武器”也逐渐被携程收入囊中。

本节主要介绍携程在度假业务中旅游度假产品的搜索个性化排序，还会重点介绍度假旅游产品和用户决策的复杂性，从而针对这一特定场景问题构建定制化的解决方案，以及构建特征构造、样本处理和数据化运营方面的思想。

3.4.1 度假搜索排序框架

当携程的用户在移动智能终端使用度假搜索功能时，用户根据自己的需求提供了检索的请求，那么携程服务器不仅要找出符合用户请求的产品集，还要尽可能按照用户真实的偏好进行排序，从而达到减少用户决策时间、改善用户体验的目的。每天使用这一检索功能的用户少则几十万人，多则上千万人，这对服务的复杂度和有效性都是一种挑战。

虽然这一过程看似只是用户和服务器的简单交互，但是背后其实有着繁杂的流程。我们将度假搜索排序框架简化成如图 3-5 所示的示意图。携程的用户提供一个搜索请求之后，这个搜索请求会带着几个关键信息，如用户的 Uid、定位站及关键词（搜索词），进入搜索排序服务中。搜索排序服务会首先通过 ES 召回相关的产品集，这一部分的召回主要通过交单规则进行模糊匹配；其次将召回集匹配出的特征作为样本输入模型进行打分排序；最后将模型的排序列表结果展示给用户。用户拿到排序列表后，根据自己的决策偏好，与应用产生一系列交互行为，这些都是有价值的信息。我们训练的样本和构造的特征也来自对这些数据的处理和清洗。更重要的是，我们通过对用户行为的分析，检测用户对我们排序的反馈，构建一系列数据化运营报表来监控我们的模型在线上服务中的表现，并针对劣势不断地优化特征和样本及模型结构。这样，整个体系形成了一个互相促进的闭环，当某一个环节出了问题时，我们可以及时发现，想要知道线上的关键指标或劣势也可以从该体系中获取。

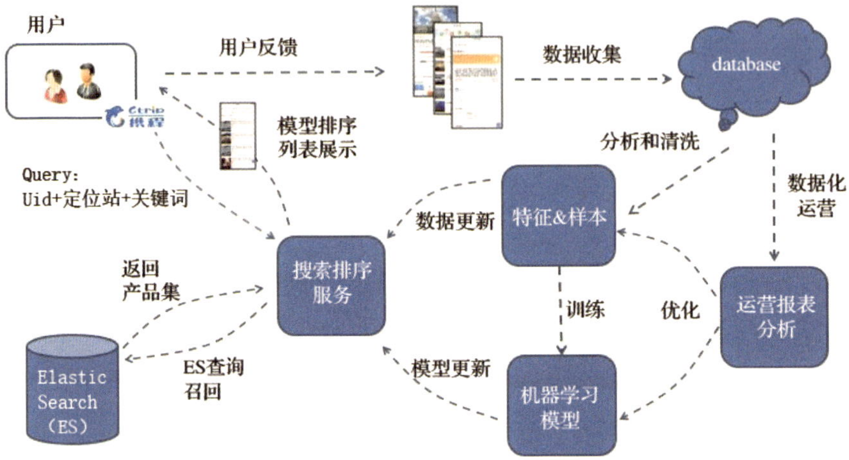

图 3-5 度假搜索排序框架示意图

3.4.2 度假搜索排序算法

伴随人工智能的兴起，携程在 AI 算法研究方面也紧随时代步伐，不断地引进算法方面的人才，研发针对 OTA 平台用户服务的智能算法，度假搜索排序算法亦是如此。随着生活的改善，人们对于旅游的需求越来越旺盛，而度假平台主要为用户提供打包式的旅游产品服务。如何优化搜索排序，使得用户进入搜索后能够先看到最符合他需求的产品，从而达到帮助用户决策，减少用户费力度的目的。但是，旅游电商与传统电商不同，首先，旅游电商的产品繁杂，不同供应商之间存在大量高度相似的产品，导致在排序的时候会出现产品间区分度低的情况。其次，旅游产品是一种预订服务体验类产品，用户下单后并不能马上得到产品或服务，而是在后期对整个旅程体验完之后才会有感受，并且由于旅游的特殊性，同一种产品在不同时间和不同旅客之间很容易产生不同的反馈效果。最后，对于旅游产品的质量，各大供应商的地接社提供的服务至关重要，那么衡量地接的区别、平衡各类供应商的分布，以及给予供应商排序结果的解释都是必需的。

1. 模型结构

大部分场景和需求利用大数据进行排序时，由于考虑到成本和可解释性两大因素，LR（逻辑回归）等线性模型得到了广泛应用。线性模型的复杂度低，工程实现较简单；其服务压力不大，调整起来快速且方便；其具有极强的解释能力，能够清晰地解答对于某一排序结果的疑问。但是，模型的复杂度低就意味着模型的“天花板”很低，拟合空间极其有限。而随着旅游业务的发展和场景的需求变化，线性模型面临拟合能力不足，即将被淘汰的命运。那么，面对多种多样的模型，度假搜索的场景究竟最适合哪一种是一个值得商榷的问题。

更强的模型将伴随着更高的非线性、更低的可解释性及更高的工程实现成本，针对上述三点，尤其是可解释性这一重要考核标准，最终承接 LR 等线性模型的是树模型。虽然当下携程的很多场景应用了深度模型乃至强化模型，但是在搜索排序方面树模型依然是大部分场景所使用的主流模型。选择树模型的主要原因是：复杂度相对而言不高，工程实现和维护成本较低；模型结构调整得当时，拟合能力较强，通用性高，能够快速拓展；其可解释性比深度模型的可解释性高。下面我们主要介绍如何应用树模型进行旅游电商的搜索排序。

我们的模型主要是基于 XGB+Pairwise 框架构建的，运用的是一种典型的 LambdaMart 算法。在排序过程中一般使用的 Learning to Rank 算法主要有三种，分别是 Pointwise、Pairwise 和 Listwise，如图 3-6 所示。其中 Pointwise 最简单，它依赖于单个行为记录进行样本和模型的构建，便于实现，但是同样地其对应效果较差。而 Pairwise 是基于样本对来构建样本和损失函数的，该算法致力于将每一个样本对正确排序，实现难度略高于前者。由于使用了样本间的信息，因此对应效果得到了极大的提升。Listwise 更加充分地利用一次查询下召回集中所有条目间的相对位置信息，算法复杂度更高，但是结构构建合适会使效果更好。我们最终使用了 Pairwise 中的 LambdaMart 算法，主要原因有以下两点：模型复杂度适中，在线工程实现难度较低，具有很好的扩展性和通用性；模型效果相对最优，离线测试时 Pairwise 显著优于 Pointwise，同时也不劣于 Listwise。Pairwise 效果不劣于 Listwise 的主要原因是 Listwise 虽然在理论上效果最好，但是由于用到了全集的序列信息，因此它很依赖标签的准确度。而在实际情况中，企业的埋点繁杂，信息量大，存在一定的错误率和丢失率，并且条目之间的区分度不高，这会使得样本构造的标签存在一定的错误率，最终使得 Listwise 这种比较依赖全局标签准确度的模型丧失一定的优势。而 Pairwise 本身更具有容错性，在构造样本对的时候可以人为筛选和排除干扰，这使得模型泛化得更好，具有更强的稳健性，所以最终我们使用了基于 Pairwise 的算法。

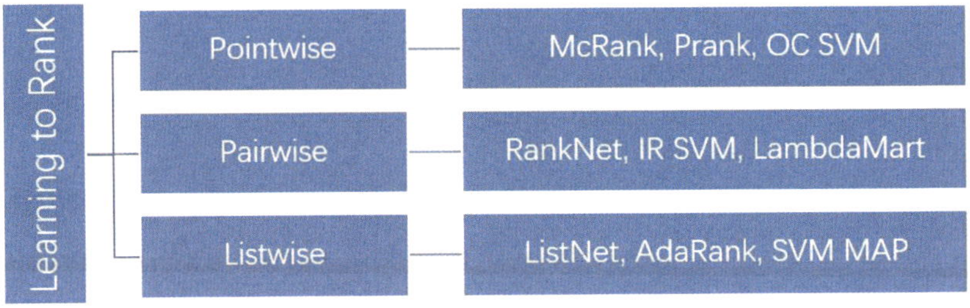

图 3-6 Learning to Rank 算法的分类图

下面简单介绍一下 XGB+Pairwise 框架，典型的 LambdaMart 算法的主要流程如下。

① 先遍历训练数据，主要是那些标签不同的样本对，然后计算每个样本的λ_i和每个λ_i的导数ω_i，分别作为其标签和牛顿法求解叶子节点的数值。λ_i的主要计算公式如下：

$$\lambda_i = \sum_{j:(i,j)\in I} \lambda_{ij} - \sum_{k:(k,i)\in I} \lambda_{ki}$$

$$\lambda_{ij} = -\frac{1}{1+\mathrm{e}^{s_i - s_j}} \left| \Delta \mathrm{NDCG}_{ij} \right|$$

式中，$\Delta\mathrm{NDCG}_{ij}$和λ_{ij}是根据样本中每个样本对互换位置导致的指标变化而得到的。

② 将上一步中的λ_i作为样本的新标签，并创建回归树拟合，我们按照均方误差来计算目标损失，最终生成的回归树的叶子节点个数记为 L。

③ 根据第二步生成的回归树及第一步计算出的导数，基于牛顿法求解每个叶子节点的数值，计算公式为

$$\frac{\sum_{x_i \in \mathbf{R}^{l\times m}} y_i}{\sum_{x_i \in \mathbf{R}^{l\times m}} \omega_i}$$

④ 将上面新生成的回归树加入模型中来更新模型，并且基于学习率γ进行

正则化。

上述模型框架本身除了适用于排序问题，还有很多其他优点，第一，其损失函数可导，这就使得梯度实现更具物理意义；第二，模型本身可做增量学习；第三，树模型可以进行组合特征提取；第四，树模型本身对特征处理的要求不高，并且更具有重要性，可以进行相应的特征筛选；第五，模型本身从样本对角度出发，对于正负样本比例失衡不敏感。

2. 样本与特征

对于样本的构造，我们将用户的每笔订单作为一次用户决策过程，利用其在决策过程中浏览过的产品集构建了整个搜索下的一组样本。每个样本的标签主要根据用户对其产生的行为进行标记，用户偏好订单的比例最高；根据行为的丰富度和深度进行标记，仅有展示浏览、没有主动行为的产品一般是负例，最终降序生成对应该搜索下的一组样本。样本在进入模型前也要进行一定的处理和筛选。例如，我们考虑用户在一次搜索后，在曝光的产品中，用户的决策行为是存在一定成本的，数据分析也反映了对于紧邻的一些产品（尤其是相似的产品族）用户并不是全部都细看的。我们将这一类由于机会成本使得用户没有产生行为的记录称为伪负例样本，这些是需要剔除的，剔除的原则是按照这一类产品会产生行为的概率降序剔除一定的比例。同一查询下的产品行为越多，越有可能由于机会成本而使其成为伪负例。

在特征构建中，我们主要考虑了四种特征类别，如图 3-7 所示。首先是用户特征，如用户的性别、年龄和消费能力等，这些用户特征可以区分不同用户间的差别。其次是产品特征，如产品的订单量、转化率和评分等，这一类特征主要是产品在线上的表现和展示，代表了每个产品间的区别和直接影响用户决策的指标。再次是交叉特征，主要是指用户对产品各维度的偏好。交叉特征可以是多重维度的，如不同性别用户对产品级别的偏好程度，即二层交叉；不同性别、不同消费能力的用户对不同评分的产品的偏好程度，即三层交叉。最后是上下文特征，如搜索词、定位站和天气等，这一类特征可以作为单特征，也可以加入交叉特征中的交叉层。最终特征保留与否可以根据本身特征的质量及在模型中的表现决定。

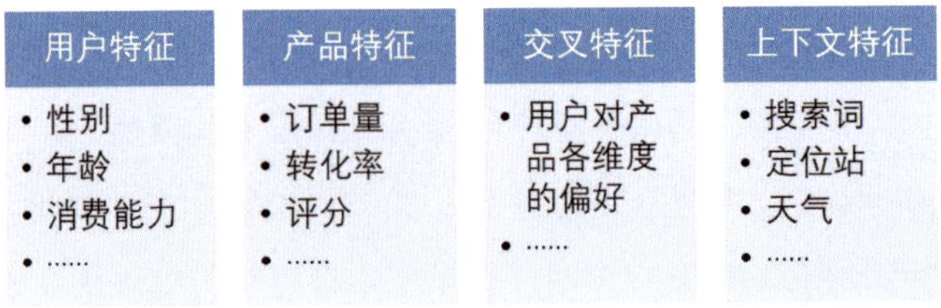

图 3-7 特征类别图

3. 工程与模型的可解释性

XGB+Pairwise 模型框架的工程实现不难，并且极具推广性。工程实现主要就是在线和离线的交互，如 3.4.1 节中的图 3-5 右侧部分的描述，大量的复杂批量计算和模型训练都在离线状态完成，而每日固定更新的模型文件和特征数据在线加载，各类配置和模型效果及特征数据准确度的监控都在离线状态部署，以保证安全性和效果。

对于模型的可解释性而言，模型结构的本质是基于树模型的，虽然不能像线性模型那样根据每个参数的权重来量化特征的作用，但是可以从两个角度完成模型的解释工作。首先，从模型预测打分结果的角度考虑，轮流地将两个产品之间的对应特征的值进行重置或互换，再对排序结果进行对比，找出影响排序的特征因子，这种方法简单通用，但是只能进行定性的描述和解释。其次，针对树模型进行特别构造，这种树模型本身有 N 棵子树，当每个样本进入模型后，每个子树都会有一个分数，汇总后得到最终预测值。假设一颗子树的结构如图 3-8 所示，其中 L 代表节点，L20 为第三层的第一个节点，O20 为对应节点的值。当该节点不是叶子节点时，F 为该节点将要分割的特征，如 L20 的分割特征为 F1。这样，每个样本进入模型后，其在每一棵子树上得到的分数可以分割成每一个特征贡献的分数，如从 L20 ～ L30，F1 特征贡献了 O30-O20 所得的分值。因此，整个模型打完分数之后，可能得到每个特征贡献的分数总和，那么对于该样本的排名就有了一个准确且定量的描述和解释。

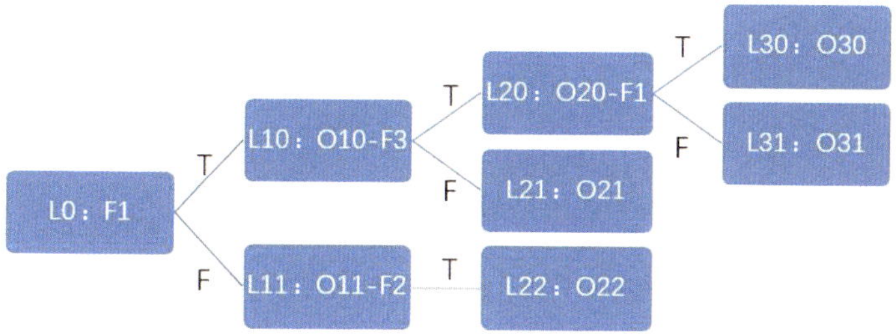

图 3-8　一棵子树的结构

3.4.3　模型演进及其他

度假搜索排序的智能化发展既需要兼顾效果的提升和推广性，又需要注重用户的体验，还需要支持排序的可解释性。兼顾这三点必须在模型的选择和结构框架调整上下功夫，将优秀的技术本地化地切合场景使用。模型的演进示意图如图 3-9 所示，以前的模型主要以 LR 等线性模型为主，可解释性强，实现简单，推广性高，但是效果有限。当前各排序场景主要使用基于 XGB+Pairwise 框架的模型，其复杂度较低，工程实现不难，推广性也不低于线性模型，效果却大大优于线性模型，虽然可解释性稍差，但是仍能够解决并满足业务需求。目前离线实验进展到了基于 Deep Learning（深度学习）框架的模型，该模型整体的复杂度需要严格控制，工程实现难度较高，但是效果进一步显著提升，唯一难以完美解决的就是模型排序的可解释性，由于模型本身复杂度太高，因此无法像之前的模型那样可以量化每个特征级别的打分贡献，但是可以通过交换样本记录间的特征值进行定性的解释。目前需要进一步研究的是基于 Reinforcement Learning（强化学习）框架的模型，该模型整体的复杂度再度提升，可解释性更差，还有更多的问题有待解决。

上述提到的模型都可以认为是长期偏好模型，在短期内当模型和特征没有迭代时，用户两次搜索的排序结果不会有差别，即上一次的搜索行为在本次不会体现。但是实时模型能够将用户在短期内对当前搜索结果中的产品产生的行为融入本次排序中，最终达到的效果为在短期内该用户行为越强的产品越靠前，同时与有行为的产品相似度越高的产品越靠前。虽然实时模型比长期偏好模型更能改善用户的体验，但是模型本身有局限性。因为度假旅游产品不同于传统电商的产品，选择度假旅游产品一般都是较长期的决策，尤其是国外多日连游产品，其决策周期甚至达数周。所以，很多用户刚来的时候，主要处于决策早期的混沌状态，自己都不知道自己的目标，这时候使用实时模型则会导致这些用户只能看到与自己随便浏览的产品相似的产品，而真正适合他的产品可能没有机会展示。但是，当用户步入决策晚期后，经过一段时间的浏览对比，目标逐渐明晰，行为也很丰富，这时候实时模型就能很好地发挥作用，既能改善用户体验，又不会使用户错过与自己最匹配的产品。针对何时使用长期模型何时使用实时模型这一问题，我们研发了决策周期判别模型，具体细节这里不再讲述。根据线上的反馈，每日进入实时模型的人数不多，但大多都是临近下单的用户，实时模型能够很好地改善这类用户的体验。

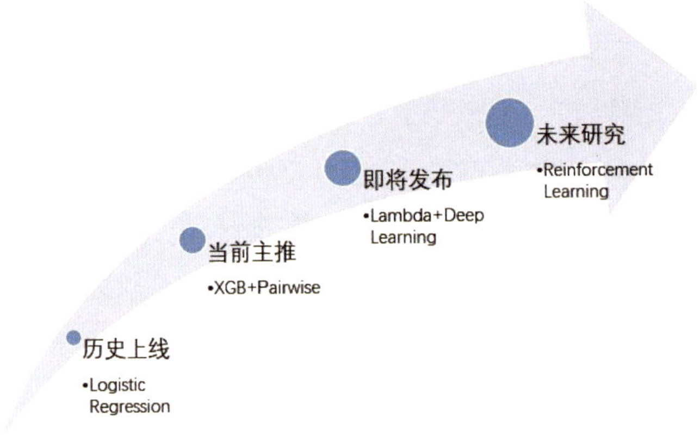

图 3-9 模型的演进示意图

3.4.4 小结

对于搜索排序问题，不同的业务场景之间存在较大的差别，那么对排序模型的应用也需要因地制宜，一味地照搬模型会带来不可控的风险和成本。携程在度假搜索排序方面勇敢尝试的同时又谨慎地把控风险，遵循以用户为中心的原则，通过改善用户的搜索体验、降低用户搜索费力度来辅助决策，这既便利了用户又提高了自身的业务水平。随着科学技术不断的变化和更新，我们也会努力不断地推陈出新，紧随时代的步伐，将更优秀的技术付诸线上，以便更好地解决场景需求和服务客户。

3.5 深度学习在酒店房型推荐中的应用实践

3.5.1 酒店房型推荐业务的背景

随着人工智能和大数据技术的飞速发展，推荐系统也在各行各业遍地开花。携程酒店研发部的推荐算法团队也在该领域进行了很多有意义的探索，并应用在业务中。

当用户进入携程酒店的订购详情页时，会面临多种房型的选择，不同的房型存在硬件设施（如房型面积、床型等）和软件设施（如是否含早餐等）的不同。为用户个性化推荐房型，能帮助用户快速定位合适的房型，提升预订效率，进而带来更好的用户体验。

3.5.2 业务问题转化为算法问题

一般而言，数据和特征决定了机器学习的上限，而模型和算法只是逼近这个上限而已。只有更懂用户，才能为用户提供更优质的个性化服务。我们需要充分挖掘业务数据，通过数据去构造用户画像。我们从用户历史订购房型的偏好，当前浏览房型的偏好，酒店房型的价格、星级、评分、硬件设施、软件设施，以及相比其他房型的优劣势等多种角度进行了特征的挖掘。

房型推荐问题可以转化为二分类问题，以用户最终订购房型为正例，未订购房型为负例。传统的机器学习分类模型有逻辑回归、贝叶斯分类器、支持向量机、决策树、提升树、随机森林、梯度提升树、神经网络等。XGBoost 模型是一种基于决策树的集成模型，由于其具有优良的预测效果、能处理缺失值问题，以及容易分布在大规模数据集上等性能，得到了广泛应用。近年来，深度学习在图像和语音领域获得了巨大成功，并且被尝试应用在分类任务中，如广告 CTR 任务中的 Deep-FM、Deep Interest Net 等。

在房型推荐场景中，基于对离线数据的评估，我们发现 XGBoost+DNN 的集成模型的表现优于这两个单独模型，其原因是 XGBoost 模型能利用其非线性，对特征工程构造的数值型特征有很好的分类效果，同时 DNN 模型能进行更有效的拟合。我们最终采用了 XGBoost+DNN 的集成模型。

3.5.3 算法流程

对于 XGBoost 模型，相关文献已有详细的介绍，这里不再赘述。值得一提的是，我们的集成模型并不是简单地将 XGBoost 模型的预测概率分和深度学习模型的预测概率分进行加权融合，而是借鉴了叠加的思想，通过将所有特征应用于 XGBoost 模型所得的预测概率分作为新增维度，与所有特征一起输入深度学习模型，以达到集成的目的。

考虑到 DNN 模型对输入数据大小的敏感性，将所有特征进行 Min-Max 归一化后，同 XGBoost 模型输出的分数一起输入深度学习模型，在这里并未区分数值特征和类别型特征。我们曾经尝试将数值型特征做归一化，将类别型特征由稠密的低维向量表示，然而这种方式在实际应用中很容易过拟合，效果并不好。区别于 XGBoost 模型中的每条数据对应一种房型，在深度学习模型中，我们将隶属于同一酒店的所有房型合并成一条数据，每条数据 shape 为 (*n*,features_dim)，其中 *n* 为房型数量，features_dim 为房型特征数。深度学习基本模型架构如图 3-10 所示。归一化特征通过多个全连接层进行不同特征间的相互融合，从而更好地学习特征间的相互关系。借鉴文本翻译中的 Attention 思想，翻译每个单词时，会将注意力放在不同的原句单词上。相似地，每一种房型也相应地将注意力放在其他房型上，即和其他房型进行对比。经过 Attention Layer 后，隐向量会学习到将每一种房型有选择性地与其他房型进行比较。将 Attention Layer 的输出和 Hidden Layer 的输出共同输入 ListWise Normalization Layer，以 Attention Layer 的输出为 mean 值，对 Hidden Layer 输出进行归一化，该步骤非常关键，其目的是通过归一化削弱不同酒店间的差异，如三星级酒店房型和五星级酒店房型的差异，而将重点放在表征同一家酒店不同房型间的差异，即用户对不同房型的偏好。将其输出再经多个 Dense（全连接层）和 Dropout（丢弃层），进行特征变换，同时防止模型过拟合，最终通过 Softmax Layer 得到每种房型的预测概率分，其最大值对应的房型即为用户推荐的房型。

与线上版本的单一 XGBoost 模型相比，XGBoost+Deep Learning 模型的预测精度更高，更加贴切用户的个性化需求，便于用户快速寻找合适的房型，减少用户费力度，提升预定效率。新版本模型的离线推荐指标也有所提升。在线上 AB 测试中，实验版模型的转化率显著提升。目前 XGBoost+DeepLearning 模型已在携程 App 国内房型推荐场景中全量上线。

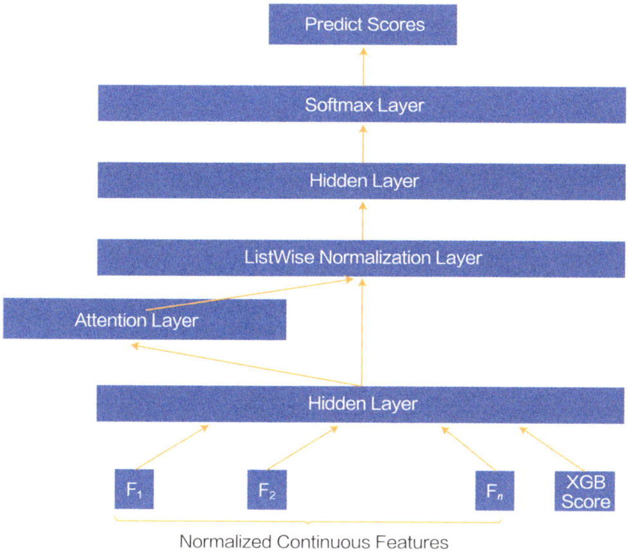

图 3-10 深度学习基本模型架构

3.5.4 小结

及时跟上业界的前沿技术，为用户带去更好的服务是每一位技术人努力的目标。随着深度学习、强化学习、对抗学习等技术的不断进步，我们将保持热情，不断钻研，期待以更好的产品为用户带来更好的体验。

3.6 强化学习在酒店排序中的应用实践

3.6.1 业务背景

随着手机应用的普及，越来越多的酒店开始与 OTA 公司合作。酒店候选池的增多一方面代表着 OTA 软件能够为用户提供更加丰富和优质的服务；另一方面也意味着用户需要面对更冗长的酒店列表，花费更多的时间和精力去确定需要的酒店。相关数据显示，从进入 OTA 软件开始就有明确酒店目标的用户仅仅是少数，而更多用户的选择可能受酒店排序、曝光等因素的影响。因此，如何有效地针对用户需求展示更加适合对方的酒店，为用户节约宝贵的时间并提升转化率，成为携程酒店服务努力的方向。

到目前为止，学术界已经有了很多关于排序学习（Learning to Rank，L2R）的成熟方案。然而在实际应用场景中，由于线上的实际情况往往与离线数据存在偏差，使得离线模型在实际应用中可能存在缺陷。为了解决类似问题，我们尝试在传统排序学习场景中引入强化学习。

3.6.2 传统排序学习的局限性

传统排序学习的基本建模过程包括收集数据、构建特征、选择模型、训练模型等步骤，其中收集数据往往是在离线状态下完成的。收集数据的常用方法是先通过锚点服务器收集用户点击、订购、浏览时长等用户行为数据，再进行模型训练数据的构建。这种方法在以下情况下存在一定的劣势。

① 当所收集到的数据与总体数据分布存在差异时。随着时间、空间、政策的变化，离线数据和线上实际情况往往会有所偏差，导致离线评估的指标可能与线上反映出的结果产生不一致的情况。

② 当排序的目标是预测现有数据集中不存在的情况时。所有酒店候选池的排列组合是多种多样的，但用户能看到并产生与之反映的排列情况只有当时的一个，一旦出现新的组合，我们就无法探知用户的实际反馈结果。

在酒店排序业务中也存在这样的问题，具体来说最为明显的问题有两个。第一，对于内外网比价结果为优势或劣势的酒店，我们是否应该调整该酒店的排序位置，以及应该如何调整。这个问题的答案并不是绝对的，因为对于不同用户来说，可能会存在不同的偏好，而对于不同酒店来说，这个问题的答案也可能是不同的。第二，对于历史上因种种原因排名靠后的酒店，在个性化排序或广告业务中若将其排序位置提前，如何准确预测用户对这些酒店的需求。

这两种业务需求都可以归结为前面提到的无法预先收集同分布数据集的问题，传统的 L2R 并不能很好地进行支持和解决这些问题，而强化学习（RL）可以解决这些问题。

3.6.3 强化学习的基本思路

“强化”的概念起源于行为心理学派。行为心理学派的主要概念说明，人的复杂高级行为如恐惧，是可以通过“强化”进行塑造的。与巴普洛夫的条件反射不同，行为心理学派认为生物的行为不需要通过直接刺激引起，更多的是因为行为本身所带来的结果，使生物体自发地执行该行为。

机器学习（Machine Learning，ML）领域的 RL 类比利用这种行为生成理论，训练一个机器人，让它出现我们所期望的行为，以实现我们的目标。简单来说，RL 的组成要素包括执行动作的机器人、机器人所处的环境及环境给予机器人的反馈。机器人根据对环境的观察做出执行动作，得到环境对该执行动作的反馈，由此机器人判断自己的执行动作是否有利，并进行迭代修正后，再做出新的执行动作。

RL 之所以能够处理一些传统 ML 无法做到的事情，主要是因为其具有探索能力，以及其长期累计收益最大化的学习目标。以我们熟悉的 RL 应用 AlphaGo 为例，它之所以能够击败职业棋手，依靠的就是 RL 可以通过探索获得更好的长期收益，而不是完全地从人类历史棋谱中进行监督学习，从而实现对人类的超越。

3.6.4 算法流程

在算法选择上，我们选择使用 DQN。DQN 作为基于值函数估计（Value-base）的 RL 算法，无法给出连续区间的控制输出，这就意味着我们给出的权重调整需要预先定义一些固定的区间，但其易用性是我们选择它的理由之一。

1. 目标构成

首先，我们定义机器人的执行动作作用于调整现有线性排序模型的参数$w_{\text{Base_model}}$，计算公式如下：

$$w_{\text{new}} = w_{\text{Base\_model}} \times \alpha$$

式中，α即机器人输出值。

其次，我们构造反馈函数，即

$$\text{Maximize} \sum_{c \in \text{cities}\ i \in \text{sequence}} (\text{CR\_experiment}_{c,i} - \text{CR\_base}_{c,i}) \rightarrow$$

$$\text{Maximize} \sum_{c \in \text{cities}\ i \in \text{sequence}} (\text{CR\_advantage}_{c,i})$$

我们的优化目标为增加 RL 模型的流量分桶，它比原模型流量分桶的转化率（CR）更高，即最大化 CR 的优势。

2. 迭代步骤

步骤 1：卡夫卡（Kafka）环境每小时聚合线上回馈数据。

步骤 2：通过消息同步的方式连接前后端，进行执行动作与反馈数据匹配，从而构成训练数据池。

步骤 3：从训练数据池进行采样，更新模型，输出α。

步骤 4：在新的小时中，根据新输出的α，给出用户请求下的模型结果。

步骤 5：从步骤 1 开始循环，开始新一轮的线上数据采集，如图 3-11 所示。

3. 实验结果

下面我们来看一下线上实验的效果。我们选择对“北上广深”四个城市进行观察，发现这四个城市的累计值虽有上下波动，但总趋势为正向增长。但同时也应注意，累积反馈值的绝对数值较小，对其评估还需要更多的实验数据，如图 3-12 所示。

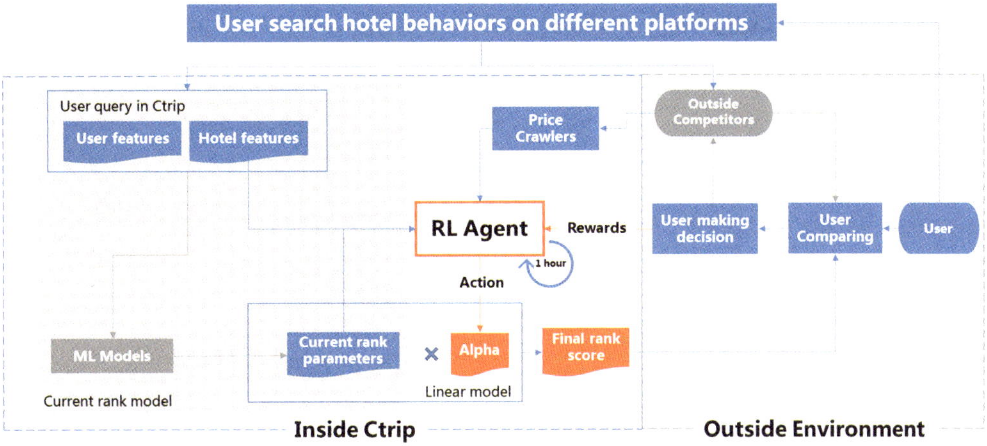

图 3-11　迭代步骤

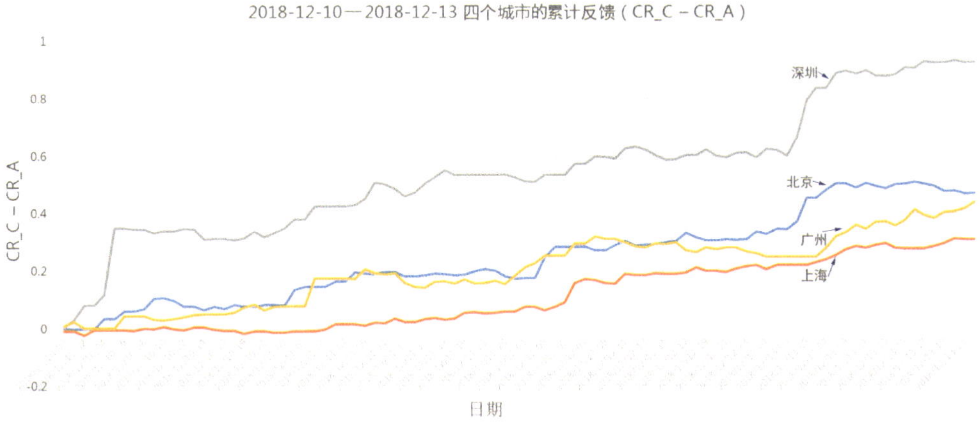

图 3-12　“北上广深”四个城市的累计反馈

3.6.5　小结

本节从传统 L2R 应对探索问题能力不足谈起，介绍了 RL 的背景及其对这类探索与收益问题的适应性。在此基础上，我们从排序业务面临的实际问题出发，制订了 RL 方案，以期能够利用 RL 的优点满足排序业务的需求。

3.7 瀑布流排序算法实践

3.7.1 场景简介

瀑布流是一种页面内容展示方式，在移动端是指随着页面向下滚动，不断加载新的内容并呈现在用户眼前。瀑布流的布局方式最早由瀑布流开始采用，随后逐渐流行开来。这种布局方式主要以图片为主，通过定宽不定高这种错落有致的排列，使页面整洁清晰，用户无须频繁地进行点击、翻页等操作，就能快速地获取大量信息。

图 3-13 携程移动端的瀑布流场景

由于瀑布流的展示方式能同时将大量信息展示给用户，因此推荐显得尤为重要。试想将一个完全没有经过筛选和排序的全量瀑布流内容展示在用户眼前，这会使用户还没看到他感兴趣的内容，就已经失去了向下浏览的耐性。

携程首页二屏瀑布流场景主要通过将产品素材轻包装成图文并茂的卡片形式展示给用户，用户在移动端向下翻页的过程中，卡片会不断被加载，每屏展示的卡片数是四张，卡片会展示目的地城市的名称、与目的地相关的美图，以及产品的文字描述、亮点介绍等，图 3-13 所示展示了携程移动端的瀑布流场景。

3.7.2 优化目标

瀑布流的优化目标一般根据业务场景定义，如以 CPC（按点击付费）结算的广告类瀑布流排序更关注点击率，销售类的瀑布流更关注转化率，内容化的瀑布流更关注用户的浏览时长等。对于携程首页的瀑布流场景来说，它涵盖了携程的多个 BU

产品，包括酒店、景点、旅拍、攻略等，而这种 BU 产品的多样性使优化目标产生了分歧。对于酒店、景点来说，我们希望优化转化率，以提高营业收入；而对于旅拍、攻略类产品来说，由于短期内无法判断该产品是否带来了后续转化，因此用户的停留时长更适合作为优化目标。由于目前携程首页二屏瀑布流的主要目标是提高点击率，因此在第一阶段我们仍然将是否点击作为建模时构造样本标签的依据，后续会考虑加入转化率和用户停留时长作为融合目标，使模型能真正为业务产出做贡献。

3.7.3 特征工程

特征工程是机器学习任务中最花时间也最关键的一环，尤其是当我们选用传统的机器学习模型时，提取并选择了好的特征并对它们进行了合适的特征工程处理，输入任意一个主流机器学习模型中效果都不会太差，所以人们常说“特征决定了模型的上限，而模型的作用只不过是不断逼近这个上限”。

1. 特征提取

对于用户特征的选择，我们主要提取了用户基础画像特征和用户兴趣图谱特征。虽然携程站内的用户数量很多，但实际上他们的行为非常稀疏，而对于模型来说太过稀疏的行为相当于噪声，因此我们只需要过滤出那些在半年之内有行为的中高频用户 ID，并保留这部分用户的特征。用户基础画像特征主要包括用户性别、年龄、会员等级、设备信息等；用户兴趣图谱特征则是基于用户的历史行为构建的兴趣图谱，如用户感兴趣的目的地城市、常访问的 BU 产品、订单价格偏好等。

对于产品特征，由于产品所属的 BU 有多种，各 BU 产品的形式不同，包含的属性也不同，因此很难将所有产品的所有属性特征都提取出来。携程首页的瀑布流展示的是一系列经过轻包装之后的产品卡片，从理论上来说，影响用户点击瀑布流产品的因素主要由卡片上展示的轻包装内容决定，而轻包装内容主要包括图片、目的地城市、产品的文本描述等，因此我们主要提取这些特征作为场景通用的产品基础特征。图片特征和文本特征的处理方法有多种，如果用于深度学习模型，可以直接提取它们的稠密的低维向量；如果用于非深度学习模型，对于图片可以通过实体识别或抽取图片的像素提取特征，对于文本可以通过分词、文本挖掘等自然语言处理方法提取特征。

另外，产品的历史表现也在一定程度上反映了产品的受欢迎程度，如历史点击率高的产品可能本身质量就高，那么它在未来也可能会有较高的点击率（虽然可能存在位置偏差问题，下文会有详述，但产品本身的吸引力也不可忽略），因此我们也构建了一些产品统计特征模型。

除了上述特征，我们还抽取了一些近实时的特征，如上下文特征、时间特征、地理位置定位特征等。

2. 特征转换

特征转换是将原始特征转换成能直接输入模型的特征形式的过程，特征转换方法的选择主要取决于建模模型的选择。在瀑布流排序场景中，我们主要考虑用XGBoost+LR的集成模型对点击率进行预估。

对于连续型特征，我们考虑对其进行分箱处理。值得一提的是，虽然XGBoost模型可以直接输入连续型特征，但是离散化处理一方面可以增加模型的稳定性，另一方面也能引入更多的非线性特征，因此我们采用了分箱处理。分箱处理的方法有很多种，如等频分箱、等距分箱、以分位数进行分箱等，实际采用哪种分箱方法需根据特征分布来确定，如对于长尾分布特征，显然等距分箱并不合理，可以考虑采用以分位数进行分箱。另外，如果特征取值较少，也可以根据人工经验人为设定分箱阈值。

对于离散型特征，又分成两种类型，一种是单值离散型特征，如用户性别、用户是否是会员，这类特征可以进行单值独热编码（OneHotEncoder）处理，原始特征转换成一个 k 维的0/1向量（k= 特征取值个数；如果允许缺失值存在，则 k= 特征取值个数 +1），该向量元素最多只有一个取值为1，其余取值为0。另一种是多值离散型特征，如一个产品的可选出发地可能有多个，对这类特征进行多值独热编码（NHotEncoder）处理。与OneHotEncoder不同的是，NHotEncoder转换后的向量可以有多个元素取值为1。

对于某些离散型特征，从业务逻辑的角度可以发现某些不同取值的特征代表相同或相似的业务含义，此时可以考虑人为将这些相同或相似的特征映射到同一类，再转换成 0/1 向量。

3. 特征交叉

特征交叉体现了多个特征同时作用时对目标变量的影响，特征交叉具有很强的业务含义，如我们在瀑布流场景中展示了一些亲子类的游乐项目产品，那么用户画像标签为亲子出行关系的用户通常对这类产品有更大的兴趣，而出行关系为商务的用户则不同，因此构建出行关系和产品标签的交叉特征，可以有效地捕捉到这一交互作用对点击率预估的贡献。我们在瀑布流场景中的实践也表明，加入交叉特征的模型相对于不加入交叉特征的模型在排序效果和个性化效果方面都得到了显著的提升。

为了避免数据处理和特征转换代码的重复撰写工作，也为了保证线上和线下能得到一致的特征转换结果，我们构建了一套基于 Scala 语言的特征工程框架，使用此框架可以将加载保存好的特征转换成配置文件，在配置文件的基础上对原始特征进行转换。这套框架可以保证线下训练和线上服务使用同一套特征转换配置，保证转换后线上和线下能得到完全一致的特征向量。

3.7.4 模型

携程首页二屏瀑布流场景每天的流量很大，在大规模的请求量下，线上排序服务对性能有很高的要求，因此在建模时不仅要考虑模型的离线效果，还要考虑模型线上的性能。LR 模型虽然形式简单，但已经有大量的实验证明其效果并不低于复杂模型。由于它的本质是线性模型，模型计算的复杂度低，并且模型的存储方便，十分适用于样本规模大且特征维度高的机器学习。但它也有明显的缺陷，如很难捕捉到特征之间的交互影响，虽然该模型可以通过人工交叉捕捉二阶交叉特征的影响，但是人工交叉太依赖建模者的业务经验，并且其仍然无法捕捉高阶交叉特征的影响。因此，我们引入了 XGBoost 模型来对高阶交叉特征进行建模。

Facebook 提出用 GBM（梯度提升树）模型预测得到的叶子节点作为新特征输入 LR 模型中，得到了比单一 LR 模型和单一树模型都要显著的效果。借鉴 Facebook

的做法，我们对模型做了进一步改进，在保留 XGBoost 模型的叶子节点特征的基础上，增加了原始特征和人工交叉特征，将两者合并后的特征向量输入 LR 模型中，XGBoost+LR 模型示意图如图 3-14 所示。我们这样做的原因是，XGBoost 模型的叶子节点代表原始特征的高阶组合，而原始特征的直接输入能学习到一阶和二阶的特征权重。实验证明，将这两部分特征共同输入 LR 模型中比单独使用 XGBoost 的叶子节点输入 LR 模型中的效果更好。

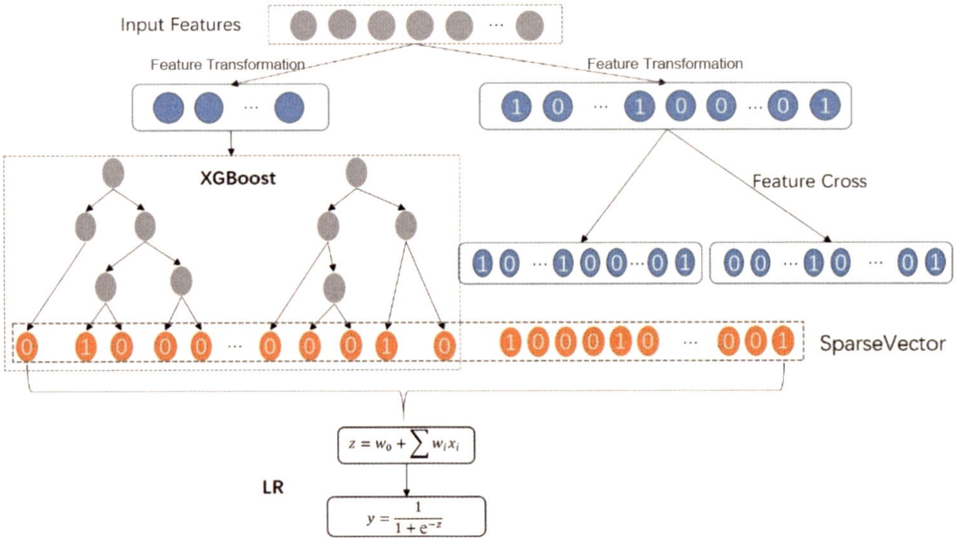

图 3-14　XGBoost+LR 模型示意图

3.7.5　位置偏差

位置偏差是指仅由于产品的曝光位置不同而引起的点击率的差异。用户在浏览曝光的产品时，总是倾向于点击位置靠前或更容易吸引目光注意的位置的产品，因此，即使是同一个产品，将其展示在不同的位置上所带来的点击率也不一定相同，这部分点击率的差异不是由产品自身属性决定的，而是由展示位置决定的。在排序过程中，如果不能消除位置带来的点击率估计偏差，可能会导致真正对用户有吸引力的产品由于展示位置不好而被埋没。

位置偏差问题在展示广告的场景中很常见，通常的处理方法有两类：一是构造产品（广告）的点击反馈特征，如点击数、点击率，利用位置特征（广告位特征）调整偏差，如根据广告位的点击率调整广告的位置；二是在建模过程中引入位置特征，使模型能够学习位置所带来的影响，然后在模型预测阶段将位置特征置为同一值，以消除位置影响。

在瀑布流排序场景中，同样存在位置偏差问题，即排在前面的产品更容易被用户点击，用户在翻页的过程中，可能会因为逐渐失去耐性而不愿意再有点击行为。我们参考广告推荐场景中处理位置偏差的第二种方法，即先将位置特征和其他特征一起加入模型进行训练，在预测阶段再将位置特征统一设置为同一值。

3.7.6 评价指标

1. Session-AUC

对于排序场景来说，衡量排序效果的最重要的指标是 AUC，它代表了模型将正样本排在负样本前面的概率。AUC 指标非常通用，所以本节不对其数学定义进行详细介绍。值得一提的是，无论对于哪种场景，在第一次上线模型之前，一般都会根据业务规则设定一个默认策略，对于线上排序的效果，我们依然可以用 AUC 评价，但需要构造 Session-AUC。以携程首页二屏瀑布流场景为例，在前端展示卡片时会生成展示编号 index，每个用户看到的产品的 index 代表推荐顺序，通过简单的数学公式将 index 转换成对应的预测分数，根据曝光回流数据构造的点击标签作为 label，计算每个用户在每个会话内的 AUC。其中用户从开始浏览瀑布流，到往下翻页浏览至最大位置为一个会话。

2. GAUC

AUC 作为一种衡量模型排序效果的指标，反映了模型将正样本排在负样本前面的概率，对于样本总体来说，AUC 越高表明总体排序效果越好。但是由于我们是基于用户进行个性化排序的，对于所有用户来说，排序效果并不是都好。下面我们通过一个例子来说明这个问题。

假设有 A 和 B 两个用户及 1、2、3 三个产品，通过曝光点击日志得到了 6 个样本，分别为 A1+，A2−，A3−，B1−，B2+，B3+（+ 表示正样本，− 表示负样本）。假设模型 1 预测的结果为 B1− < A2− < B2+ < B3+ < A3− < A1+，计算出的 AUC 值为 $(9-2)/9 \approx 0.778$。对于用户 A 来说，A2− < A3− < A1+ 的 AUC 值为 1；对于用户 B 来说，B1− < B2+ < B3+ 的 AUC 值也为 1。因此，如果只看整体 AUC，则无法反映模型的真实效果。

鉴于在个性化排序中我们更关心每个用户的用户体验，我们引用了 Group AUC（GAUC）评价指标，即对每个用户分别计算 AUC 之后，再进行加权平均。它的数学定义如下：

$$\mathrm{GAUC} = \sum_{\mathrm{u}} w_{\mathrm{u}} \mathrm{AUC}_{\mathrm{u}}$$

式中，w_{u} 表示用户 u 所占权重，实际使用时可以将用户 u 的曝光样本数占总样本数的比例作为权重。

需要注意的是，单个用户的样本可能会存在全为正样本或全为负样本的情况，此时无法计算 AUC，因此需要过滤掉用户的这部分样本。

3. 多样性指标

瀑布流作为一种内容化的场景，只有使用户获得较好的用户体验，使他们愿意留在这个场景页面，才可能进一步得到转化收益。携程的产品涵盖了火车票、汽车票、机票、酒店、团队游、自由行、攻略等多个业务线，这种多样性必然导致不同用户使用携程 App 是为了不同的需求，如有的用户喜欢用携程订机票，有的用户喜欢用携程订酒店，还有的用户喜欢在携程上看旅游攻略，或者同时对多个业务产品都有需求。瀑布流场景作为首页展位上展示的场景，一方面，应该向用户展示携程多样化的产品，以满足不同用户的需求；另一方面，丰富多样的展示内容也会让用户有新鲜感，不觉得乏味。

正是考虑到用户体验这一因素，我们的目标不但要优化产品的排序结果，同时也要对排序结果的业务类型的多样性进行评估，保证同屏展示的产品业务线不完全一样，并且产品的目的地也不完全相同。我们设计了以下几个指标评估多样性。

① BUPerScreen，表示同屏展示的不同 BU 的数目。

② CityPerScreen，表示同屏展示的不同 City 的数目。

③ ConsecutiveBU，表示连续 N 个产品都为同一 BU 的概率。

另外，由于我们的目的是要做个性化推荐，即对不同的用户推荐的产品要具有差异性，体现出“千人千面”的效果。因此我们也使用了以下几个指标衡量推荐的个性化效果。

① TopNCoverRate，即给用户推荐的 TopN items 的并集覆盖了多大比例的全量 items。

② TopNHotRate，即给用户推荐的 TopN items 有多大比例是热门产品。

在理论上，我们希望在其他指标不变的情况下，TopNCoverRate 尽可能大，而 TopNHotRate 尽可能小，这样可以在保证点击率的条件下达到更好的效果，避免全都推荐热门产品，使用户更有新鲜感，也使更多的产品得到曝光机会。

3.7.7 场景实践

我们将 XGBoost 融合 LR 模型应用在了携程首页二屏瀑布流的排序场景中，特征维数达到了百万级别，训练样本数量级为千万级别，相较于线上系统的默认策略，GAUC 提升了 15% 左右。在同屏推荐的 BU 和目的地的多样性方面，我们的模型推荐结果显然优于现有系统，其中目的地城市的多样性提升显著，同屏推荐的目的地数目提升了 1 倍左右。我们在实践中发现，增加用户和产品的特征交叉也能够显著提升推荐的多样性，因为交叉特征有利于区分不同用户对不同产品的偏好。

3.8 本章小结

在本章中，我们首先介绍了推荐的基本流程；其次对于 OTA 场景经常遇到冷启动问题，介绍了跨领域推荐算法及 Bandit 算法的一些应用经验；再次我们介绍了旅游度假产品、酒店房型及酒店的排序；最后综合介绍了瀑布流在排序方面的一些实践经验。

第4章 AI服务化

4.1 AI 服务化的背景与难点

AI 服务化的目标是服务于公司的各个部门，避免部门之间的重复工作。同时随着落地场景的复杂化和深化，AI 服务的能力也将随之迭代提升。

在 AI 服务化的进程中，我们的 AI 算法和服务都遇到了巨大的挑战。本章将重点围绕旅游知识图谱、问答（QA）系统、机器翻译和证件 OCR（光学字符识别）等在 AI 服务化进程中遇到的问题和对应的改进算法来进行讲解。

4.2 旅游领域知识图谱

随着互联网和大数据的发展，数据呈现出爆炸式增长的态势。知识图谱以强大的语义处理能力和开放组织能力，为大数据时代的知识化组织和智能应用奠定了基础。旅游行业作为综合性行业，包含交通、游览、住宿、餐饮、购物、文娱等多个环节，每个环节都有海量的数据，并且有相当庞大的应用场景。同时，旅游行业的数据具有领域范围大、涉及知识面广、知识层级多等特点，如一个简单的团队游产品会与飞机、酒店、景点、火车、汽车、餐厅等多个实体产生关联。对于旅游行业，尤其是互联网旅游行业，如何构建和应用旅游领域的知识图谱成为一个非常有价值的问题。

本节将从旅游领域知识图谱的特点、旅游领域知识图谱的构建、旅游领域知识图谱的应用三个方面介绍知识图谱在互联网旅游行业中的应用。

4.2.1 旅游领域知识图谱的特点

如图 4-1 所示，“曼谷三日游”产品是一个旅游产品，它包含航班、酒店、景点、餐厅等子产品，每个子产品都有自己的数据属性和架构。航班包含航班号、航司、起飞时间、降落时间等信息；酒店包含名称、地址、包含设施等信息；景点包含名称、地址、是否需要门票等信息；餐厅包含名称、地址、推荐菜等信息。

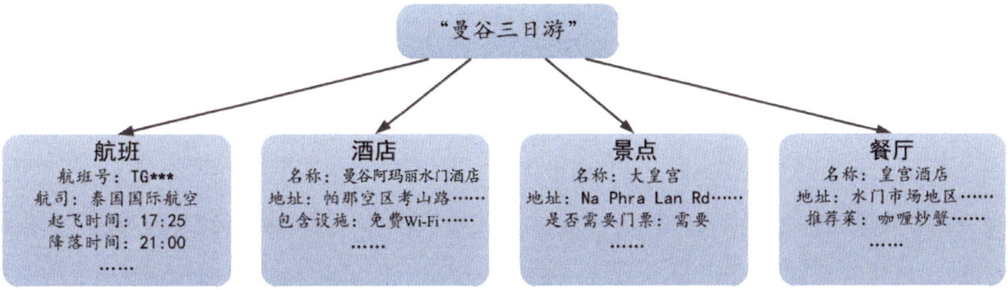

图 4-1 “曼谷三日游”产品示意图

如果“曼谷三日游”产品的信息采用传统数据库进行存储，需要多张数据表，不便于对复杂数据进行整合，也不便于进行一些涉及多领域的推理。一旦涉及复杂的查询，就需要多张数据表进行关联，不利于知识的快速获取。

为了解决上述问题，我们需要构建一个图数据库来存储这些产品的数据。当数据以图形的形式存在时，我们就可以发现很多存在于两个事物之间的路径，通过路径的跟踪及关于图形的算法，我们很容易得到一些事物之间的关系，这个图数据库就构成了旅游领域的知识图谱，如图 4-2 所示。

我们把图数据库中的泰国国际航空、曼谷阿玛丽水门酒店、大皇宫、皇宫酒店、曼谷、泰国等设为节点，并称之为实体；把它们之间的关系设为节点和节点之间的边；把航班号、酒店房型、地址等信息称为实体的属性。

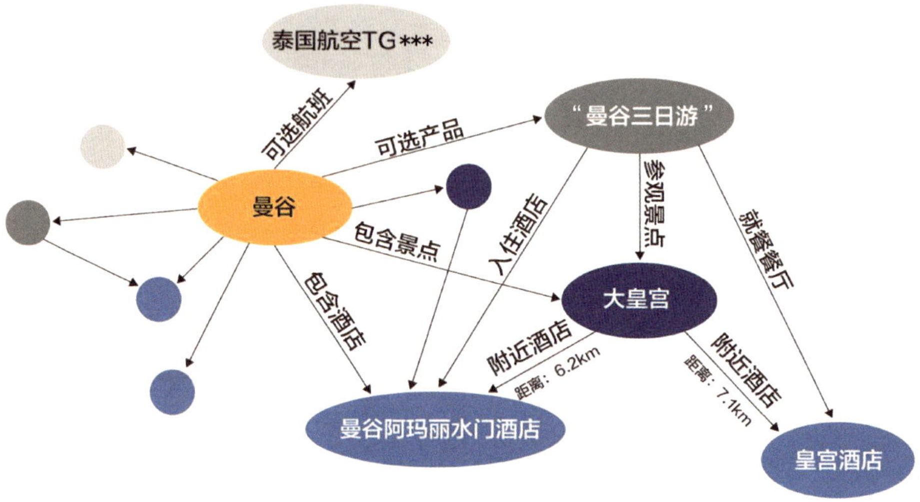

图 4-2 "曼谷三日游"知识图谱示意图

例如，游客想知道大皇宫属于哪个国家，通过"大皇宫"→ [所属城市] →"曼谷"→ [所属国家] →"泰国"的"实体→关系→实体"递推关系就可以很容易找到答案；而传统数据库需要专门编写一套解决逻辑。游客想查询大皇宫附近的酒店价格，可以通过"大皇宫"→ [附近酒店] →"×× 酒店"→ [价格] →"×× 元"的关系找到答案；而传统数据库则需要多张数据表的联合才有可能完成这个查询。

此外，知识图谱还有强大的语义概括能力和语义抽象能力。我们可以把实体的类型抽象成 Class（类别），也叫作本体，通过本体与本体之间的关系来完成一些推理或语义分析。例如，我们把大皇宫归于"古代建筑"类别，同时定义"古代建筑"属于"建筑"的子类，"建筑"具有"高度"属性，那么大皇宫也具有"高度"属性。我们不需要定义每个子类的一些通用属性，而只需要通过继承父类的属性就可以完成定义。因此，对类似"建筑"具有"高度"属性这种常识信息的引入和应用是知识图谱相比于传统数据库的一大优势。

4.2.2 旅游领域知识图谱的构建

知识图谱的两大核心层为模式层和数据层。模式层作为知识图谱的骨架，抽象了数据类、数据结构及不同类之间的关联关系。数据层作为知识图谱的内容，对抽象的概念进行实例化，并通过具体化实例之间的关联关系，强化模式层的表达能力。我们在构建旅游垂直领域知识图谱（以下简称旅游垂域知识图谱或垂域知识图谱）时，采用了自顶向下和自底向上相结合的策略。

1. 自顶向下构建模式层

通用领域知识图谱的特点是知识覆盖面广，涵盖领域多，但由于规模受其广度的限制，因此在深度挖掘领域内的知识时会遇到较多的知识表示问题。构建旅游垂域知识图谱更加关注抽象旅游领域的知识，相对于广泛抽象概念和概念的关系，更加注重在旅游领域下深度挖掘信息。在企业实践中，构建旅游垂域知识图谱的目标是使得上层应用接入图谱后，具有一定的认知计算能力，因此图谱构建的首要条件是对各种业务场景进行梳理和分析。我们在构建旅游垂域知识图谱的过程中，分析了搜索、客服、产品销售等多种应用场景，对概念进行了抽象，形成了分层级的模式体系，也称为模式。在顶层，我们把不同业务场景作为子域，抽象出签证业务域、团队游业务域、自由行业务域、兴趣点（Point of Interests，POI）信息域、城市体系信息域等，通过这些子域对数据类进行逻辑分割，使得分割后的每个子域内的组成部分都具有类似的业务特征。为了丰富子域的描述能力，并使子域之间具有差异性，我们还从通用域扩展出了多个辅助域，如季节气候域、节日域、美食域、交通域等，这些辅助域与旅游场景联系紧密。在底层，我们从每个子域内抽象出了多种数据类，用来管理具有相同属性的实例概念。例如，签证业务域覆盖了签证产品类，该类的实例应具有价格、受理范围、适用人群等属性；也覆盖了签证材料类，该类的实例应具有有效期的要求、格式的要求、份数的要求等；还覆盖了签证人群类、签证类型类等，分别用来管理签证业务的适用人群和支持的办签类型等。

自顶向下构建模式层还有一个重要的部分，即对属性和关联边的定义和约束。

① 定义属性。它相当于约定了类应具有的数据结构。例如，景点子类具有名称、地址、经纬度、简介、官方网站等属性；酒店子类具有名称、星级、评分、拥有的设施等属性；团队游产品子类应具有价格、出发城市、行程总天数等属性。与定义关系型数据库的模式相似，在定义知识图谱的模式时，也应根据属性的固有特征和

业务特征进行约束性描述。例如，我们约束景点名称的取值只能为字符串型单值，而景点的别名取值为多值；约定团队游产品的出发城市取值为不可重复的多值，而产品领队服务评分取值为浮点型单值。

图 4-3 所示为自顶向下构建模式层的示意图。

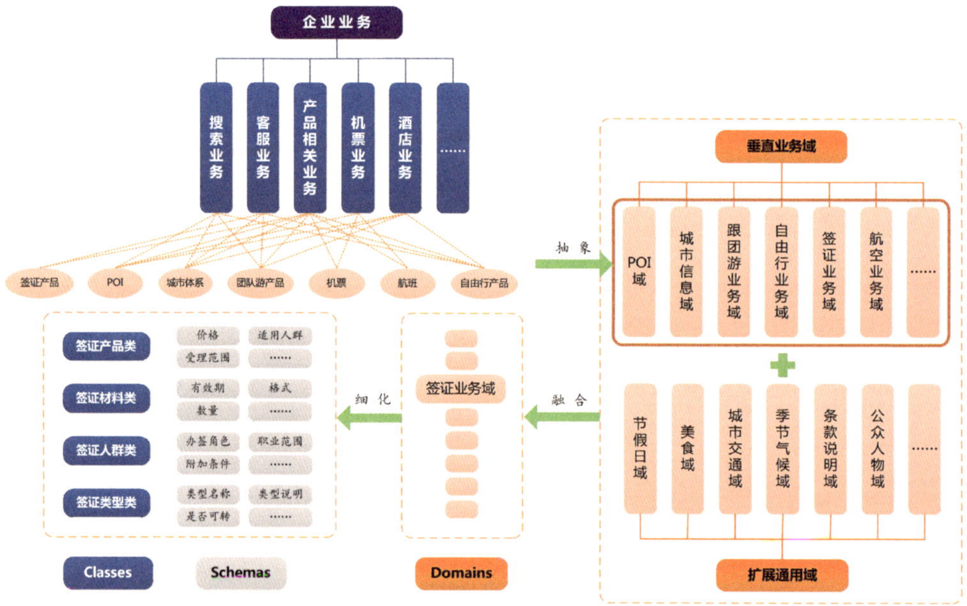

图 4-3　自顶向下构建模式层的示意图

② 定义关联边。它相当于描述类内的实例之间或不同类的实例之间的语义关联性。例如，为景点类内的实例定义“包含”关系，可以用于关联在地理位置上具有包含关系的父级景点和子级景点。为不同类的实例定义“途经”关系，可以用于描述团队游业务域下，团队游产品类的一个实例在行程路线中游玩了 POI 域下景点类的某一个实例。在我们构建的旅游垂域知识图谱内，前者属于同一域内的关联边，后者属于跨域的关联边。关联边的描述形式通常采用主谓宾三元组或谓词描述逻辑，对于上述两条关系，主谓宾三元组形式为

（故宫，包含，养心殿）

（团队游产品 33918293，途经，大皇宫）

谓词描述逻辑形式为

包含（故宫，养心殿）

途经（团队游产品 33918293，大皇宫）

我们在定义关联边时，同样对其进行了约束性描述，具体描述如下。

约束 1：“包含”关系和“位于”关系互为逆关系，即如果（A 包含 B），那么（B 位于 A）。

约束 2：当“包含”关系的定义域和值域都为景点类的实例时，它们是一对多的关系；但当用于连接城市类和景点类时，它们是多对多的关系。例如，“太湖风景区”在行政上隶属江苏省，但关联的城市包括江苏省的苏州市、无锡市、常州市，以及浙江省的湖州市。

约束 3：“位于”关系是传递性关系，即可以由（A 位于 B）和（B 位于 C）得到（A 位于 C）。

约束 4：“途经”关系的定义域取值必须为团队游产品类或自由行产品类实例，值域取值必须为景点类实例或城市类实例。

约束 5：“途经”关系是非自反关系，即约束了实例不能以该关系指向本身。

在实际业务中，还存在这样一种情况：团队游产品的售卖价格会因出发地和出发日期而有差异，或者在办理某个国家的签证产品时，会因申办人员身份的差别而需要提交不同的材料。我们通过定义属性的属性或边的属性来解决这种带条件的知识表示问题。例如，多元组为

（团队游产品 33918293，价格，¥4599，出发城市，上海，出发日期，2019-07-21）

（团队游产品 33918293，价格，¥4399，出发城市，上海，出发日期，2019-07-25）

（团队游产品 33918293，价格，¥4899，出发城市，南京，出发日期，2019-07-29）

这表示团队游产品 33918293 在不同出发城市和不同出发日期下的价格有差异性。

通过对旅游业务场景的挖掘，我们抽象得到19个子域、40余个父子类、1500余条属性和关联边。

2. 自底向上构建数据层

构建数据层的核心是对固有事实进行抽象，挖掘出本体及本体之间具有的关系。我们采用自底向上的方法进行数据层的构建，即在模式层骨架下构建数据时，我们以企业内部数据和站外高质量数据源为起点，抽取和发现旅游领域下的实体和抽象概念（如实体“狮子林”和抽象概念“古典园林”），进而挖掘实体属性及实体与实体、实体与概念之间的逻辑关系。在这种方法中，实体作为抽象概念的具化实例以各种关系相互关联，并通过上层抽象概念的语义关联（如“古典园林”和“景观建筑”都是“建筑”概念的子概念）而形成层级体系。如图4-4所示，我们在企业实践中采用知识获取、知识表示和存储、知识质量控制和校验、知识对齐和融合等步骤，进行循环迭代式的数据构建。

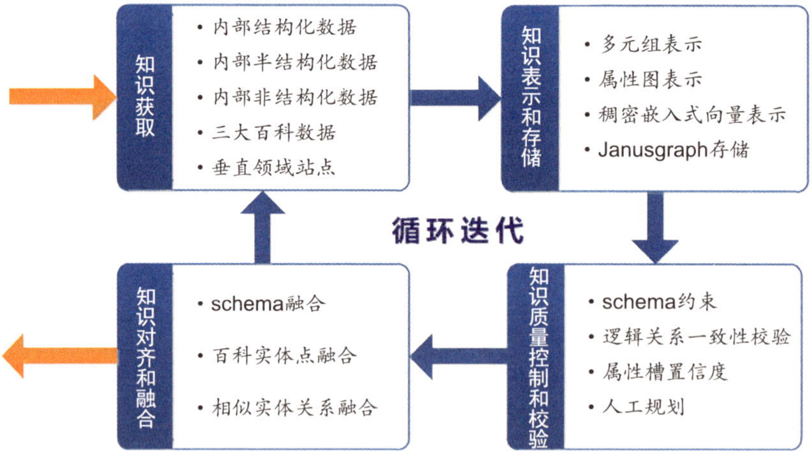

图4-4 自底向上构建数据层的示意图

（1）知识获取

相比于从通用域获取垂直领域有效知识的困难，企业内部已经积累了大量紧贴业务场景的高质量数据，这些数据以结构化、半结构化及非结构化数据形式存储。

结构化应用数据受不同业务场景和使用场景的逻辑切分，以多张独立二维表形式进行存储，每张二维表具有完整的业务意义。在对结构化数据进行处理时，需要弄清二维表之间的逻辑关系，通过大量查询操作语句将相关数据进行关联。

半结构化数据，如景点的特色介绍、团队游产品的行程描述、签证产品的材料要求、酒店的用户点评等数据，通常以自然语言文本形式表示，其中包含大量特定子场景下的事实。我们通过 BiLSTM+CRF 模型进行实体抽取，对旅游场景下的概念和本体进行挖掘，以大规模构建本体层实例。有别于通用域实体抽取，旅游垂域包含大量缩写、别名、简称、俗称、自定义名称等名称描述，如用户在口语化文本中常用“天津眼”或“天津之眼”指代“天津永乐桥摩天轮”，常用“苏州东西山”指代“苏州洞庭东山”和“苏州洞庭西山”；也常用“古轩水晶公寓”等商家自命名的店铺名。这些实体通常作为未登录词，难以被正确识别边界，但对旅游垂域场景有至关重要的意义。我们基于统计方法，在大量垂域文本中对 uni-Gram/bi-Gram/tri-Gram 分别计算左熵和右熵，进而发现大量垂域内特有的名称描述，该任务在知识发现中也称为用户指称抽取。通过将其作为 BiLSTM+CRF 模型的前置任务，有效地降低了未登录词对实体识别准确率的影响。

当从非结构数据化中抽取知识时，我们采用了企业内部游记文本、评论文本，并扩展了外部高质量数据源的文本数据，如百度百科、维基中文、互动百科等。抽取的知识主要由两方面组成：实体属性和实体关系。实体属性识别的过程是从文本中抽取对特定实体的键值对进行描述的过程，在属性抽取中，我们通过抽取百科类 Web 页面的标签树，得到了大量的实体属性键值对，由于不同实体页面对同类属性的描述不尽相同，因此需要进一步做属性对齐。例如，我们需要将“黄山”实体页的“最高海拔”属性和“黄龙景区”的“海拔”属性进行对齐，并归一到模式层设置的标准属性上，进而使得两个景点可以在海拔高度上进行比较。此外，针对文本中的属性描述，我们将已有的实体属性描述作为种子，产生描述某种属性的特有模式集合，并在语料中进行模式匹配。匹配结果通常含有噪声，我们利用多数投票的方式进行自动质量评估，并由人工干预审核评估结果。在抽取实体关系时，我们利用图谱中的既有关系事实，通过远程监督的方法在大量语料中召回可能包含目标关联关系集合的文本，并利用主动学习的思想计算得到召回文本中实体关系不确定性较高的样本，并对这些样本进行人工标注，在此基础上获得噪声相对较低的语料。为了进一步提高关系抽取结果的准确度，我们基于多任务联合模型同时进行实体识别和关系抽取。相比之下，后者对数据标注量要求更高、更精细，而前者可以进行大规模召回，因此在企业实践中，常使用两种方法相结合的方式进行。

（2）知识表示和存储

前文在描述模式层构建中已经提到，知识以主谓宾三元组形式描述或谓词描述逻辑形式描述。以三元组

（上海轨道交通 2 号线，包含站点，淞虹路地铁站）

为例，“上海轨道交通 2 号线”为头实体，用 h 表示，也称为主语，作为上述关系的定义域中的一个实例。“包含站点”表示一种定义域为地铁线路，值域为地铁站点的关联关系，在知识图谱描述中用 r 表示，也称为谓语。“淞虹路地铁站”为尾实体，用 t 表示，也称为宾语，作为值域中的一个实例。以主谓宾三元组或谓词描述逻辑形式描述的表示方法即资源描述框架（Resource Description Framework，RDF）表示方法，这种表示方法简单直观、可读性强、容易理解，适合于智能客服问答、搜索应用等结果直接和人交互的应用场景。

除了直接和用户交互的应用场景，一些应用场景需要基于图进行计算，如风控、推荐、实体相似度计算、逻辑推理等。在这些场景下，知识图谱通常抽象成图，并高度关注实体所具有的标签及关联关系。RDF 表示方法具有稀疏性，在大量并发图计算场景下，查询效率无法满足条件。我们利用基于空间实体点翻译的模型和基于游走策略类的模型，对子图节点进行计算，以得到节点和边的稠密向量。典型的基于空间实体点翻译的模型包括 TransE、TransR 等 Trans 系列算法，这类算法的基本思想是，如果原空间内存在关系 R，使得 (A,R,B) 成立，那么经过映射、平移变换后到达新的高

维空间后，三者的向量表示应具有 $EM_A+EM_R \approx EM_B$ 特点，其中 EM_A 表示头实体 A 映射到新的高维空间后的稠密向量表示。基于游走策略类的模型主要包括 DeepWalk、Node2Vec、SNDE 等算法，这类算法的基本思想是，通过一定的游走策略，使节点按照游走顺序产生有序序列，通过节点在有序序列中的位置表征节点之间的相似性。

在数据存储方面，需要考虑存储效率和检索效率。主流的图数据库包括两类：一类是以 RDF 形式存储的图数据库，包括 Jena、BlazeGraph、OrientDB 等；另一类是以操作图形式存储的图数据库，包括 Janusgraph、Titan、Neo4j 等。我们选择 Janusgraph 作为存储的图数据库，除了 ACID、容错能力、热备份和事务机制，其后端可以支持 Cassandra、HBase 等分布式存储机制，并可以连接 Elasticsearch、Solr 或 Lucene 作为索引机制，实现高度灵活的索引设置。此外，Janusgraph 支持基于 Spark 的分布式图计算，这些机制都为图谱接入上层应用提供了有利条件。

（3）知识质量控制和校验

数据本身存在噪声和不规范情况，应用算法也无法做到完全正确，因此获取的知识需要进行质量控制和校验。我们利用如下三种机制进行数据校验。

机制 1：利用模式约束进行一致性校验。通过这种机制，我们可以发现数据中属性值数量错误、关联边定义域或值域错误，以及违反自反性、传递性等错误的边。

机制 2：利用节点和边的高维稠密分布式向量进行计算，以辅助校验关联边的置信度。这种机制的原理是，如果实体 A 以关联关系 R 连接到 B，则应满足 $EM_A+EM_R \approx EM_B$，实体关系对的偏差越大，其具有的置信度越低。

机制 3：借助各类外部通用站点内容和垂直站点内容做辅助信息校验。

（4）知识对齐和融合

从模式层的构建到数据层的构建，都不是一蹴而就的。尤其是旅游垂域知识图谱的构建，会随着覆盖业务范围的扩展而呈现出循环迭代、内容和结构逐步扩增的趋势。在某个构建阶段，图谱的内容和结构也是不完整的。一种大规模扩展图谱数据的方法是和外部已有的高质量知识图谱对齐，进而融合其中和业务、应用高度相关的部分。知识图谱对齐可以分为模式层对齐和数据层对齐，经过长期积累，schema.org 已经在各个领域和场景对数据结构框架进行了描述，可以作为扩展垂直领域知识图谱模式层的一个来源。

在数据层对齐与融合上，我们优先选择了百度百科和互动百科。百科类站点的每一条实体词条相当于知识图谱中的一个实例，词条内的半结构化信息盒相当于实体属性；词条页面包含大量指向其他实体词条的链接，它相当于当前实体和其他实体的关联关系。因此，百科类站点可以看作一个通用域知识图谱。数据层融合的思路一般需要经过实体对齐和实体属性融合两个过程。在实体对齐层，我们通过垂域图谱中的景点名、城市名等实体名称召回百科中相关消歧页，并采集得到各个实体的摘要及信息盒部分。为了对齐消歧页中正确的一项，我们基于 TextCNN 搭建了三输入孪生网络，以便进行监督式学习。在训练过程中，将旅游垂域知识图谱中的实体名、描述及由相关属性训练得到的稠密向量作为输入之一，将标记为正、负样本的百科页面实体名、描述、信息盒相关属性得到的两条分布式向量作为另外两条输入，同时送入模型进行训练。在属性融合阶段，我们需要解决属性对齐和属性值融合两个问题。在企业实践中，较为奏效的方案是基于数据驱动进行属性对齐，通过属性值发现具有不同描述的同种属性，如前文提到的“海拔”和“海拔高度”，进而补全缺失该类属性的实例，再进行下一轮实体对齐的迭代。

旅游领域知识图谱的构建需要以应用为核心，围绕业务场景展开。相比于通用域知识图谱的构建，旅游领域知识图谱的构建更适合以企业内部数据为起点。下一节将从旅游领域知识图谱的应用角度阐述知识图谱如何为应用提供认知服务。

4.2.3 旅游领域知识图谱的应用

知识图谱的应用很广，结合知识图谱和旅游领域的特点，旅游领域知识图谱可以应用在以下几个方面。

1. 旅游问答机器人

通常问答机器人不擅长“寻找”答案，需要人们提前“设定”好答案。但有了知识图谱之后，这种情况会得到一些改变。我们称基于知识库的问答系统为KBQA（Knowledge Based Question Answering），而知识图谱是知识库的一种。KBQA更擅长回答“What”“When”“Where”问题，它只要捕捉到问句中的实体和关系，就可以在知识图谱中“寻找”到相应的实体及它的属性，而通过实体的属性可以解答大部分的“What”“When”“Where”问题。

目前很多问答模型利用知识图谱来解答问题。通常我们把实体和关系作为一种特征，参与问句意图的计算。我们先解析问题的语义特征，提取问题中的实体和关系，然后将实体与关系映射到知识图谱中，把知识图谱中对应的实体属性返回作为答案，或者将知识图谱中的实体、关系、属性作为特征，参与下一步的模型计算。

如图4-5所示，当我们回答用户提出的较复杂的问题“我在上海，我18日上午拿到护照，想乘坐26日下午的航班去新加坡，是否来得及？”时，先通过文本解析获得这句话的意图、目的地、送签地和日期等信息，再通过这些信息在知识图谱中搜索符合条件的产品。通过搜索知识图谱，我们发现产品1和产品3满足目的地和送签地的要求，然后通过日期和办签时长进行计算，得出产品3是来得及的，因此可以回答用户“您好，来得及，给您推荐产品3”。

2. 旅游内容搜索

由于旅游产品的数量很多，因此对搜索的要求很高。对于一些复杂的搜索语句，知识图谱可以利用自身的推理能力搜索出深层的答案。图4-6所示展示了知识图谱在搜索中的应用。

例如，用户在搜索框中输入“大皇宫附近的酒店”，知识图谱可以通过“大皇宫”→[附近酒店]→“×× 酒店”搜索出相关的酒店。如果用户在搜索框中输入“大皇宫附近酒店的价格”，知识图谱可以通过“大皇宫”→[附近酒店]→“×× 酒店”→[价格]→“×× 元”搜索出酒店的价格属性。知识图谱利用图数据库的优势，非常方便地进行图遍历，加强了搜索引擎解决复杂搜索的能力。

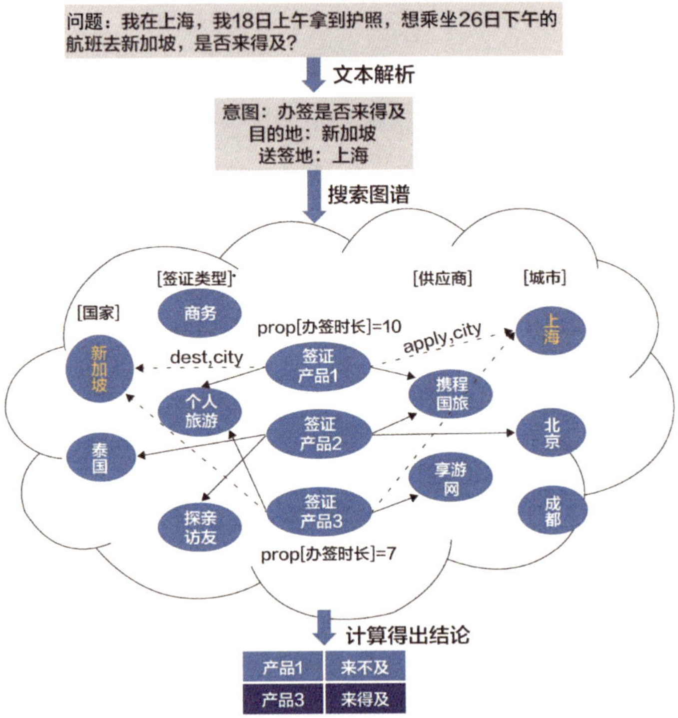

图 4-5 知识图谱在问答机器人中的应用

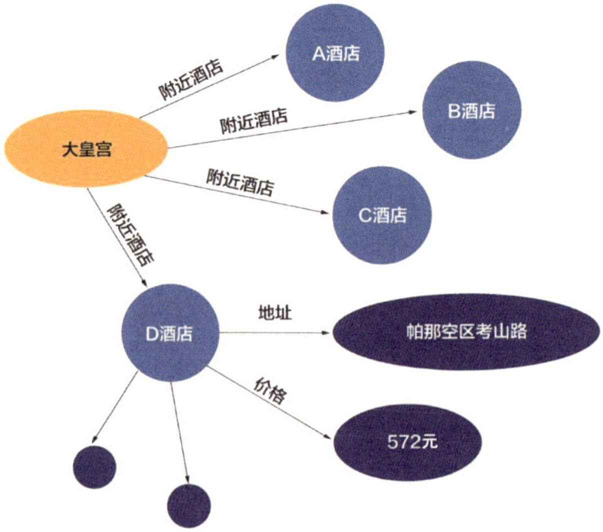

图 4-6 知识图谱在搜索中的应用

3. 旅游文本内容理解和表示

在旅游场景下，用户会产生大量的文本并在内容中大量提到与旅游相关的词汇，旅游垂域知识图谱对领域词汇和概念进行抽象，可以用于对用户提到的词进行歧义消除，使用户文本可以更好地被人和机器理解。

例如，用户在游玩一些城市后会以图文形式写游记，在参团后会对团队游产品进行评论，在入住酒店后会对酒店服务、设施条件、位置等进行点评。用户用自然语言提到的景点、酒店、地铁站、飞机场等的名称可能是其简称或俗称，在不同语义环境下可能带来歧义。图 4-7 所示是知识图谱在文本理解中的应用。

由于知识图谱已经对苏州市及其包含的各个景点关系进行了抽象和表示，因此当对一篇苏州游玩的游记进行内容消歧时，结合词汇的上下文信息，可以得到某一个景点或酒店置信度最高的多个甚至是某一个候选实体点。

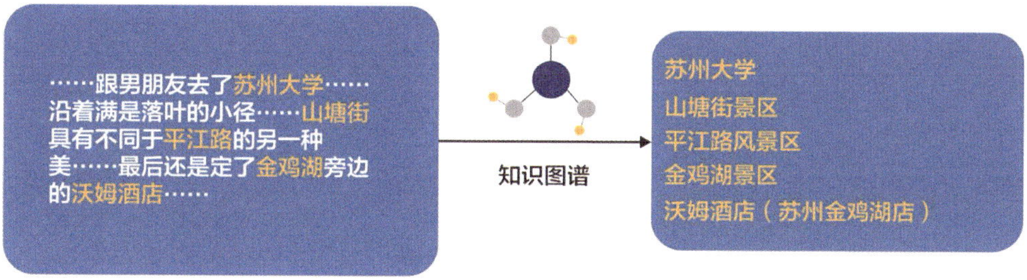

图 4-7　知识图谱在文本理解中的应用

除此之外，谷歌（Google）预训练模型 BERT 的问世使得自然语言表征模型再次受到众多关注，百度公司和清华大学也各自推出了增强版语言表征模型——ERNIE。在训练旅游垂直领域的语言表征模型时，我们也将知识图谱中的实体概念及其关联关系加入预训练模型，对当前句子中有关联的实体对进行随机掩盖，这样可以使得模型在充分利用句法和语法信息的同时，加强对领域词汇及其关系的表示和理解，如图 4-8 所示。在此基础上训练出的语言模型能够对旅游垂直领域下的文本有更好的表达。

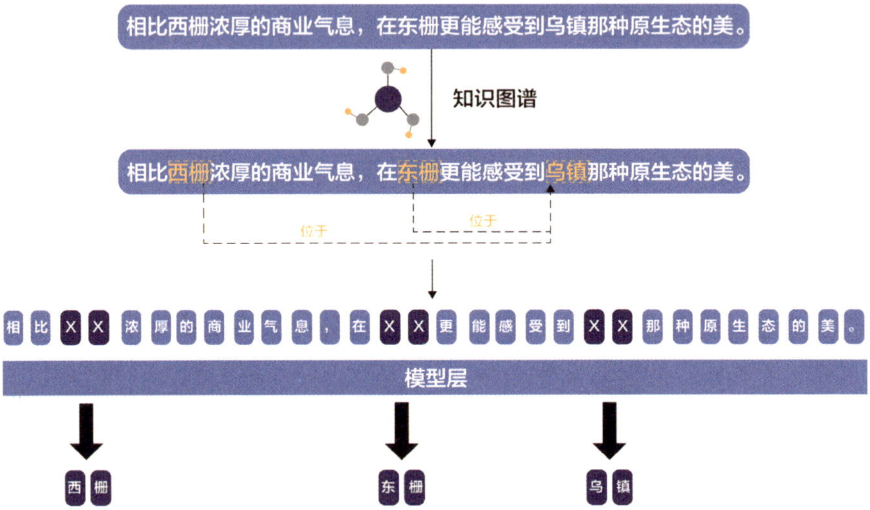

图 4-8 知识图谱在文本表示中的应用

4. 旅游场景下的知识推理

我们在构建旅游垂域知识图谱的过程中，对大量的景点、酒店、交通站、产品等进行抽象，并扩展了以旅游领域为中心的通用领域概念。在对常识信息和业务描述的分析中，我们可以获得大量的一阶谓词逻辑及业务规则逻辑。通过这些规则和逻辑的支撑，我们可以在图上进行计算，以实现对图中缺失的关系或属性进行自动补全，进而实现基于图的推理。图 4-9 所示是知识图谱在推理中的应用。

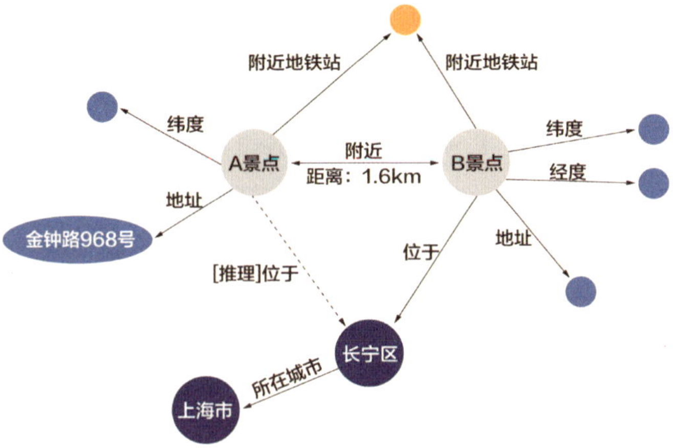

图 4-9 知识图谱在推理中的应用

在图 4-9 中，B 景点具有经纬度、地址等属性，并且与某地铁站以“附近”的关系进行关联。从属性上讲，A 景点仅有纬度，缺失经度；从关联关系上讲，它的附近也有与 B 景点相同的地铁站。通过常识规则可以知道，在已知 B 景点经纬度的情况下，相距 1.6km 的另一个景点所在的区域并未超出 B 景点所在的区域（长宁区），因此可以推理得到 A 景点也位于长宁区。A 景点的地址信息是不完整的，在上述推理的作用下，我们可以进一步得到“金钟路 968 号”的补全结果是“上海市长宁区金钟路 968 号”。

知识图谱在旅游场景中还有很多其他应用，本节就不一一列举了。知识图谱这项技术还处于发展阶段，有很大的提升空间，结合日益增长的旅游市场，我们非常看好知识图谱应用于旅游领域的前景。我们相信未来的知识图谱还会有更多的应用和技术，为互联网旅游行业的发展“添砖加瓦”。

4.3 QA 问答中的文本匹配与排序

作为国内 OTA 的领头羊，携程每天都为上亿的旅行者提供服务。为了保障旅行者的出行，庞大的携程客服扮演着十分重要的角色。如何从客服工作中解放生产力，提高生产效率成为技术需要解决的重要问题。近几年随着深度学习算法的突破和硬件的升级，人工智能技术在多个领域遍地开花，其中最大的应用场景便是智能客服。

据统计，智能客服机器人的成本只有人工客服的十分之一，使用智能客服机器人可以回答大部分用户的常见问题，这对于企业来说具有相当大的吸引力。2017 年年初，携程也开始大力推进客服智能化的技术研发，并取得了一定的效果，如在酒店售后客服场景中，智能客服已经能够解决 70% 的问题，这不仅提升了客服效率，而且在服务响应方面也有很大提升。

智能客服本身是一个很庞大的系统。从用户端角度来看，智能客服的本质是快速解决用户的问题，在这个过程中技术可以应用在很多地方，如信息的快速查找（通过用户的行为状态分析当前用户可能遇到的问题），用户问题的理解和答案的生成，解决途径的自助化及告知用户可能还会遇到的问题等；从客服端角度来看，智能客服的本质是辅助客服工作，如快速帮助客服定位问题或自动提供当前用于解决用户问题的信息等。

本节我们将重点介绍智能客服系统中的核心模块之一——问题的语义理解。如何正确理解用户的诉求是交互过程的核心，近几年随着机器学习和深度学习的发展，语义匹配模型在学术界也有质的飞跃。下面我们将介绍携程是如何把这些模型落地在旅游场景中的，同时结合旅游场景做相应的模型改进。

4.3.1 基于深度学习的语义匹配模型

问题匹配模型是机器人进行交互的基础模型，对匹配率的要求较高。传统的做法是直接根据关键词检索或 BM25 等算法计算相关性排序，但这种方法的缺点是需要维护大量的同义词典库和匹配规则。后来发展出了潜在语义分析技术（Latent Semantic Analysis，LSA[1,2]），该技术将词句映射到低维连续空间，可在潜在的语义空间上计算相似度。接着又有了 PLSA（Probabilistic Latent Semantic Analysis）[3]、LDA（Latent Dirichlet Allocation）[4] 等概率模型，它们形成了非常火热的浅层主题模型技术。这些算法使文本的语义表示形式简洁，较好地弥补了传统词汇匹配方法的不足。不过从效果上来看，这些技术都无法完全替代基于字词的匹配技术。

随着深度学习技术的兴起，使用基于神经网络训练的 Word2vec[5] 模型进行文本匹配计算引起了人们的广泛关注，而且进一步加强了所得词语向量表示的语义的可计算性。但是无监督的 Word2vec 在句子匹配度计算的实用效果上还存在不足，而且本身没有解决短语、句子的语义表示问题。因此，研究者开始研究句子级别上的神经网络语言模型。例如，微软研究院（Microsoft Research）提出了 DSSM 模型（Deep Structured Semantic Model）[6]；华为实验室提出了一些新的神经网络匹配模型变体[7,8,9]，如基于二维交互匹配的卷积匹配模型；中科院等研究机构也提出了诸如多视角循环神经网络匹配模型（MV-LSTM）[10]、基于矩阵匹配的层次化匹配模型（Match Pyramid）[11] 等更加精致的神经网络文本匹配模型。虽然模型的结构非常多，但是底层结构单元基本以全链接层、LSTM、卷积层、池化层为主（参考论文[12,13,14,15]的做法）。

我们会在下一节详细介绍基于交互的语义匹配模型，本节我们主要介绍了非交互的语义匹配模型。以双向 LSTM 为例，句子的特征向量可以利用双向 LSTM 的最终输出作为表征向量，也可以利用自注意机制来表征，如图 4-10 所示。图 4-10（a）所示是直接利用双向 LSTM 的输出拼接成句子向量，自注意机制则利用加权方法计算句子的向量。在实验中我们发现采用自注意机制的模型效果往往优于传统的做法。后面我们还会详细介绍利用复杂的自注意机制来表征句子向量。RNN（循环神经网络）计算的数学表达式如下：

$$h_t = f(h_{t-1}, x_t; \theta) \tag{4.1}$$

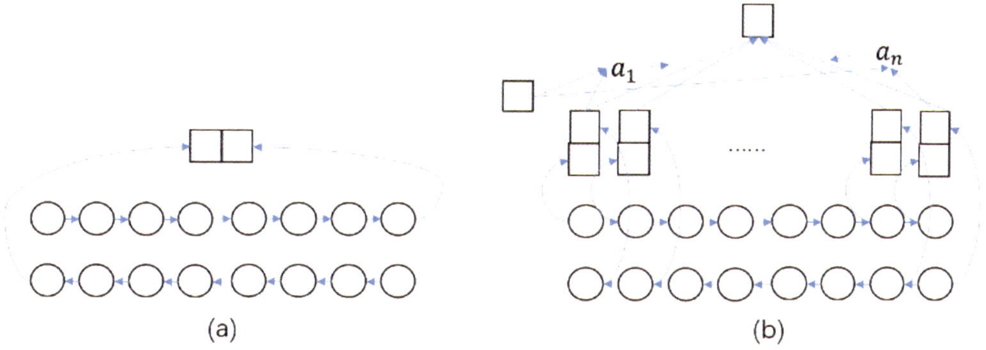

图 4-10　常用的句子编码方法

由公式（4.1）可知，当句子长度过长时，RNN 模型的计算性能会有所下降。而 CNN（卷积神经网络）模型在这方面有较大优势，CNN 可以采用并行计算方法。Google 于 2017 年发表的 *Attention is all you need*[16] 中引入的 transformer 模型则打破了采用 RNN 和 CNN 进行句子 embedding 的传统结构。这篇文章的编码器不是采用这两种结构来编码序列关系的，而是采用自注意机制来进行编码的。如图 4-11 所示，图中有一个重要的结构：多头注意力，其数学表达式如下：

$$\text{Attention}(\boldsymbol{Q}, \boldsymbol{K}, \boldsymbol{V}) = \text{softmax}\left(\frac{\boldsymbol{QK}^{\mathrm{T}}}{\sqrt{d}}\right)\boldsymbol{V} \tag{4.2}$$

$$\text{head}_i = \text{Attention}(\boldsymbol{QW}_i^{\mathrm{Q}}, \boldsymbol{KW}_i^{\mathrm{K}}, \boldsymbol{VW}_i^{\mathrm{V}}) \tag{4.3}$$

$$\text{Multi-head}\left(\boldsymbol{Q}, \boldsymbol{K}, \boldsymbol{V}\right) = \text{concat}_i(\text{head}_i)\boldsymbol{W}^{\text{O}} \tag{4.4}$$

最终我们得到的输出是每个词的表征序列，然后可以根据我们的需求得到句子向量，当添加 LSTM 或 CNN 结构时，能够得到更强的句子表征向量。

不论哪种深度学习方法，我们看到最底层的单元结构是 word embedding，这是我们进行句子表征的基础。但是前面几种方法都有一个缺陷，即在任何句子中，word embedding 都是唯一的，不能随着上下文变化。ELMo[17] 模型克服了传统 embedding 的这一缺点。ELMo 模型通过在大量无监督语料中预训练双向 Language Model，其模型结构为 stacked-BiLSTM，然后将该模型用在特定任务中生成带上下文的词语表征。第 k 个词的词向量用数学语言表示如下：

$$\text{ELMo}_k = E\left(R_k;\theta\right) = \gamma\sum_{j=0}^{L} s_j \boldsymbol{h}_{k,j} \tag{4.5}$$

式中，s_j 表示归一化系数；$\boldsymbol{h}_{k,j}$ 表示第 j 层 BiLSTM 的词向量。这样每个词向量都是上下文相关的，相比原来直接使用 word embedding 效果会有显著提升。

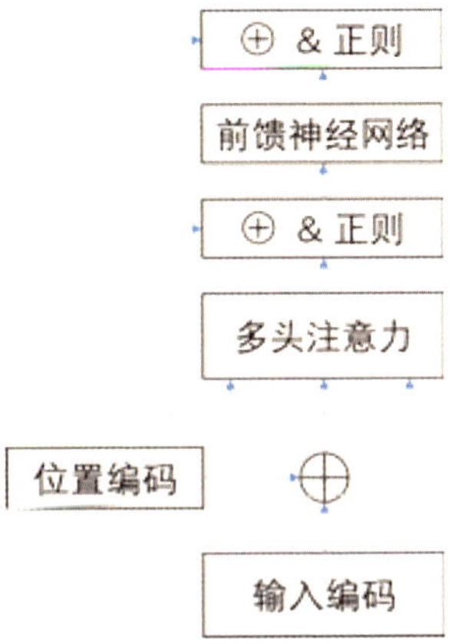

图 4-11　基本的 transformer-encoder 结构

有了句子向量，接下来我们要做的就是如何利用句子向量来进行语义匹配。一般的做法是采用两种任务来描述，即分类任务和排序任务。

基于分类的模型结构的最后一层接的是多类别的 softmax，即输入是用户，分类结果是所属的标准用户类别，如图 4-12 所示。根据分类的特点，我们定义的损失函数是交叉熵。

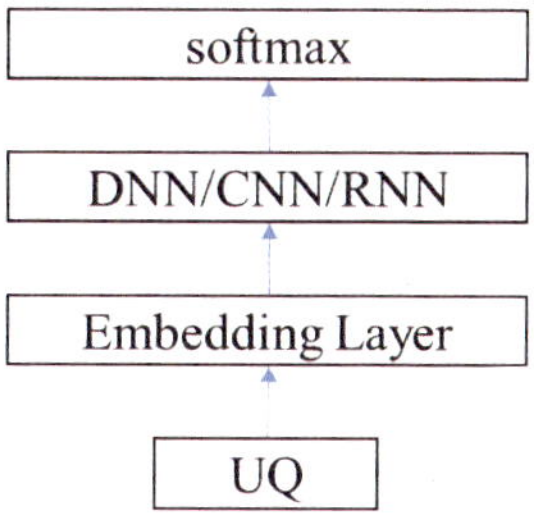

图 4-12 基于分类的模型结构

如果把原问题看成排序问题，可以采用三种排序学习的方法来实现，即 point-wise、pair-wise 和 list-wise。

在 QA 中我们常用的是 point-wise 和 pair-wise，如图 4-13 和图 4-14 所示。其中 point-wise 方法直接把问题转换成二分类，先判断当前用户问题是否属于待匹配的问题，再根据隶属概率值得到问题的排序。而 pair-wise 方法学习的是 $(\mathrm{UQ},\mathrm{SQ}^+)$ 和 $(\mathrm{UQ},\mathrm{SQ}^-)$ 之间的排序关系，训练目标是最大化正样本对和负样本对的距离，数学表达式如下：

$$\max L=\left\|f\left(\mathrm{UQ},\mathrm{SQ}^{+}\right)-f\left(\mathrm{UQ},\mathrm{SQ}^{-}\right)\right\|_{d} \tag{4.6}$$

式中，$f(\cdot)$表示某种距离度量。

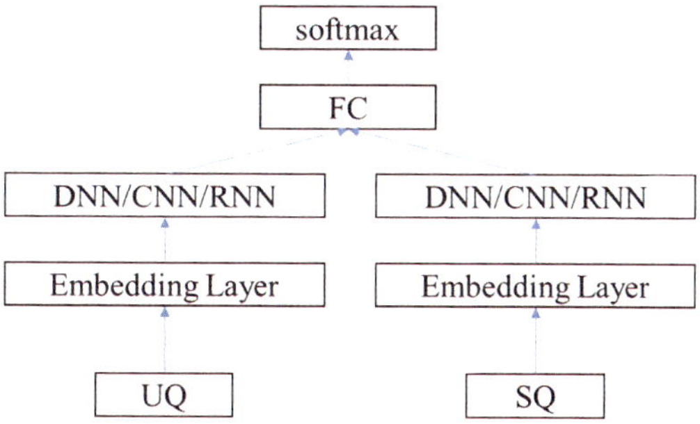

图 4-13 基于 point-wise 的模型结构

有了句子向量编码器和优化目标，那么基础的语义匹配模型也就形成了。虽然前面介绍了几种常用的编码器，但具体的选择也依赖于对应的场景，如果场景本身的数据量较小或较为简单，采用简单的 CNN 模型或 RNN 模型即可（其中 word embedding 建议采用公开训练的）；而复杂场景或数据量较大的场景可以采用层数更复杂的 transformer-encoder 结构。

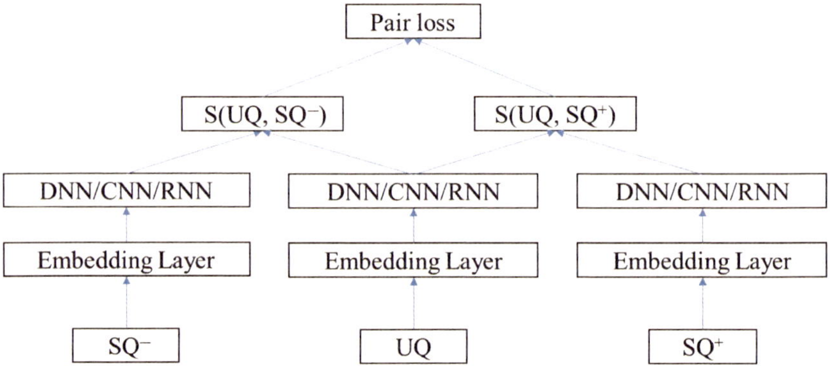

图 4-14 基于 pair-wise 的模型结构

4.3.2 基于交互的语义匹配模型

在 AI 客服问答场景中，基础的 QA 匹配模型经常混淆“房间是否有浴缸”和“查看房型设施”两个问题，主要原因在于用户的表述在语义上很相近，基础模型在提取文本语义时损失了许多局部特征，难以捕获细节的匹配模式。

前文介绍的 QA 匹配模型一般被称为基于文本表示建模的模型，主要关注如何利用神经网络独立地提取文本的语义表达。本节主要介绍另一种模型——基于交互建模的 QA 匹配模型。区别于关注文本表示学习的思想，交互建模则更加直接地建立文本的匹配模式，利用神经网络捕获文本之间的匹配特征。这在一定程度上更接近文本匹配的本质，通过字词级别、短语级别的匹配，扩展到句子级的整体语义匹配。目前文本交互形式主要有两种，一种是匹配矩阵，另一种是注意力机制。本节将分别介绍基于直接交互建模的 MatchPyramid 模型，以及结合文本表示和文本交互建模的 hCNN 和 IR-Transformer 模型。

1. 文本交互匹配模型

MatchPyramid 模型是由中科院提出的一种文本匹配模型，重新定义了文本之间的交互方式。该模型首先利用点积运算和同或运算构建两个句子之间的匹配矩阵；其次通过类似于图像处理的方式，基于二维卷积、池化操作提取矩阵中的特征；最后基于全连接网络预测句子间的相似度。MatchPyramid 模型的整体网络架构如图 4-15 所示。

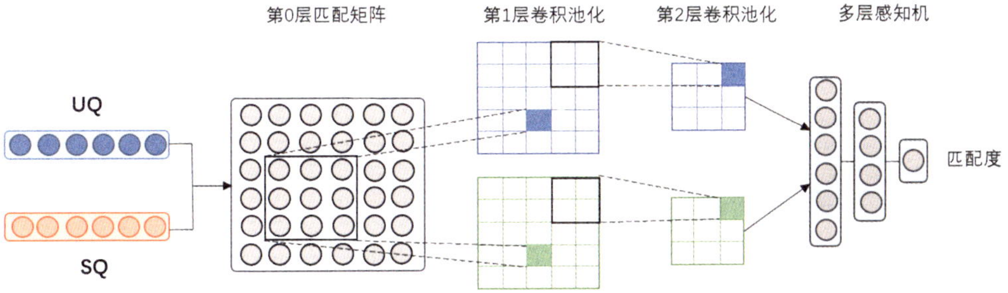

图 4-15 MatchPyramid 模型的整体网络架构

文本匹配模型以字或词作为基础单元，MatchPyramid 模型利用最细粒度字词向量计算两两之间的相似度，构建一个二维的匹配矩阵，该矩阵包含所有最细粒度的匹配信息。MatchPyramid 模型将匹配特征抽取问题看作图像识别问题，通过多层卷积网络提取语义层面的 *n*-gram 特征，这些语义信息在文本匹配任务上具有良好的表现效果。

2. 电商 QA 模型

Hybrid CNN 模型（简称 hCNN 模型）是 2017 年由阿里提出的电商 QA 模型 [18]，考虑到基于 LSTM 的模型参数复杂、比较耗时，hCNN 模型采用两种不同类型的 CNN 作为文本特征的编码器，一方面利用 BCNN 模型的一维卷积提取每个句子的表示特征，另一方面采用 MatchPyramid 模型的二维卷积提取匹配矩阵的交互特征。最后，这些特征被拼接在一起作为分类层的输入，通过特征的非线性组合预测语义的匹配度，如图 4-16 所示。

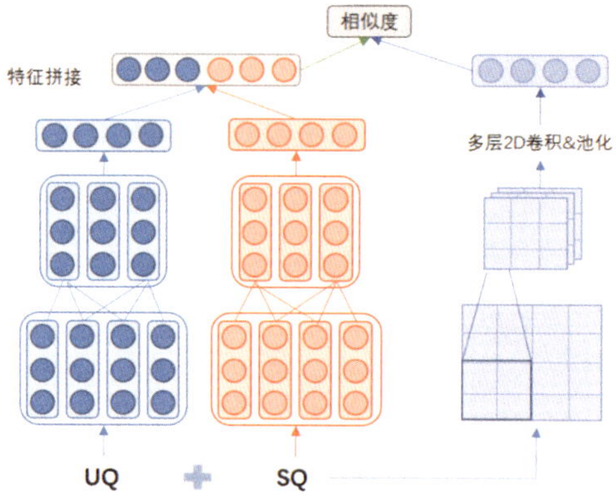

图 4-16 hCNN 模型结构

3. 交互注意力模型

Transformer 模型是由 Google 提出的一种机器翻译模型，其最大的特点是利用一种 Multi-head Attention（多头注意力）机制代替 LSTM 作为文本表示的特征编码器，具有良好的效果和较高的性能。在多项 NLP 任务中取得较好效果的 Bert 模型就是以 Transformer 模型作为基础的单元模块。

我们仍然采用双向 LSTM 作为文本表示建模的基础模型，提取句子的上下文特征。考虑到 Transformer 模型的编码器和解码器不同，在 QA 任务中主要利用 Multi-head Attention 实现从用户问题到标准问题的单向文本对齐，提取文本之间的交互特征。在这种交互操作中，注意力层的输入包含两个文本的信息，使得标准问题的表示中包含用户问题的上下文信息，如图 4-17 所示。改进的注意力模型能够在一定程度上缓解基础 QA 模型在语义表示和特征提取中的不足。

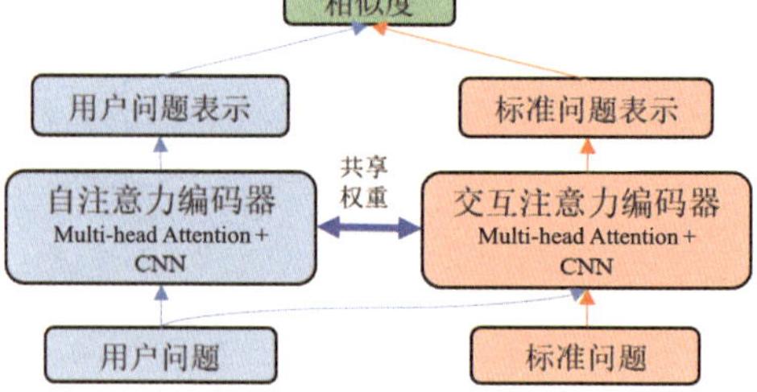

图 4-17 单侧注意力交互的结构

本节主要介绍了 QA 匹配中常用的两种文本交互方式——匹配矩阵和注意力机制，详细介绍和分析了几种典型的交互式 QA 模型，如 MatchPyramid、hCNN 等模型。将表示建模和交互建模集成在统一的网络架构中，显著提高了模型的预测效果。

4.3.3 迁移学习在语义匹配网络中的应用

在智能客服对接各个业务线且需要不定时更新 QA 模型的情况下，我们不断探索缩短训练时间和提升准确率的方法。

1. 迁移学习

通俗来讲，迁移学习就是运用已有的知识来学习新的知识。具体地，在迁移学习中，将已有的知识叫作源域，需要学习的新知识叫作目标域。模型直接从随机初始化参数开始学习的成本比较高，因此研究人员运用已有的相关知识来辅助学习新知识。例如，我们已经会下中国象棋，就可以类比学习国际象棋；我们已经会编写 Java 程序，就可以类比学习 C#；我们已经学习了英语，就可以类比学习法语等。世间万事万物皆有共性，如何找寻它们之间的相似性，进而利用这种相似性来辅助学习新知识，是迁移学习的核心问题。

在智能客服场景中，不同业务线的业务需求和含义不同，我们需要为每个业务线分别训练 QA 模型。但是这并不意味着不同业务线之间完全独立，没有交集。事实上，业务线之间也存在很多共性，首先，对于售后场景，它有与订单、发票等相关的标准 Q；其次，对于机票和火车票，由于它们与交通相关，因此均有与取票、改签、选座等相关的标准 Q。

在实际实施过程中，客服人员可以通过专门的标注平台进行语料补充任务，不断扩增标注语料，通过语料检查任务，不断提升已标注数据的质量，因此对于较早接入的业务线，如机票、酒店等，我们累积了大量优质的 QA 对。但对于新接入的业务线，几乎很少甚至没有已标注数据，考虑到深度学习模型需要在一定规模的数据集上才能发挥出较好的效果，但标注数据的积累又是较为耗费人力和时间的过程，为了保证新接入的业务线能够快速达到上线标准，我们尝试使用迁移学习的方法。

目前在现有已标注数据集上，训练一个公共通用模型时，我们不直接将此通用模型用于各个业务线，考虑到不同业务线的差异性，在通用模型的基础上，根据每个业务线的标注数据进行模型微调，微调后的模型更具个性化，如图 4-18 所示。实验结果也表明，采用上述方法有助于加快模型的训练速度，并相较于仅单独用该业务线的标注数据训练的模型，模型的准确率也有提升。

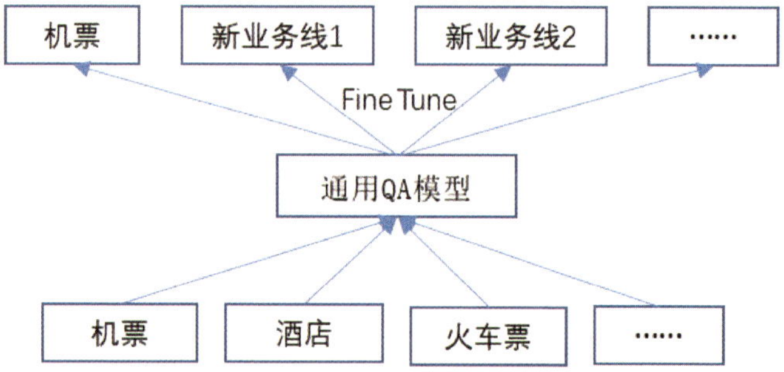

图 4-18 知识共享模型结构

2. 预训练引入外部知识

智能客服面向真实的线上用户，而用户的输入形式不一，并伴随着拼写错误、缩写、俚语、业务领域特定的词汇等，同时新接入的业务线还会不断出现新的词汇和符号，我们无法找到一个词汇库能面面俱到地覆盖上述所有情况，因此在训练过程中，我们采用字符作为模型输入的基本单元。在输入方面，字符级模型极大地提升了所能处理的词汇量，并且能弹性地处理拼写错误和罕见词问题；在输出方面，由于字符级模型的词汇库很小，所以计算成本更低。因此，以字符作为基本单元能让模型更稳健地处理表达形式丰富多样的用户文本。相关研究表明，字符级模型可以学习非平凡的句法，可以“理解”情绪，能够翻译，可以理解文本中的语义等。尽管如此，字符级模型仍存在一些缺陷，如字符没有语义等。

受训练语料规模的限制，字符级模型是否能理解从未出现或几乎很少出现的字符组合的句子，还无法被验证。因此，我们在字符的基础上，引入外部词向量，与字符一起进行训练，希望有助于提升模型的泛化能力。目前研究人员开发出了很多开源的词向量数据集，如中文的腾讯 AI 实验室词向量数据集和英文的斯坦福 GloVe 模型[19]。这些词向量数据集大多是在大规模数据集上训练语言模型过程中生成的，将单词映射到连续的高维空间，使得意思相近的不同单词具有相似的向量表征，词汇量覆盖度高。

结合真实的业务场景，一些热门的标准 Q 拥有丰富的标注语料，并且我们在实验过程中发现标注量多的标准 Q 的模型预测准确率大多很高，而标注量少的标准 Q 的模型预测准确率却参差不齐。 客服人员根据线上用户的需求不断新增一些标准 Q，新增的标准 Q 可能和现有的标准 Q 几乎没有语义关联性，这意味着字符级模型可能没有对新增标准 Q 做到语义上的理解，而只是根据用户语句和新增标准 Q 做到字符层面的匹配。例如，在机票业务线上，标准 Q 大多与改签、退票、发票、取票、航变等有关，但是在真实场景中，用户可能还会就行李携带所需要注意的事项等进行提问，因此客服人员会根据用户较关心的问题增加标准 Q，如“携带家电家装”，这个标准 Q 与现有的标准 Q 之间在语义上几乎独立，而用户如果提问“是否能带风扇”，在缺乏标注语料的情况下，模型可能根据字符层面匹配到错误的标准 Q 上，即使我们后期增加了该标准 Q 下的语料，但是由于“家电家装”是一个类实体词，其包含风扇、吹风机、冰箱、彩电等，故如果能将词语之间的相似性与相关性引入模型中，可以提升模型的泛化能力。我们也在其他业务线上进行了实验，结果表明，引入外部词向量后的模型较仅使用字符作为输入单元的模型，其预测准确率有 1% ～ 2% 的提升。

4.3.4 对语义匹配模型的一些思考

前面我们从多个角度介绍了语义匹配模型的基本结构，以及我们在实践中对语义模型所做的一些改进。但是这些改进完全解决了语义匹配问题吗？答案显然为不是。在实际落地中，我们还会遇到很多问题，而这些问题也让我们从其他角度重新思考对话问答系统应该具备的能力。

1. 上下文对话建模

对话问答系统与传统的问答系统的一个很大区别就是对话问答系统强调上下文的关系。在实际的用户和机器人对话中，我们发现用户经常针对机器人的回答进行追问，而如果不能把上文信息建模在系统里，机器人的回答往往会让用户无法理解。针对这一问题，我们也尝试了几种方法来构建机器人的上下文对话能力。非任务型问答系统（Non-goal-driven System）不是面向槽管理的，而是根据用户的会话意图来调整对话过程的。QA 的上下文会话管理方法大致可分为两种，一种是 Rule-Based[20] 的上下文模型；另一种是 Model-Based[21,22] 的上下文模型。

Rule-Based：通过预定义一些先验知识来表示上下文，在会话中不断修改上下文的先验知识并根据上下文记录信息的重新排序。

Model-Based：Model-Based 相对于 Rule-Based 的好处就是能够提升泛化能力。研究者 [23] 利用模型的这种特性，把上下文信息表征在向量里，并通过层次化模型进行学习和推断。该模型主要有三种结构：句子级 encoder 模型、context encoder 模型及 response decoder 模型。其中 context encoder 模型是解决上下文信息的关键，通过在实际的场景中进行试验，发现机器人能够把上文信息充分理解和引入，并且在回答上也较流畅，如图 4-19 所示。

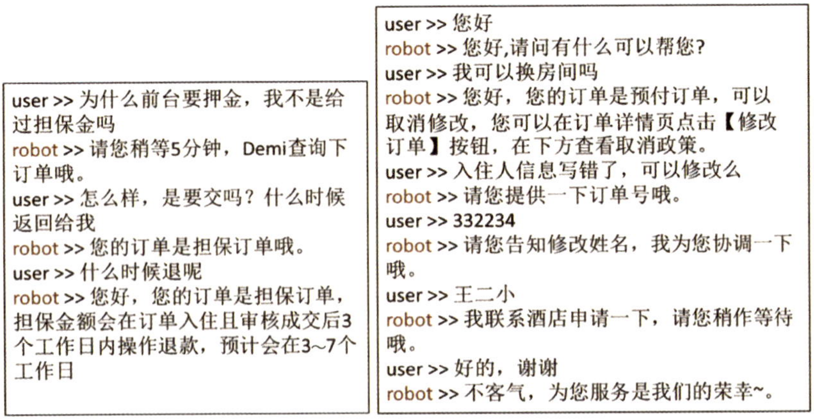

图 4-19　基于上下文编码的对话模型示例

2. 更复杂更强大的模型

随着 NLP 的发展和硬件能力的提升，模型可以变得越来越大，如最近很火的 BERT 模型。这个模型在 33 亿文本的数据集上进行预训练，同时 BERT 模型采用 12 层的 transformer 编码器结构（Large 版本采用 24 层），预训练的模型在不同任务上进行微调，这样的模型在不同的任务上均得到了目前最好的结果。

Stacked 模型也被证明在深度学习中能够提升模型效果，如 Stacked-LSTM 模型。其实这类模型采用的是加深模型的措施，这也印证了模型越深，往往能够取得更好的效果。但越深的模型效果越好的前提是数据集合要足够大，而且能够通过残差网络等方式防止梯度消失等无法更新的问题出现。

3. 多模型融合

在机器学习方法中，一个重要的分支是多模型融合。单一模型所能解决的场景是有限的，而多个模型能够弥补这一缺点，这也是多模型融合的优势。前面我们花了很大篇幅介绍神经网络模型在 QA 语义匹配任务上的一些应用，其实在实际应用中这两种模型还需要其他机器学习模型的辅助。例如，NLP 领域的句法分析和依存分析工具辅助解决比较复杂和深度学习模型无法解决的问题；命名实体识别等模型用来对句子进行预处理；其他分类模型参与最终的 Q 排序打分。只有将多个模型有机地结合在一起才能发挥机器学习的功效。

4. 多语言问题

在国际化进程中，携程面向多语言的场景也会越来越多，目前如何把现有中文场景的模型迁移到英文、日文、韩文和其他语种场景中也是携程所面临的挑战，甚至遇到更复杂的场景如多语言夹杂混合输入，携程又该如何调整模型。在这种情况下，语料不足的场景会更加凸显。携程结合自身的场景，在多语言化的场景中也已经取得了一定的成果。

4.4 携程国际化中的机器翻译

随着携程国际化进程的加速开展，各部门及业务场景对多语种的需求日益增长，依靠译员或精通多语种的客服人员难以支撑持续扩大的自然文本翻译流量。机器翻译技术作为近年来人工智能领域在自然语言处理任务上探索的先驱，逐渐走出学术的“象牙塔”，开始为普通用户提供实时便捷的翻译服务，并已取得了显著的成效。在这样的形势下，为旅游服务场景提供高质量、低成本的机器翻译服务成为一个重要课题。

本节内容主要介绍携程在机器翻译中的一些模型设计和工程应用实践。

4.4.1 模型架构

对于模型而言，我们采用了 Google 提出的 Transformer 模型作为基础结构。与 RNN 模型相比，Transformer 模型对于长距离依赖的建模更加高效，同时兼具脸书（Facebook）提出的 ConvSeq2Seq 模型表现出的高并行性，是目前最优秀的神经机器翻译模型之一。在大量的评测任务中，Transformer 模型在翻译质量及训练速度方面都表现出了一定的优势。在此基础上，我们又分别尝试组合了三种在学术界较流行的改进方法。

1. 相对位置编码

摒弃了传统时序模型中自回归的网络结构后，ConvSeq2Seq 模型和 Transformer 模型都无法直接或间接考虑模型输入信号的顺序关系。一般而言，启用位置编码可以弥补模型在这方面的缺陷。

在 ConvSeq2Seq 模型中，Facebook 提出了绝对位置编码的概念，即先对所有时刻的输入及所有时刻的顺序分别进行随机初始化的定长编码，再对所有时刻生成的输入编码和位置编码进行相加参与，以及后续的网络运算和更新迭代，如图 4-20 所示。

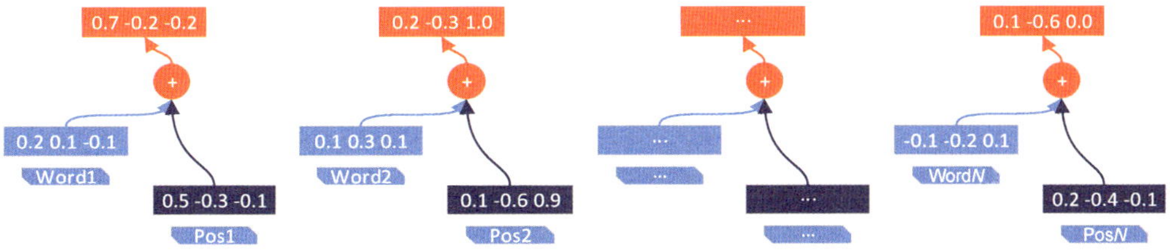

图 4-20 Facebook 在 ConvSeq2Seq 模型中提出的绝对位置编码

Transformer 模型的初始版本采用了基于正弦函数和余弦函数生成绝对位置编码的方法，无须训练便完成了对模型补充输入位置信息的工作，并且可建模的位置数量不再受参数规模的限制，同时也指出了与上一种方法在最终模型质量上没有明显的差异。

$$\mathrm{PE}(\mathrm{pos}, 2i) = \sin\left(\mathrm{pos} / 10000^{2i/d_{\mathrm{model}}}\right) \tag{4.7}$$

$$\mathrm{PE}(\mathrm{pos}, 2i+1) = \cos(\mathrm{pos} / 10000^{2i/d_{\mathrm{model}}}) \tag{4.8}$$

式中，pos 为需要编码的位置序号；$2i$ 与 $2i$+1 分别表示编码后的位置向量中的奇数位和偶数位；d_{model} 表示模型中隐藏层向量的维度。

对该方法进行可视化，从图 4-21 中可以看到位置在 0～100 的编码向量中第 4～第 7 维的值。

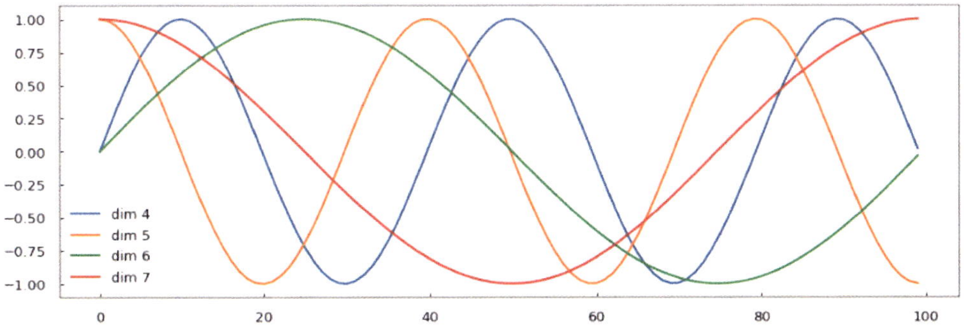

图 4-21 Google 在 Transformer 模型中提出的绝对位置编码可视化

然而，绝对位置编码通常只能对提前设定好的有限长度进行建模，对无法事先估计文本长度的场景不利。此外，参考计算机视觉中强调的平移不变性概念，当表达相同语义的同一段文本出现在整句话的不同位置时，绝对位置编码可能会对模型产生干扰，使得模型的准确性受到影响。

基于这个问题，我们采用了 Google 提出的相对位置编码作为改进方案。相对位置编码不直接对每一时刻所在的位置建模，而是参与每一时刻的自注意计算，并实时地对当前时刻上下文的相对位置进行建模。当位置足够远时，采用统一的可训练编码，以保证参数规模的可控性。

$$\boldsymbol{a}_{ij}^{\mathrm{K}} = w_{\mathrm{clip}}^{\mathrm{K}}\left(j-i,k\right) \tag{4.9}$$

$$\boldsymbol{a}_{ij}^{\mathrm{V}} = w_{\mathrm{clip}}^{\mathrm{V}}\left(j-i,k\right) \tag{4.10}$$

式中，$\boldsymbol{a}_{ij}^{\mathrm{K}}$、$\boldsymbol{a}_{ij}^{\mathrm{V}}$、$i$、$j$ 分别表示改进后的自注意计算中需要参与 Key、Value 计算的向量、当前中心词、需计算相关性的目标词；k 为最大建模范围。函数clip(·)的表达式如下：

$$\mathrm{clip}(x,k) = \max(-k,\min(k,x)) \tag{4.11}$$

从普通的中心词到目标词的注意力权重计算公式如下：

$$e_{ij} = \frac{x_i\boldsymbol{W}^{\mathrm{Q}}(\boldsymbol{X}_j\boldsymbol{W}^{\mathrm{k}})^{\mathrm{T}}}{\sqrt{d_z}} \tag{4.12}$$

相对位置编码参与后，注意力权重计算公式如下：

$$e_{ij} = \frac{x_i\boldsymbol{W}^{\mathrm{Q}}(\boldsymbol{X}_j\boldsymbol{W}^{k} + \boldsymbol{a}_{ij}^{\mathrm{K}})^{\mathrm{T}}}{\sqrt{d_z}} \tag{4.13}$$

训练时，相对位置编码需要在 Batch、Multi-head 维度上广播，导致了不必要的空间复杂度，式（4.13）的修改如下：

$$e_{ij} = \frac{x_i\boldsymbol{W}^{\mathrm{Q}}(\boldsymbol{X}_j\boldsymbol{W}^{k})^{\mathrm{T}} + x_i\boldsymbol{W}^{\mathrm{Q}}(\boldsymbol{a}_{ij}^{\mathrm{K}})^{\mathrm{T}}}{\sqrt{d_z}} \tag{4.14}$$

在上式中，维度的广播变为了矩阵乘法，减少了空间开销。同时，虽然计算量有所增加，但是整体复杂度取决于 Batch×Multi-head×Length×d_{model}×d_{model}（式中，

Length 为句子长度），但增量部分影响微小，基本不易察觉。T=3 时刻且最大相对长度为 3 的相对位置编码生成示意图如图 4-22 所示。

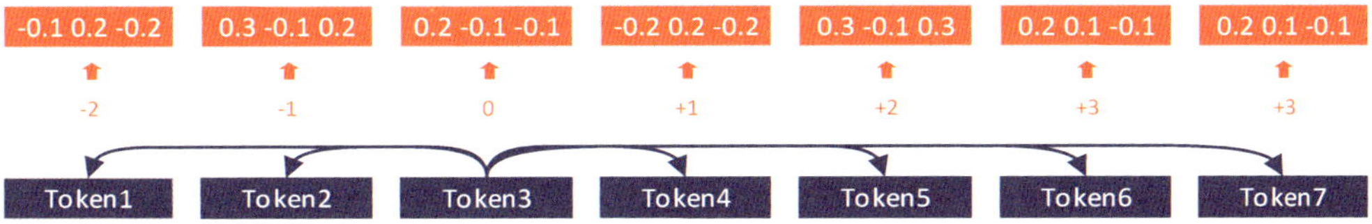

图 4-22　T=3 时刻且最大相对长度为 3 的相对位置编码生成示意图

2. 注意力通道加权

在 Vanilla Transformer 模型中首先提出将 Multi-head Attention 算法作为 Self-attention 的补充，思想上类似计算机视觉的 DepthwiseConv，期望模型能够在几个互不干扰的通道上各自提取不同方面的特征，最后使用一个 FF 层进行特征融合。

$$\text{head}_i = \text{Attention}\left(\boldsymbol{Q}\boldsymbol{W}_i^{\text{Q}}, \boldsymbol{K}\boldsymbol{W}_i^{\text{K}}, \boldsymbol{V}\boldsymbol{W}_i^{\text{V}}\right) \tag{4.15}$$

$$\text{Multi-head}\left(\boldsymbol{Q}, \boldsymbol{K}, \boldsymbol{V}\right) = \text{Concat}_i\left(\text{head}_i\right)\boldsymbol{W}^{\text{O}} \tag{4.16}$$

在 2017 年，软件营销部队（Salesforce）首先提出了一种针对 Transformer 模型中 Multi-head Attention 算法的改进算法 Branched Attention。该方法充分利用了模型各层的表征信息，使得训练效率相对更高。具体方案如下公式所示：

$$\text{head}_i = \text{Attention}\left(\boldsymbol{Q}\boldsymbol{W}_i^{\text{Q}}, \boldsymbol{K}\boldsymbol{W}_i^{\text{K}}, \boldsymbol{V}\boldsymbol{W}_i^{\text{V}}\right) \tag{4.17}$$

$$\overline{\text{head}}_i = \text{head}_i \boldsymbol{W}^{\text{O}} \times k_i \tag{4.18}$$

$$\text{Branched Attention}\left(\boldsymbol{Q}, \boldsymbol{K}, \boldsymbol{V}\right) = \sum_{i=1}^{M} \alpha_i \, \text{FFN}\left(\overline{\text{head}}_i\right) \tag{4.19}$$

上式中，引入了两个可训练 Branch 通道连接的累加权重 k、α，其中 k 具有在归一化前先进行缩放的功能，两者的结合也给模型带来了一定的可解释性。

在实践过程中，我们发现 Branched Attention 在总参数量保持不变的情况下，训练时增加了约 2 倍单步耗时及内 / 显存占用，而推理时由于 Batch Size 通常为 1 且无须保留用于计算梯度的中间结果，所以实际影响仅为 1.1 倍的单步推理耗时。但是当推理场景存在并发的需要或采取了 Dynamic Batching 策略时，实际推理 Batch Size 的增长将性能方面的问题暴露出来了。阿里在 WMT18 上发表的论文提出了一种改进方案，即在解码器中只将 Branched Attention 用在 Self-attention 上，而 Encoder Decoder Attention 则使用 Multi-head Attention，这在一定程度上缓解了训练时对计算资源的需求，改善了整体性能。表 4-1 是我们在 Transformer Big 超参数设置下，在 V100 型号显卡上测试的结果，我们根据这个数据在不同的场景中做出性能与质量的取舍。

表 4-1 在 Transformer Big 超参数设置下，在 V100 型号显卡上测试的结果

Job	Batchsize/Total Token	Sec/Step	Memory	Algrithm
Train	320/8k	1.1	16GB	Vanilla Multi-head Attention
Train	320/8k	2.3	32GB	Salesforce Branched Attention
Train	320/8k	1.8	16GB	Alibaba Branched Attention
Inference	4k/100k	7.1	16GB	Vanilla Multi-head Attention
Inference	4k/100k	8.4	32GB	Salesforce Branched Attention
Inference	4k/100k	8.0	32GB	Alibaba Branched Attention
Inference	1/25	0.36	5GB	Vanilla Multi-head Attention
Inference	1/25	0.40	5GB	Salesforce Branched Attention
Inference	1/25	0.38	5GB	Alibaba Branched Attention

3. 多语种模型

目前世界上有近五千种语言，其中常用语言也有上百种。因此，需要设计一种多语言模型，以解决部署成本及低资源语种对问题。我们主要参考 Google 在 2016 年发表的关于零样本机器翻译迁移学习的论文，将其应用于 Transformer 模型上并做出了一些改进。

如图 4-23 所示，除了将目标语言空间通过初始向量的方式引入解码器，我们还用一个额外的目标语言空间对编码器进行干预。

训练结束后，我们对这两个不同的目标语言空间进行可视化，发现语种之间的

相对关系有一些明显的差异，这说明目标语言空间在编码器和解码器中分别建模的意义，如图 4-24 所示。

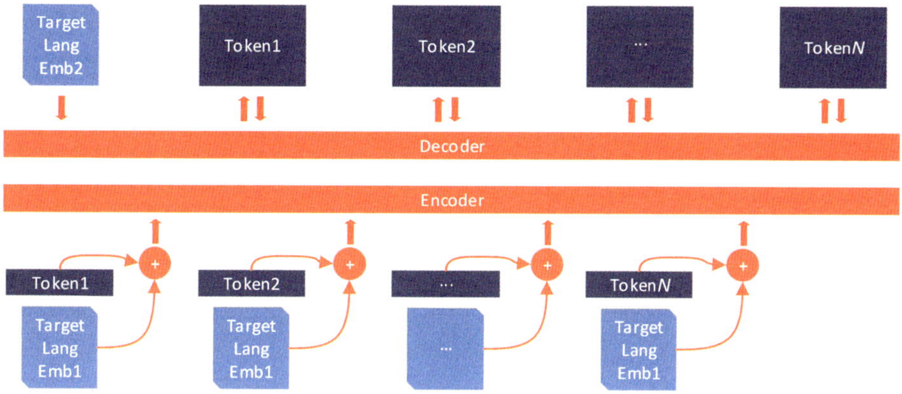

图 4-23 基于 Transformer 模型的多语言任务机器翻译模型

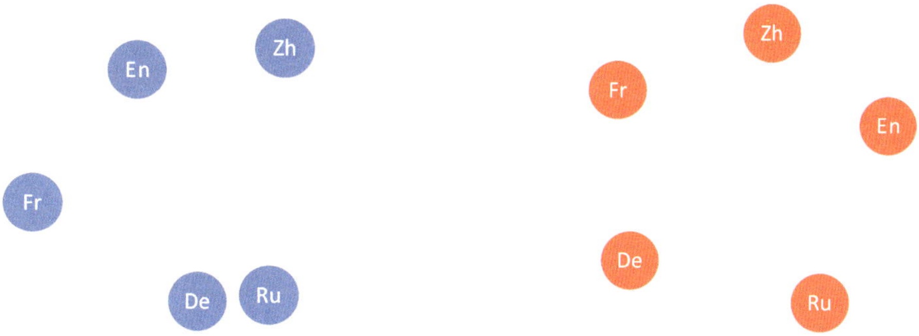

图 4-24 编码器中的目标语言空间（左）和解码器中的目标语言空间（右）

应用上述方法，在低资源甚至零资源的语言对（如日韩、日德等）上也可以通过模型进行翻译了。同时，模型数量、参数量得到了较好的控制，这也给多语言混译带来了可能。我们将各语种按语系做了大致分区，用中文或英语作为中枢语言，以降低单个模型所需的复杂度。

4.4.2 建模技巧

模型的基本架构确定了以后，在实际落地的过程中还是会暴露出各种各样的问题，下面将一一讲述我们如何解决翻译平台在实际运行中碰到的问题。

1. 数据治理

领域适应一直是人工智能领域的一个重要问题，尤其是深度学习深受数据制约，往往现有资源的分布不同于线上真实场景的分布。为解决这类问题，我们在数据的采集和归纳上投入了大量资源，争取最大限度地使资源能够重复利用。

除了平行语料，我们还会收集各场景的线上单语数据、近期的新闻聊天单语数据等，并按照语种、领域进行划分。这类数据会影响模型的分词、预处理管道的形成，因此通过预训练或反译手段将这类信息应用于模型训练和调优。最终，我们在40多个数据源上梳理归纳了10多种不同使用场景的数据。此外，我们还尝试记录平行语料的产生方向（如该平行语料是由哪个语种翻译至哪个语种的）。训练时，综合考虑各语种对、语料方向、领域等数据元信息，根据当前训练进度进行动态采样，以调整模型接触到的训练数据分布。

2. 数据增强

模型的鲁棒性是各算法工程师常常需要考虑的问题之一。平移一下图像、换一个色调、改动几个像素点都会导致模型决策出现本不应该产生的变动，这曾困扰过许多人。在计算机视觉中解决此类问题的方法有很多，最简单的就是平移、缩放、旋转、裁剪等。但是，同样的情况在自然语言处理中就不那么容易了，人类语言通常会因为几个字甚至标点符号的变动而改变整句话的含义，类似的数据增强方案不能直接使用。

BPE算法是近年被机器翻译SOTA所广泛采用的分词方案，该算法起源于一种经典压缩算法，很好地解决了生成模型中产生OOV的问题，同时也控制了模型推理步数，从而兼顾了整体性能。Sentencepiece工具是Google基于BPE算法改进提出的子词切分工具，该工具实现了基于一元语言模型的Subword算法，以及配套的Subword Regularization策略，通过EM算法和一个启发式的迭代过程完成模型训练。由于整个分词模型可表示为概率分布的形式，因此我们可以通过动态规划采样出不同的分词结果并给出概率分布。将这一特性应用于翻译器中有利于提高模型在面对新句式时的分词容错率。该工具由 C++ 实现，可以在整个训练过程中实时进行，避免了采样带来的数据存储开销及硬盘容量限制。

我们也设计了一套多语言的自然语言处理工具包，通过简单的配置即可针对各个语种添加定制的规则。该工具包可用于规范文本，也可用于实时数据增强。通过内置的词法分析、句法分析及采样手段也可以为模型融入更多的语法结构信息，加强了其抗干扰能力。

3. 关键信息

在服务场景下，严谨性是至关重要的。在我们使用机器翻译的场景中，有各类时间、日期、地址、名称等实体，也常常会引入新的专业术语。准确地在译文中表达上述关键信息是一个不小的挑战。因此，我们尝试了如下 2 种方案。

第一，设置一种特殊的 Mask Token 用于替代关键词。若在解码过程中出现该类 Token，则利用注意力矩阵找出与原文中相关性最大的同类 Token 予以替换，或者通过预置词典翻译。该方案相对可靠且不增加性能负担，但是需要通过各类词对齐及词性句法标注工具添加训练数据，并且非常依赖基础工具的齐全性及平行语料的质和量。

第二，参考 Tensor2Tensor 开源工具针对低频统一码字符的处理方案，直接使用前后添加两个常用特殊标记的统一码号进行翻译，几乎无须更改模型。由于数字和特殊标记的翻译在普通文本中大量存在，并且作为常见的天然多语言锚点，可以更好地在多语言学习中借助语料资源丰富的语种在一些小语种及低资源语种上进行迁移。但是这样容易发生引起歧义的情况，如特殊标记翻译不全、序号越界等，同时也变相增加了一定的推理步数，从而影响模型的性能。通过一些规则进行消歧可以避免大部分问题。

4. 漏译现象

传统的 GNMT 翻译模型使用了 BeamSearch 算法，并通过 α、β 系数控制模型在推理步数和覆盖率上的倾向。我们将该覆盖率引入 Transformer 模型中公式如下：

$$\text{Coverage}(x;y)=\beta\times\frac{1}{|X|}\sum_{i=1}^{|X|}\text{Max}_{\text{Layer}}\left(\log\left(\text{Max}_{\text{Head}}\left(\text{Min}\left(\sum_{j=1}^{|Y|}a_{i,j},1.0\right)\right)\right)\right) \tag{4.20}$$

式中，$|X|$ 代表输入句长度；$|Y|$ 代表输出句长度；$\text{Max}_{\text{Layer}}$ 代表多层解码器取最值；Max_{Head} 代表 Multi-head 通道取最值；$\alpha_{i,j}$ 代表输入句第 i 个词与输出句第 j 个词之间的归一化相关性（可根据编码器与解码器之间的注意力权重矩阵获取）。

综上所述，我们考虑了实际模型中多层、多通道的结构，并且只将覆盖率用于最后的重拍（Rerank）过程，防止对解码过分干预。

5. 推理缓存

Transformer 模型在推理时不同于训练，是逐步进行的，即每生成一个新词就要重新计算和之前时刻之间的自注意力结果。但是已经在之前参与过计算的 K 和 V 理应不必做重复的空间变换操作，而可以在初次计算时直接进行缓存，再次需要时从缓存中提取并和新 Q 进行连接操作，然后进行后续计算，以有限的空间代价换取时间。在实践中，这样的机制平均可以节省 1.5 倍左右的时间，在长句推理上效果尤其显著。我们在使用相对位置编码的模型上复现了该机制，并在推理中取得了良好的效果，相关工作也被 Tensor2Tensor 所采纳。

4.4.3 翻译质量评估

翻译质量评估是服务质量的保证。专业译员进行人工质量评估是最可靠的，但是随着算法迭代周期的缩短及语种对支持数量的增长，人工评测显然不能完全满足需求。因此，开发人员利用现有的数据资源进行预评测，以掌握模型的大致表现，并仅在需要时发起人工评测，极大地提升了质量评估的效率。

1. 无监督词典

Berkeley Aligner 是一个统计机器翻译工具，能够对齐双语平行句级的文本。通过 EM 算法联合训练两个简单的非堆成的 HMM 模型，最大化数据的似然和模型的一致性，能够实现非监督的对称性词对齐。

Muse 是 Facebook 提出的可不借助任何平行语料的无监督翻译建模方法，该方法的基本思想是将来自不同语言的句子映射到同一个空间进行翻译。该方法使用生成对抗网络，生成器学习映射关系，使得判别器不能区分词向量映射后的来源；相反，判别器尽力区分词向量是来自源语言还是来自目标语言。

$$L_{\mathrm{D}}\left(\theta_{\mathrm{D}}|W\right)=-\frac{1}{n}\sum_{i=1}^{n}\log P_{\theta_{\mathrm{D}}}\left(\mathrm{src}=1|Wx_i\right)-\frac{1}{m}\sum_{i=1}^{m}\log P_{\theta_{\mathrm{D}}}(\mathrm{src}=0|y_i) \tag{4.21}$$

$$L_{\mathrm{G}}\left(W|\theta_{\mathrm{D}}\right)=-\frac{1}{n}\sum_{i=1}^{n}\log P_{\theta_{\mathrm{D}}}\left(\mathrm{src}=0|Wx_i\right)-\frac{1}{m}\sum_{i=1}^{m}\log P_{\theta_{\mathrm{D}}}(\mathrm{src}=1|y_i) \tag{4.22}$$

式中，D 和 G 分别代表判别器和生成器；θ_{D} 为判别器参数；W 是学习到的线性映射，$P_{\theta_{\mathrm{D}}}\left(\mathrm{src}=1|z\right)$表示 z 向量来自源语言，否则表示来自目标语言；m 和 n 分别代表目标语言和源语言词向量个数。

Berkeley Aligner 需要大量平行语料，并且用于生成一对多词典时难以给出各个候选词的归一化概率，但是 Berkeley Aligner 的词对齐结果可以作为数据应用于关键词翻译模型的训练。而 Muse 建立的模型更平滑，并且不需要平行语料，训练速度通过 GPU（图形处理器）加速也比传统模型的训练速度更快，也可以作为初始化词向量进行下一步建模；它的缺点在于要求语言之间具有一定的相似性。

2. 无监督通顺度打分

我们使用语言模型来为译文做通顺程度打分，最简单的 Transformer LM 只能学习段内的序列关系，即将很长的文本切分成段，分别学习每一个段、段与段之间有无信息流通。这样的语言模型不能俘获超过段长的依赖关系，也不能使用几句话之前出现的单词。段的切分破坏了语义关系，段与段之间不存在上下文依赖，每段都需要从头训练，这样不仅会影响训练效率，而且会影响模型性能。

Transformer-XL 通过重复使用段级循环状态及启用相对位置编码来克服 Transformer 模型的缺点。在训练过程中，前段文本计算的隐藏层状态会被固定并缓存；后段文本的每个隐藏层都会接收两个输入，即该段的上级隐藏层输出和前段的上级隐藏层输出，反向传播至前段的梯度将被截断，从而不对相应参数进行更新操作。相对位置编码则如 4.4.1 节所述。

总结 Transformer-XL 中重要的关系如下：

$$\tilde{\boldsymbol{h}}_r^{n-1} = \left(\mathrm{SG}\left(\boldsymbol{h}_{r-1}^{n-1}\right), \boldsymbol{h}_r^{n-1}\right) \tag{4.23}$$

$$\boldsymbol{q}_r^n, \boldsymbol{k}_r^n, \boldsymbol{v}_r^n = \boldsymbol{h}_r^{n-1}(\boldsymbol{W}_q^n)^{\mathrm{T}}, \boldsymbol{h}_r^{n-1}(\boldsymbol{W}_{k,E}^n)^{\mathrm{T}}, \boldsymbol{h}_r^{n-1}(\boldsymbol{W}_v^n)^{\mathrm{T}} \tag{4.24}$$

$$\boldsymbol{A}_{r,i,j}^n = (\boldsymbol{q}_{r,i}^n)^{\mathrm{T}} \boldsymbol{k}_{r,j}^n + (\boldsymbol{q}_{r,i}^n)^{\mathrm{T}} \boldsymbol{W}_{\boldsymbol{k},\boldsymbol{R}}^n \boldsymbol{R}_{i-j} + \boldsymbol{u}^{\mathrm{T}} \boldsymbol{k}_{r,j} + \boldsymbol{v}^{\mathrm{T}} \boldsymbol{W}_{\boldsymbol{k},\boldsymbol{R}}^n \boldsymbol{R}_{i-j} \tag{4.25}$$

式中，r 表示当前的段索引；n 表示隐藏层索引；SG(·) 表示梯度截断；i 和 j 是单词位置索引。注意力分数包含四项，第一项是内容权重，第二项是内容与相对距离的权重偏差，第三项是可学习的内容偏差，第四项是可学习的位置偏差。

3. 综合算法

结合双语对照词典、统一词向量空间与通顺度打分，我们可以建立一种低资源情况下的双语翻译质量评估方法，评估公式如下：

$$\mathrm{Score} = \alpha \times \mathrm{Cov}\left(\boldsymbol{S},\boldsymbol{T}\right) + \beta \times \frac{1}{|i|}\sum_i \mathrm{Min}_j \left\|\boldsymbol{S}_i - \boldsymbol{T}_j\right\| + \mathrm{LM}(\boldsymbol{T}) \tag{4.26}$$

式中，α 和 β 为系数；Cov 为通过词典计算的覆盖率；$\boldsymbol{S}_i$ 和 $\boldsymbol{T}_j$ 分别为输入和输出在 i 和 j 位置上的统一空间词向量；LM(·) 为语言模型。通过在测试数据丰富的语种对上最大化本方案得分与标准 Bleu 评分之间的相关性为 α、β 系数确定一个经验值。

通过技术的不断更迭，我们的机器翻译服务质量逐渐能够满足实际场景的需求。在客服、订单、事件、IM、产品等各类内外部系统中都能够看见机器翻译服务为国际化做贡献的身影。随着场景的铺开，各场景在质量、性能、服务方式上的个性化与多样性面临着更大的挑战。在这样一个拥有巨大提升空间的背景下，配合向海外市场不断拓展的公司战略，我们会继续完善技术建设，为互联网旅游行业带来最佳的用户体验。

4.5 证件全文本识别

携程作为一家旅游服务公司，一直以用户为中心，为上亿用户提供旅游服务。用户在下单过程中不可避免地需要使用各类证件（如护照、身份证等），填写证件上的身份信息，如姓名、出生日期、证件号等。为了节省用户的录入时间，避免用户录入错误，提升用户体验，携程需要为用户提供自动识别证件中的文本功能，而深度学习在精准地提取图片中的文本及文本识别方面有不错的效果。因此，我们团队将深度学习应用到证件全文本识别中，只需要通过用户拍照或上传一张图片就可识别证件上的文本信息。

本节主要介绍文本识别的基本流程及深度学习在文本识别上的实践，还将重点介绍深度学习在文本检测方面的应用及文本识别在证件文本上的应用。

4.5.1 文本识别简介与发展历程

光学字符识别（Optical Character Recognition，OCR）简称文字识别，其目标是对图像中的字符进行分析识别，并将其转换为文本格式。OCR 利用模式识别和数字图像处理技术解决文字输入问题，是一种非常快捷、省力的文字输入方式。传统 OCR 是对扫描文档图像进行处理后识别图像中的文字；场景文字识别（Scene Text Recognition，STR）是指识别自然场景图片中的文字信息，其难度远大于扫描文档图像中的文字识别。而现在我们说的 OCR 技术泛指所有图像的文本检测和识别技术，包括传统扫描识别和场景文字识别。

OCR 是计算机视觉领域的一个重要研究方向，其中，计算机视觉是一门研究如何使机器“看”的科学。更进一步地说，OCR 是指用摄影机和计算机代替人眼对目标进行识别、跟踪和测量，并进一步做图像处理，用计算机处理成更适合人眼观察或传送给仪器检测的图像。

OCR 的概念是在 1929 年由德国科学家 Tausheck 最先提出来的，后来美国科学家亨德尔（Handel）也提出了利用技术对文字进行识别的想法。而最早对识别印刷体汉字进行研究的是 IBM 公司的凯西（Casey）和纳吉（Nagy），1966 年，他们发表了第一篇关于印刷体汉字识别的文章，采用模板匹配法识别了 1000 个印刷体汉字。1870 年，由美国发明家凯里（Carey）发明的使用光电池镶嵌的图像传输系统的视网膜扫描仪被认为是世界上第一个 OCR 发明。1998 年，扬・勒丘恩等学者提出了 LeNet-5，它是一种用于识别数字的卷积神经网络。2004 年，陈和尤里提出了将在自然场景中识别并理解文字的任务分解为文本识别和文本理解两个部分。2005 年，惠普公司和拉斯维加斯大学联合推出了免费的跨平台 OCR 引擎 Tesseract。2014 年，Jaderberg、Vedaldi 和西塞曼（Zisserman）提出了利用 CNN 建立应用于自然图像文字识别的端到端（end-to-end）的分类器。近年来，随着深度学习的快速发展，CNN 和 RNN 也被应用于 OCR 中。

4.5.2　文本识别步骤

一般来说，识别图像中的文字包含如下两个步骤。

文本检测：寻找图像中需要识别的文字所在的位置。

文字识别：对检测出的文本区域内的所有文字进行识别，并将其转换为字符。

OCR 文本识别的流程图如图 4-25 所示。

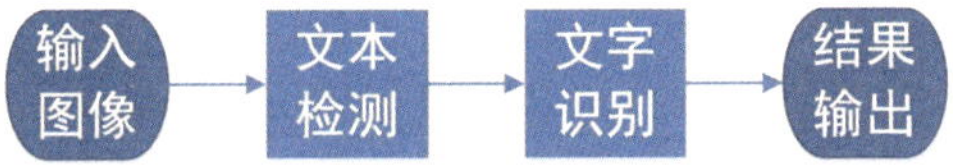

图 4-25　OCR 文本识别的流程图

4.5.3　文本检测

随着深度学习的发展，深度学习已经被广泛应用于各个领域，特别是图像检测、图像分类、图像识别等领域。下面介绍深度学习在文本检测方面的应用。

文本检测是从图像中寻找文字所在的区域，检测的准确度与精度的高低直接影响识别的准确率。

文本检测可以看成特殊的目标检测，但它不同于目标检测，在视觉领域中通用目标检测方法有 Faster RCNN 和 SSD（Single Shot MultiBox Detector）等。其中，Faster RCNN 是格尔西克在 2016 年提出的，其目标是寻找紧凑包围被检测对象的边框（Bounding Box），并且将特征提取、proposal 提取、Bounding Box Regression 和 Classification 整合在一个网络中，使检测速度较快。SSD 是在 2016 年提出的一种全卷积目标检测算法，比 Faster RCNN 更有速度优势。通用目标检测方法用于文本检测时，由于文本行不同于常规物体，其长宽变化比较大且具有方向性及不同的背景干扰，因此文本检测的效果不是很理想。

针对上述问题，近年来研究者提出了很多文本检测方法，如 EAST、CTPN、SegLink、PixLink、TextBoxes、TextSnake、MSR 等。其中，CTPN 是目前流传最广、影响最大的开源文本检测方法，对于检测水平或轻微倾斜的文本行有不错的监测效果。

在 CTPN 模型的图像检测步骤中，前端使用 VGG16 作为基础网络来提取字符的局部图像特征；中间使用 BiLSTM 层提取字符序列的上下文特征，然后通过 FC 全连接层；末端经过检测分支输出各个文字块的坐标值和分类结果概率值，并在后处理阶段，合并相邻的小文字块作为文本行。CTPN 模型的图像检测步骤主要包括三部分：检测小尺度文本框、循环连接文本框、文本行边细化，详细步骤如下。

① 使用 VGG16 作为基础网络提取特征，得到 conv5_3 的特征作为特征图谱，其大小是 $W \times H \times C$。

② 在上述的特征图谱中进行滑窗，窗口大小为 3×3，每个窗口都得到一个长度为 $3 \times 3 \times C$ 的特征向量，该特征向量用来预测 k 个锚点的偏移，即每个窗口中心会预测 k 个 text proposal。

③ 将上一步得到的特征向量输入一个双向的 LSTM 中，得到长度为 $W \times 256$ 的输出，然后接一个 512 的全连接层，准备输出。

④ 输出层部分主要有三个输出：$2k$ 个垂直坐标，因为一个锚点是用中心位置的

高（y 坐标）和矩形框的高两个值表示的，所以有 $2k$ 个垂直坐标；$2k$ 个分数，因为预测了 k 个 text proposal，所以有 $2k$ 个分数，文本和非文本各有一个分数；k 个 side-refinement，这部分主要是用来精修文本行的两个端点的，表示每个 proposal 的水平平移量。

⑤ 使用一个标准的非极大值抑制算法来滤除多余的 text proposal。

⑥ 最后使用基于图的文本行构造算法，将得到的各个文本段合并成文本行。

CPTN 算法流程图如图 4-26（图片来自论文）。其中，k 个锚点的设置如下：宽度固定为 16 像素，高度为 11 像素～273 像素，每次乘 1.4 的像素变化（可根据实际需求适当调整）；预测的 k 个垂直坐标如下：

$$v_c = \left(c_y - c_y^a\right) / h^a,\quad v_h = \log\left(h / h^a\right) \tag{4.27}$$

$$v_c^* = \left(c_y^* - c_y^a\right) / h^a,\quad v_h^* = \log\left(h^* / h^a\right) \tag{4.28}$$

其中，$v=(v_c,v_h)$ 是回归预测的坐标；$v^*=(v_c^*,v_h^*)$ 是 Ground Truth；c_y^a 和 h^a是锚点的中心 y 坐标和高度。

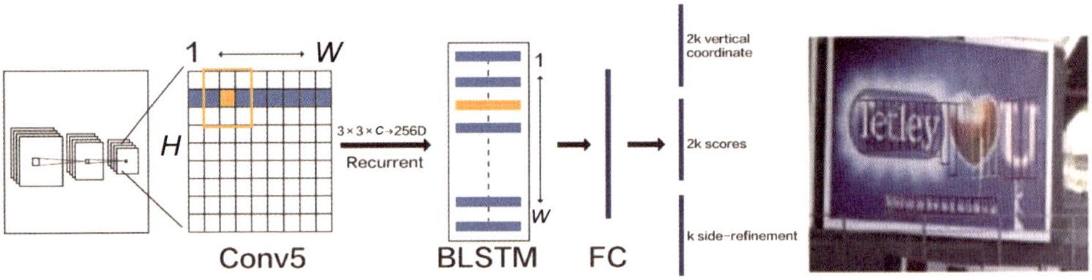

图 4-26 CTPN 算法流程图

CTPN 文本检测使用 end-to-end 网络，其模型的损失函数包含三部分：文本/非文本损失；垂直坐标损失；侧边改进偏移损失，具体公式如下：

$$L\left(s_i, v_j, o_k\right) = (1/N_s)\Sigma L_s^{\mathrm{cl}}\left(s_i, s_i^*\right) + (\lambda_1 / Nv)\Sigma L_v^{\mathrm{re}}\left(v_j, v_j^*\right) + (\lambda_2 / N_o)\Sigma L_o^{\mathrm{re}}\left(o_k, O_k^*\right) \tag{4.29}$$

4.5.4 文本识别

文本识别的目标是从分割出的文字区域识别对应的文本内容。近年来随着深度学习的发展，OCR 由传统机器视觉方法向深度学习进行转变，深度学习使得识别技术发生了巨大的改变，即由经典的模式识别技术（手工设计的特征提取加分类器）到主流模式识别技术（无监督中层特征学习），最后到深度学习识别技术（端到端的层级特征学习）。

传统计算机视觉方法模型为 $y = f(I)$，它通常是高度非线性的。传统的机器视觉建模方法采用两段式方法，即特征提取加分类器训练，常用的图像表示的特征有 Gabor、SIFT、HOG、LBP、POEM、LGBP 等。深度学习将特征提取模块与任务训练模块协同优化，打破了原来的两段式方法。目前基于循环神经网络文字识别算法的两个主要框架为 CNN+RNN+CTC（CRNN+CTC）和 CNN+Seq2Seq+Attention，这两个框架在此不详细展开。

4.5.5 文本识别在证件识别中的应用实践

传统的文本识别主要包括如下图像处理技术：图像预处理（如边缘检测、倾斜校正、图像降噪、图像缩放、裁剪等）、文本检测（提取图像中文本所在的区域，一般以行文本进行提取）、字符分割（将行文本分割成单个字符）、字符识别（识别出文本中所有的文字）、后处理（根据先验知识或语义上下文关系，对识别结果进行纠正）。

针对证件文本的特殊性及各类证件的共性，我们团队从实际情况出发，结合传统方法和深度学习各自的优点，实现了各类证件文本的识别，其算法流程图如图 4-27 所示。

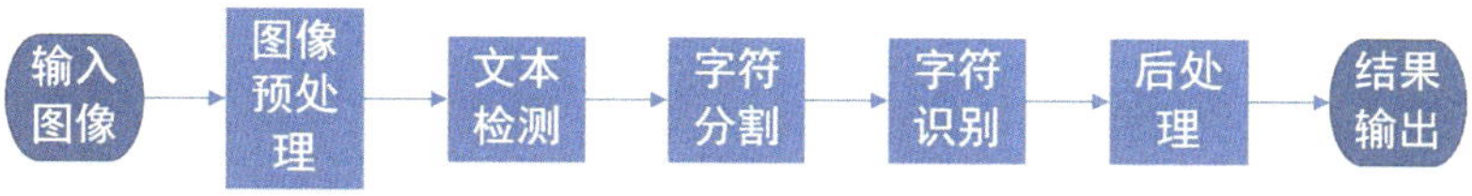

图 4-27 OCR 算法流程图

对于流程图中的文本检测，我们采用了 4.5.3 节中描述的 CTPN 文本检测方法，但是我们的训练数据不同于 CTPN 文本检测中的通用数据，我们做了一些有针对性的训练数据，使得文本检测的准确度更高。

由 OCR 算法流程图可知，我们的算法不同于目前深度学习完全端到端的过程，而是加入了一些图像预处理和后处理等步骤，以进一步提高识别的准确率。下面就各个步骤做详细介绍。

首先，我们会对图像进行预处理，主要包括图像缩放、倾斜校正、边缘裁剪，通过这些预处理，我们可以初步定位出待识别的文字区域，这样不仅可以进一步提高文本检测的精度（通过预处理，我们初步定位到了目标识别区域，去除了背景区域的干扰），而且裁剪后的图像与训练数据更接近，匹配度也更高。为了定位目标区域，我们会用一些特征提取来快速定位，如通过快速定位证件中的人脸或其他特征。

其次，我们使用 CTPN 模型对预处理后的图像进行文本检测，由于我们对不同证件采取了有针对性的训练数据，因此，我们的文本检测会更加精准，而且不同于通用的文本检测需要大量的训练数据，我们的训练样本只需要 3000 左右的训练数据就可以达到非常好的效果。接着，我们会提取待识别的行文本，并进行字符分割，其主要原因是当前整行文本的识别准确率并没有那么高，而且我们的分割算法对字符的切割非常精准，能够对字符做到完全绑紧；通过字符分割后，我们就只需要对单个字符进行识别，目前单个字符的识别技术已经非常成熟，只要单个字符切割绑紧到位，即使使用最简单的模型进行匹配也能达到良好的识别效果。

通过上述一系列过程，我们虽然得到了识别结果，但是，由于图像的差异性及有些图片本身模糊不清，部分识别结果错误，因此，我们最后会通过后处理来纠正一些识别错误的结果，我们利用大数据处理方法及一些有针对性的后处理方法来纠正识别结果，从而提高最终的识别准确率。

本节首先介绍了 OCR 的发展历史及 OCR 识别的主要过程；其次介绍了 OCR 识别的两个过程：文本检测和文本识别，并对我们的算法中用到的 CTPN 文本检测进行了详细介绍；最后详细介绍了我们的 OCR 算法在证件文本识别上的应用。目前我们团队的 OCR 算法应用到各类证件文本的识别上，并取得了不错的效果，相比业内其他专业公司的 OCR 识别，在某些项目识别和整体识别准确度上有了一定的提升。但是，目前我们的 OCR 算法对部分场景仍然具有单一性和针对性，没有完全覆盖各类场景，我们会继续探索更多的机器学习方法来实现端到端的 OCR 识别，以应用到更多的识别场景中，同时也将我们研究的一些算法提取出通用或具有个性化的算法应用到各个场景中。

4.6 本章小结

本章结合携程实际场景，重点介绍了旅游垂域知识图谱、QA 问答、翻译和证件 OCR 等几个经典的 AI 服务，同时介绍了在服务化过程中所遇到的问题及相应的改进方法。深度学习和传统机器学习的结合为我们的服务化进程提供了良好的基石，相信在未来我们能够利用更多的先进技术提升模型效果，改善 AI 服务能力。

参考文献

[1] Dennis S，Landauer T，Kintsch W，et al. Introduction to latent semantic analysis[C]//Slides from the Tutorial Given at the 25th Annual Meeting of the Cognitive Science Society，2003.

[2] Deerwester S，Dumais S T，Furnas G W，et al. Indexing by latent semantic analysis[J]. Journal of the American Society for Information Science，1990，41(6)：391-407.

[3] Hofmann T. Unsupervised learning by probabilistic latent semantic analysis[J]. Machine Learning，2001，42(1-2)：177-196.

[4] Blei D M，Ng A Y，Jordan M I. Latent dirichlet allocation[J]. Journal of Machine Learning Research，2003(3)：993-1022.

[5] Mikolov T，Chen K，Corrado G，et al. Efficient estimation of word representations in vector space[C]//1st International Conference on Learning Representations(ICLR), 2013.

[6] Huang P S，He X，Gao J，et al. Learning deep structured semantic models for

web search using clickthrough data[C]//Proceedings of the 22nd ACM International Conference on Information & Knowledge Management，2013.

[7] Lu Z，Li H. A deep architecture for matching short texts[C]//Advances in Neural Information Processing Systems，2013.

[8] Ji Z，Lu Z，Li H. An information retrieval approach to short text conversation[J]. arXiv preprint arXiv：1408. 6988，2014.

[9] Hu B，Lu Z，Li H，et al. Convolutional neural network architectures for matching natural language sentences[C]//Advances in Neural Information Processing Systems，2014.

[10] Wan S X，LanY Y，GuoJ F，et al. A deep architecture for semantic matching with multiple positional sentence representations[C]//AAAI，2016.

[11] Liang P，Lan Y Y，Guo J F，et al. Text matching as image recognition[C]//AAAI，2016.

[12] Feng M，Xiang B，Glass M R，et al. Applying deep learning to answer selection：a study and an open task[J]. TEEE，2015.

[13] Lai S，Xu L，Liu K，et al. Recurrent Convolutional Neural Networks for Text Classification[C]//AAAI，2015.

[14] Santos C，Tan M，Xiang B，et al. Attentive pooling networks[J]. arXiv preprint arXiv：1602. 03609，2016.

[15] Kim Y. Convolutional neural networks for sentence classification[J]. Proceedings of the 2014 Conference on Empirical Methods in Natural Language Processing(EMNLP)，2014.

[16] Vaswani A，et al. Attention is all you need[C]// Advances in Neural Information Processing Systems，2017.

[17] Matthew E P，et al. Deep contextualized word representations[J]. arXiv preprint arXiv：1802. 05365，2018.

[18] Yu J，Qiu M，Jiang J，et al. Modelling domain relationships for transfer learning on retrieval-based question answering systems in e-commerce[J]. WSDM，2018.

[19] Pennington J，Socher R，Manning C. Glove：global vectors for word representation[C]// Proceedings of the 2014 conference on empirical methods in natural language processing (EMNLP)，2014.

[20] Langley P，Meadows B，Gabaldon A，et al. Abductive understanding of dialogues

about joint activities[J]. Interaction Studies，2014，15(3)：426-454.

[21] Serban I V，Sordoni A，Bengio Y，et al. Building end-to-end dialogue systems using generative hierarchical neural network models[C]//AAAI，2016.

[22] Sordoni A，Galley M，Auli M，et al. A neural network approach to context-sensitive generation of conversational responses[J]. NAACL-HLT，2015，6(5)：196-205.

[23] Tian Z，Huang W，He T，et al. Detecting text in natural image with connectionist text proposal network[C]//European Conference on Computer Vision，2016.

Ctrip
Artificial
Intelligence
携程人工
智能实践

第5章
AI助力产品运营

近年来，随着人们生活水平的提高，单纯的低价格对于用户来说已经没有太大的吸引力了，取而代之的是产品的品质感、趣味性及流行度。同时，现代生活的快消费要求产品在展现时必须具有高度用户黏性，以便有效吸引用户，使其进行点击、阅读、“种草”、购买。因此，内容化营销成为在线销售的流行趋势。

本章从 4 个维度介绍 AI 在助力产品运营方面的一些工作。

首先，对旅游场景中的主题图片自动优选进行详述，从图片分类、图片去重、优美度排序等多个方面进行综合阐述，通过多维度结合，获取与主题相关的优质图片，有效提高图片运营的效率。

其次，产品标签化是进行主题产品推荐的基础，知识推理能够有效地通过各种方法获取新的知识或结论，因此我们从知识推理入手，通过规则引擎来实现自动化打标系统，以提高打标效率和准确度。

产品内容化主要包括两个方面，一是已有产品及产品对应的内容，自动进行产品的优质内容发现。对于这部分我们详细阐述了优质内容抽取的模型和算法，同时在优质内容生成方面，主要对标题生成进行了介绍。二是已有文章，自动发现文章中对应的产品及相关优质内容，从而进行推送。这部分侧重于文章产品化，主要涉及命名实体的识别和链接。

5.1 旅游场景中的主题图片自动优选

5.1.1 业务场景

在旅游信息的获取方面，相比文字，图像信息是一种更直观的、和消费者交流的方式。图片是携程向用户展示吃喝玩乐住等旅游场景的重要手段之一。面对海量的图像信息和“井喷式”的图像数量增长，依靠人工挑选图片的工作已经不能满足业务需求。深度学习的兴起使得图像智能化处理成为可能，图像处理技术广泛应用于安防、金融、医疗、交通、工业制造等领域，而与 OTA 行业的结合是一个相对比较新的课题。

主题是内容化场景的核心，对于 OTA 行业而言，是一个强命题。通过主题及与主题相关的产品能够快速有效地满足用户的需求和偏好，从而打动用户。因此，如何快速挑选出与主题相关的优质图片成为难题。

携程主题图片自动优选主要包括图片分类、图片去重、图片优美度排序三个维度。图片分类从不同维度来定义相关的标签体系，首先通过梳理负面标签进行图片过滤，其次通过定义主题标签来保证场景主题的映射，最后通过定义特色主题来辅助图片优选。同时由于图库中存在大量的重复图片，因此图片的自动去重能够有效地减少候选图片的数量。另外，通过图片优美度排序，对主题图片进行自动优选，使得与主题相关的美图能够在顶部位置进行展示。图片优美度排序能辅助人工选图，提高主题推荐的质量和效率。

5.1.2 图像识别

图像识别研究的是如何使机器通过学习现有知识来获取新技能和新知识，最终掌握识别图像的能力。通俗地讲，图像识别是让机器学习现有样本中不同类别图像的主要特点，然后通过学习到的经验将海量未知标签的图像识别出来。学习方法按照是否需要分类好的样本数据分为有监督学习（Supervised Learning）、无监督学习（Unsupervised Learning）和半监督学习（Semi-supervised Learning）。我们采用深度学习方法，通过构建具有多个隐藏层的深度学习模型在海量的训练数据中学习有用的特征，最终提升分类或预测的准确率。

传统方法尝试将图像特征量化，设计一些可快速计算的特征，辅以特征分类模型对图像进行识别。经典的人工设计特征有 SIFT、HOG、LBP、图像直方图、PCA 特征等，分类器有 Boosting、SVM、随机森林、BP 神经网络等，研究人员利用这些特征和分类器可以解决特定领域的一些识别问题。引发深度学习热潮的事件是在 2012 年，辛顿研究小组采用深度学习方法赢得了 ImageNet 图像分类比赛的冠军。辛顿研究小组采用 CNN 方法得到的分类准确率远超第二名，这个结果在计算机视觉领域产生了极大的震动。随着 PASCAL、ImageNet 等众多优秀的图像数据集的开放与共享，计算能力强大的 GPU 的出现，以及 CNN 的发展，针对计算速度、预测精度的经典网络不断出现，常见的经典网络包括 AlexNet、LeNet、GoogleNet、VGG-16、NiN、ResNet 系列等。CNN 成为深度学习在图像或视频领域应用最广泛和最成功的一种深度学习结构。

用户在旅游中的需求和主题场景结合最深，旅游行业常用的主题标签有樱花季、亲子游、滑雪、爬山、沙滩等。构建层级标签体系时，人们常对亲子游这类较为抽象的标签进行具象标签映射，如游乐园、沙滩对应亲子游，同时对过于笼统的标签进行细化，如赏花季对应樱花、油菜花等。通过对主题标签的梳理，构建完善的标签体系，形成适用于图片分类的标签集合。

利用大量已经标注好类别的主题场景图片训练一个卷积网络，这样就可以将携程图库中的海量图片分类到不同的 POI（Point of Interest）标签下，如图 5-1 所示。携程根据不同的业务场景需求，做出更人性化的旅游推荐，以满足用户的场景认同和感情认同。由于分类场景较多，人工标注场景分类样本的工作量极大，在分类样本数量不多的情况下，为了防止过拟合并获得较为理想的分类效果，我们采用迁移学习方法来训练模型，使用在 Place365 数据集[1]上训练好的、分类精度和速度都较好的 CNN 模型，从该模型中抽取某一中间层作为新图像的提取器，并应用到目标数据集中，利用提取的特征，学习新加入网络结构中的层级，完成整个迁移学习。

图 5-1 图像场景分类

在分类和回归问题中，我们通过构建一个关于 x 的模型来预测 y，其中 x 为模型的输入，y 为图像所属的类别，学习的目的是使得模型的预测结果与图像的实际标签的误差最小化。由于当前场景类别是根据旅游行业常用的主题进行定义的，因此标签类型规范不一，如沙漠和田园的类别差异明显，樱花和桃花的类别差异较小。同时，每个主题的数据样本量也极不均衡，因此，我们采用加入 L2 约束的 L2-Softmax Loss[2] 来优化场景分类，如式 5.1 所示：

$$L_{\mathrm{s}}=\mathrm{MIN}\left(-\frac{1}{N}\sum_{i=1}^{N}\log\frac{\mathrm{e}^{W_{y_i}^{\mathrm{T}}f(x_i)+b_{y_i}}}{\sum_{j=1}^{C}\mathrm{e}^{W_j^{\mathrm{T}}f(x_i)+b_j}}\right) \tag{5.1}$$

$$\|f(x_i)\|_2=\alpha,\ \forall_i=1,2,3,\cdots,N \tag{5.2}$$

式中，x_i 是规模为 N 的 mini-batch 内的一张输入图像；y_i 是第 i 个目标；C 是目标类别的数量；$f(x_i)$ 是最后的全连接层之前的特征描述量；$\boldsymbol{W}$ 和 b 是模型中可训练的权重和偏差。

L2-Softmax Loss 在模型学习过程中平衡关注输入的不同类别的样本，配合 BatchNorm 层能显著缓解样本类别不平衡的问题，进而让罕见样本有更大权重。这种技巧的使用加上常用的 DropOut，对于克服模型过拟合、提高泛化能力、提升网络在极端无约束环境中的识别性能有较大帮助。

5.1.3 图像去重

图像检索（CBIR）任务一直是计算机视觉领域中重要的研究课题，图像检索的要求是从海量图库中找出与待检索图片相似度最高的若干张图片。20 世纪 90 年代早期，研究人员尝试使用图像的全局特征、局部特征、卷积特征等对 CBIR 任务进行表征，并取得了卓越的成果。从 2003 年开始，基于 SIFT、BoW、Codebook、Fisher Vector、VLAD 的图像检索方法被广泛研究。近年来，基于 CNN 的模型展现出了令人赞叹的性能，孪生网络（Siamese Network）、成对损失函数（Pairwise Loss）、三元损失函数（Triplet loss）[3] 等新方法的提出不断提升图像检索的性能。基于传统特征的方法逐渐被基于 CNN 的方法取代，但是在某些方面，传统特征又可以作为 CNN 特征的补充。因此，现在的研究方向主要集中在聚合多元特征上，并结合传统特征和 CNN 特征，不断提升图像检索的性能。

图像去重是图像检索的一个基本应用。图像检索分为特征建库和特征相似度计算排序两个部分。图像检索的技术难点在于提取到的同一类型图像的特征需要满足如下几点：尺度不变性、旋转不变性、平移不变性、光照色彩不变性。为了达到较好的检索效果，图像的特征还需要满足公式 5.3 所示的条件。

$$|D_A - D_P| \ll |D_A - D_N| \tag{5.3}$$

式中，$|D_A-D_P|$ 表示锚点图像的特征与异类图像的特征的距离；$|D_A-D_N|$ 表示锚点图像的特征与同类图像的特征的距离。我们使用如图 5-2 所示的网络结构来优化模型，并进行距离度量学习（Distance Metric Learning，DML）。

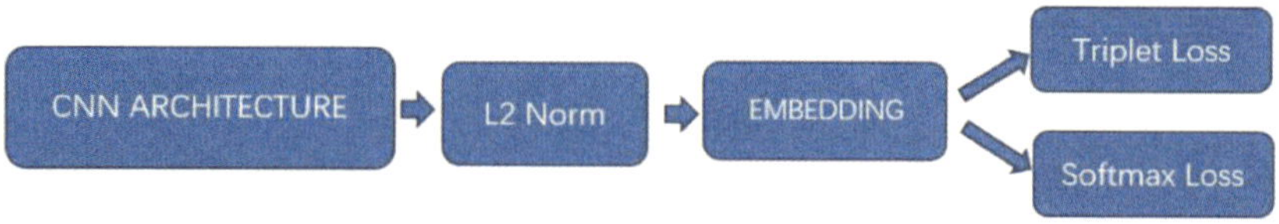

图 5-2 图像度量学习网络结构图

选取一个锚点样本，同时随机选取一个锚点样本的同类样本和异类样本输入模型中，计算它们的 Triplet Loss 和 Softmax Loss，其中，Triplet Loss 的作用是最大化异类样本和同类样本间的距离，其公式如式 5.4 所示。

$$L_t = \mathrm{MAX}\left(\left(|D_A - D_P| + \mathrm{Margin} - |D_A - D_N|\right), 0\right) \tag{5.4}$$

训练的最终目的是最小化 Triplet Loss(L_t) 和 Softmax Loss(L_s)，使得锚点样本与同类样本和异类样本的最小距离保持在 Margin 的同时，在整个训练集上有较好的分类效果。Triplet 的优化目标图如图 5-3 所示。

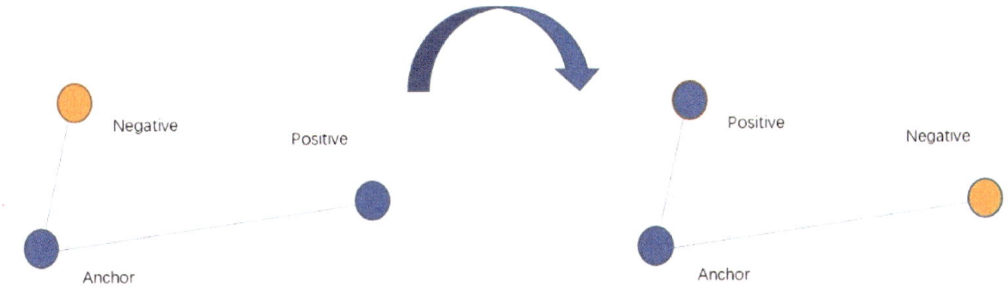

图 5-3 Triplet 的优化目标图

相比传统手工设计表征图像的颜色、纹理，如直方图、Hog、Sift、Haar 等特征，采用上述深度学习方法学习到的特征更为稳定，特征维数可控，特征冗余较小，鲁棒性强。图像检索一般采用离线提取特征、在线搜索匹配的方式，避免了海量图像特征重复计算问题，因此我们将每幅图像抽象成 128 维特征入库，检索时计算待检索图像特征与特征库中图像的相似度并排序，最终选取前 N 项查看检索命中的情况。

5.1.4 图像优美度识别

图像美感的量化是计算机视觉领域的一个问题，其主要目的是预测与人类感知相关的质量分数。与图像质量评价（Image Quality Assessment，IQA）处理的像素级的退化问题不同，美感评价提取图像中更高维度的语义层次特征。

图像美感评价主要分为两部分：特征提取与决策。传统的特征提取方法以人工设计的低层特征（颜色、纹理、清晰度等）和高层特征（景深、区域对比度等）作为图像的美感特征，通过训练一个分类器或回归模型，得到图像的美学质量评分。相较于传统方法，深度卷积神经网络拥有强大的自动特征学习能力，在图像美感评价方面展现出了良好的性能，成为解决该问题的主流方法。

美感的评估难点主要集中在全局语义与局部信息的特征提取上。为了兼顾全局语义特征与局部信息，研究者往往将整张图像与多次裁剪得到的图像片段同时作为输入。

鲁等人提出的 RAPID 模型 [4] 基于 AlexNet，采用多路网络，分别将整张图像与多次随机裁剪得到的部分图像作为输入，提取全局美学特征、局部美学特征，将质量评估作为二元分类问题，对图像美感进行预测。此外，该模型还通过使用图像风格监督或图像语义监督 CNN 合并图像风格信息来进一步提高模型的性能。A-Lamp 架构 [5] 采用特定的多次裁剪，而不是随机剪裁，并结合图像整体，能更有效地评估图像的美学质量。多次裁剪示意图如图 5-4 所示。

图 5-4　多次裁剪示意图

美感度模型的训练框架多使用分类方法进行最后的评分与决策。采用分类方法时，一般最后接一层 softmax，根据监督信息的不同，最后一层可以是判断图像美观与否的二元分类，也可以是对多人评价分布的拟合。前者将输出美观图片的概率作为美感度分数，后者将十个等级的评分求加权和得到最终结果。Google[6] 提出的 NIMA 模型通过学习每张图像的评分直方图，对任意给定的图像预测评级分布。该模型能够更准确地预测出人类的偏好。不同于以往的二分类处理，孔等 [7] 提出对图像美学进行排序，构造新的数据集，对每张图片的 8 个美学指标进行打分。通过对每个采样图像对的排序学习建立基础美学特征提取器，并添加属性预测等内容分支，对多任务学习方式进行微调。

在实际应用中，我们以基于 ImageNet 预训练的残差网络作为特征提取的基础模型。在模型输入方面，我们有选择地采用多次裁剪得到的多个图像块和经过填充后缩放到固定尺寸的整张图像作为输入，以兼顾全局信息与局部特征。在数据增广的处理方面，常用的数据增广方法难以应用在该问题中，裁剪会对图像的构图产生负面影响，缩放产生的形变影响图像的比例和分辨率，因此我们只使用了水平方向的翻转。

在数据的选择方面，我们筛选了覆盖旅游范围的多种场景数据，包括自然风光、建筑、室内环境等。值得注意的是，分数分布在中间档的数据通常处在模棱两可的状态，其数据量占比也比较大，若采用二分类的方法强行设定一个阈值来区分低质量和高质量，会产生许多错误的标注。因此，在正负样例的划分上需要特别注意，不要引入模糊数据。由于美感数据集获取不易，半监督、hard-mining 是优化模型的重要方法。在决策部分，我们分别尝试用二分类与十级评分分布直方图方法学习两种决策方式。由于评分分布需要大量人工标注的数据，难以迁移到实际场景的数据中，因此我们只能用该方法对美学数据集进行训练，以提升特征提取的效果。基于上述基础模型，我们又加入了自己标注的实际场景数据，使用浅层网络 finetuning 来进行微调，最终将美观图片的概率作为美感度分数。美感度评分网络如图 5-5 所示。

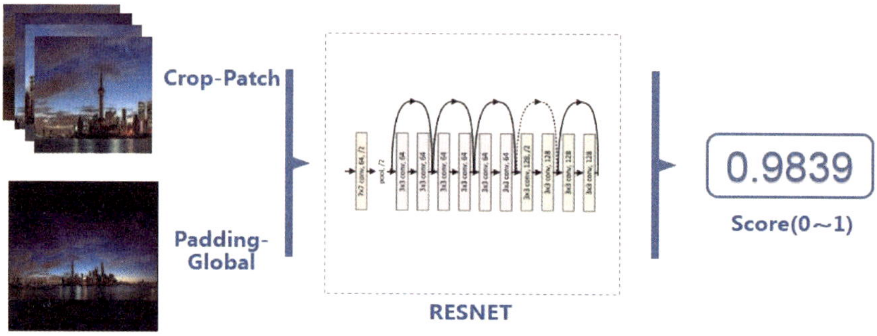

图 5-5　美感度评分网络

5.1.5　小结

旅游场景中的主题图片自动优选是图像 AI 落地 OTA 领域的一个应用，它可以对图片内容进行分类，识别场景的优美度，进而落地到具体业务场景，如 POI 配图、景点、酒店推荐等，可以极大地节省人工成本。图像识别促进了旅游服务质量的提高，但在进一步广泛应用之前，仍然有以下问题需要我们解决：提高模型的泛化能力；小规模和超大规模数据的拟合；全面细致的场景理解；识别网络的自动化设计；知识的自动获取和推理能力的自动增强。

5.2　知识推理在携程业务中的应用

2019 年第二季度的携程财报显示，携程旅游度假业务的营业收入为 11 亿元，同比增长 25%。随着旅游业务的快速增长，平台上的旅游产品数量也急剧增加。人工对产品进行打标的方式已经无法满足需求，构建实时性、智能化的标签系统变得越来越重要。

产品标签即对产品特征的抽取，已经在度假产品中广泛使用，但是目前产品标签数量多，分类较乱。标签规则大多偏定义型，需要人工审核，人工运营成本较高，并且因每个人对定义的理解不同，会造成打标误差。另外，标签规则仅能在产品申请打标的时候审核，当产品更改时无法判断产品是否符合标签规则，并且前端展示会有误差，无法为用户提供较为准确的产品特征说明。由于存在上述种种问题，构建一个面向运营人员友好的自动化标签系统迫在眉睫。

知识推理是指通过各种方法获取新的知识或结论，标签系统通过规则给现有的产品打上标签，属于知识推理的范畴，因此我们从知识推理入手，通过规则引擎来构建自动化标签系统。下面从三个方面介绍标签系统，首先，将介绍标签系统的业务背景和业务痛点；其次，将介绍标签规则配置平台的设计与实现；最后，是关于标签系统的小结。

5.2.1 标签系统的业务背景和业务痛点

1. 业务背景

以滑雪标签为例，原有的开发流程为：需求→开发→评估→上线，运营人员需要将标签以图 5-6 所示的形式表述出来。开发人员按照标签定义图中的逻辑，对产品库中所有的产品进行打标操作，具体操作为：编写 SQL →关联相关表→输出符合条件的产品 ID。开发完成之后，还需要对打标的结果进行评估和验证，最后通过上线流程，相关标签才会被添加到产品标签栏中。

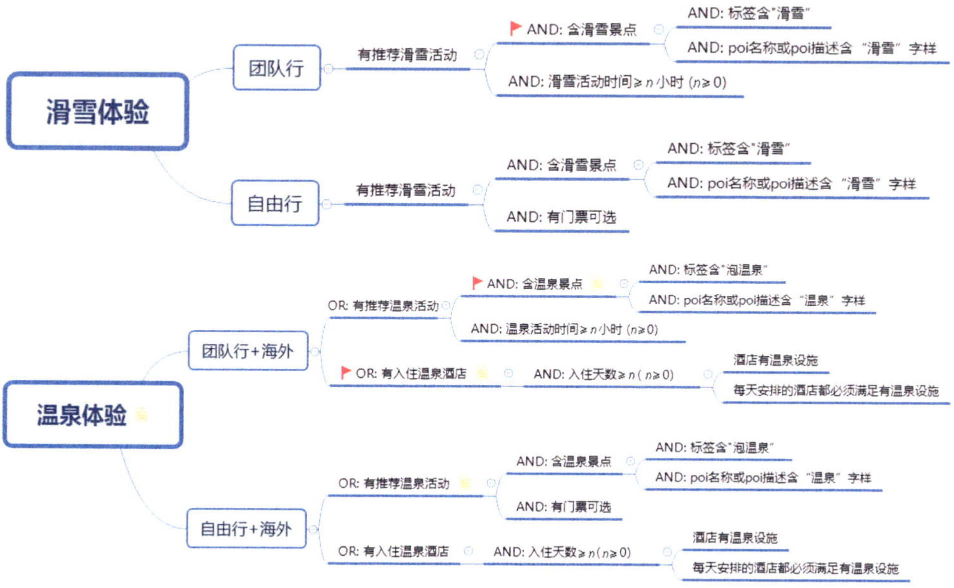

图 5-6 标签表述

2. 业务痛点

从图 5-6 所示流程可以看出，原有的标签系统存在以下几个问题。首先，开发流程过于冗长，一次标签开发可能需要 1 周或数周时间，标签的开发成本过高，每个标签之间并没有共用部分。其次，由于关联表过多，实际的 SQL 复杂，其打标的效率较低；同时，对于运营人员并不友好，不能直接编辑和设置标签规则，也不能敏捷地评估某个标签的效果，必须等待开发完成。最后，标签的维护成本高，对于需要修改相关标签的需求，其变动成本几乎等同于重新开发一个标签。

在后续章节中，我们将运用知识推理从根本上解决这几个问题。

5.2.2 标签规则配置平台的设计与实现

1. 资源知识图谱化

在原来的系统中，与度假产品相关的信息分散在很多表格中，我们将所有分散的信息全部整合到一个产品表中，并进行规范化处理形成产品对象，这份产品对象数据将在产品验证流程中使用，并且提供给运营部门的人员作为参考。字段类型和支持操作逻辑如图 5-7 所示。

字段类型（英文）	字段类型（中文）	支持操作逻辑（英文）	支持操作逻辑（中文）
Integer	数值型	>	大于
		>=	大于或等于
		<	小于
		<=	小于或等于
		=	等于
		!=	不等于
String	字符串型	==	全等于某个关键字
		!=	不等于某个关键字
		contains	包含某个关键字
		not contains	不包含某个关键字
		member of	属于某个字符串列表
		not member of	不属于某个字符串列表
		contains list	包含某个字符串列表元素
		not contains list	不包含某个字符串列表元素
List[String]	字符串列表型	listcontains	包含某个字符串列表元素
		list not contains	不包含某个字符串列表元素

图 5-7 字段类型和支持操作逻辑

2. 标签规则结构化

为了方便运营部门的人员清晰明确地表达标签规则，我们对标签规则进行了结构化定义。标签规则在标签系统中被定义为树形图的形式（见图 5-8），用其来表示逻辑组合、条件约束、执行动作。树形图中的节点分别为：逻辑节点、属性约束节点、函数节点。

① 逻辑节点：用来表示逻辑组合的与节点、或节点，本身没有约束，约束在其子节点上。

② 属性约束节点：对产品的属性施加各种约束的节点。

③ 函数节点：进行标签输出或中间变量输出。

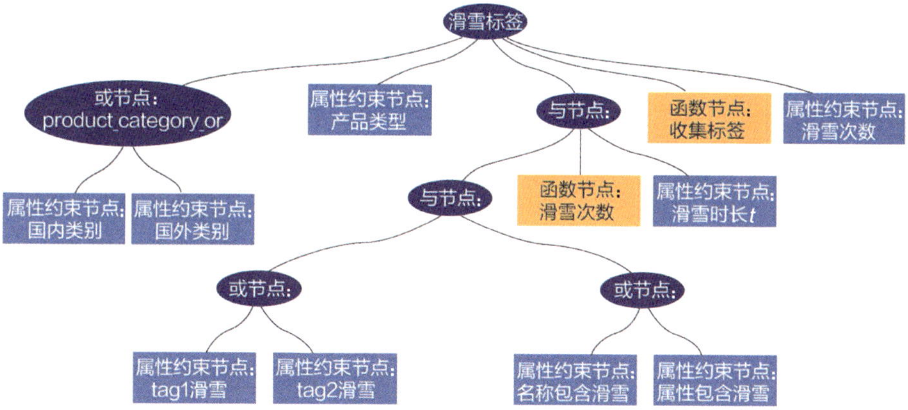

图 5-8 标签规则的树形图

3. 规则树解析——基于 Drools 规则引擎

Drools 规则引擎是用 Java 语言编写的开放源码规则引擎，使用 Rete 算法对所编写的规则求值。Drools 作为一个成熟的 BRMS（商业规则管理系统），可以将复杂的决策逻辑和应用代码分离，让非技术人员也可以参与规则的定义和管理。然而，Drools 规则引擎的规则定义是 drl 文件格式的，运营人员需要依赖技术人员编写的 drl 文件，没有实现流程的完全自动化。

为了解决这个问题，我们开发了规则树解析工具，该工具可以将结构化的规则树转换为 drl 文件。在标签规则配置平台上（见图 5-9），运营人员只需要以规则树的形式对所需开发的标签规则进行定义，这样就可以实时地测试这条规则，将对应的规则与产品库中的产品进行匹配，输出对应的标签结果。评估效果达到预期之后，可以对产品库中的所有产品进行批量打标，规则编辑与验证流程如图 5-10 所示。我们针对 Drools 的特性，对 drl 文件进行了优化，使 50 万件产品仅需 10 分钟即可完成全量验证和打标。

图 5-9 标签规则配置平台

（1）属性约束节点的解析

约束节点包括变量、操作符、操作值。

① 变量：产品对象的属性，多级的属性（属性的属性）可以使用级联的方式获取。

② 操作符：根据变量的不同，允许的操作符也不同。

③ 操作值：等于操作即需要描述等于多少。

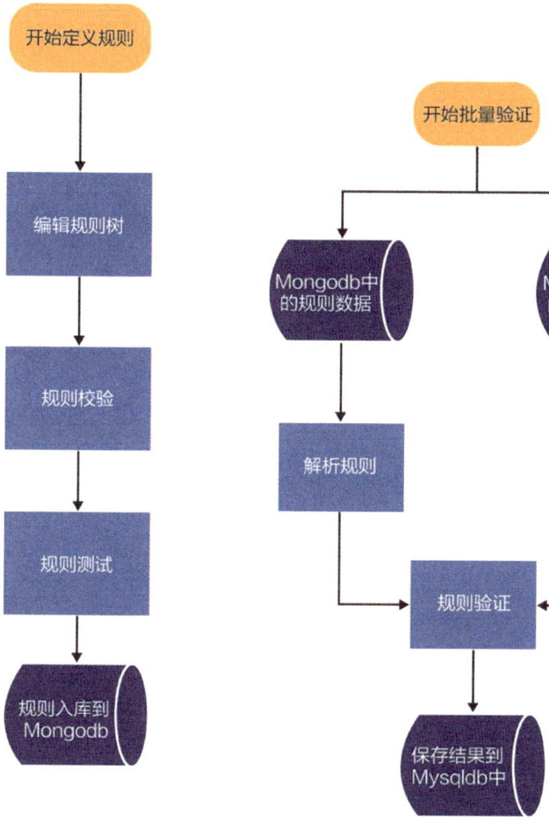

图 5-10　规则编辑与验证流程

（2）函数节点的解析

函数节点分为两种：输出中间变量和输出标签。

① 输出中间变量：某些比较复杂的规则可能由几个子规则组成，子规则输出一部分变量，如包含温泉景点的个数，以供主规则使用。

② 输出标签：对满足规则的产品打上相应的产品标签。

（3）count_day 算子的解析

根据业务需要，运营人员有时候会根据产品包含特定项目的天数来对产品打标，如只有包含 2 天及以上的滑雪行程产品才可以被打上滑雪产品标签。因此，我们将产品的 POI 列表信息进行了转换，将行程景点信息按行程天数进行划分，实现了按天判断的功能，在标签规则平台中只要配置了 count_day 算子就可以使用该功能。

（4）多级规则的解析

依照现有的产品标签分级体系，我们开发了规则的继承功能。例如，滑雪产品标签是一个二级标签，归属于冬日运动这个一级标签，那么相应地，冬日运动的规则和滑雪产品的规则具备继承关系，即所有拥有滑雪产品标签的产品必然也拥有冬日运动这个标签。利用 Drools 规则引擎提供的规则继承功能，我们将具备继承关系的规则转换成相应的 drl 文件。

4. 拓展功能

通过上述实现，标签规则平台已经能够比较好地支持运营部门的人员进行标签配置、规则验证、批量打标，并解决了开放周期冗长、面向运营人员不友好、打标效率低和标签维护成本高等问题。在此基础上，我们又开发了更多高级的功能，以支持多样化的打标需求。

（1）打包产品

针对具有多线路的打包产品，我们也进行了相关的兼容，如根据规则的属性——是否需要同时满足所有线路，将每个子线路产出的标签结果进行合并。

（2）规则不匹配时输出约束条件匹配结果

有时候运营人员需要知道某个产品不匹配具体标签的原因。我们将规则树中所有约束节点解析成了子规则，通过对这些子规则的验证，可以得到某个产品与所有约束条件的匹配情况。

5.2.3 小结

现在，标签规则配置平台已经上线，所配置的规则数有百余条，实现了对上百件产品进行自动化打标作业。同时，通过 API 形式向外提供打标服务，每日打标的产品吞吐量有数百万件，显著地加快了标签的上线流程，为精细化运营提供了充分的技术支持。

5.3 基于专名的内容产品化

5.3.1 内容产品化的业务背景

内容产品化之所以有意义，是因为通过图文的形式充分展现了产品的特色和价值。但是大部分文章在撰写的过程中并没有直接与产品相关联，这里的“关联”并不是指表达意义上的关联，而是指与具体产品的关联，即通过文章无法直接找到可以下单的产品，需要通过搜索等方式人为进行关联，这样就提高了用户的费力度。为了有效改善用户的使用体验，能够在阅读、“种草”的过程中轻松找到对应的产品，文章和产品的结合是必然的。但是由于文章的数量较大，无法单纯通过人工进行挂货，因此需要利用 AI 来进行自动挂货，从而节省了人工成本。

文章挂货的基础是命名实体识别和实体链接，实体识别是从大量的文章中自动识别出一些相关的专有名称，如“迪士尼各方面不错，去香港必去景点，所以带娃打卡，感觉还是值得一去的”，其中“迪士尼”和“香港”就是需要识别的景点和城市名，而实体链接是通过当前实体及上下文，定位当前专名对应的 ID，如上述实例中，“迪士尼”到底是指“上海迪士尼乐园”“香港迪士尼乐园”还是指“东京迪士尼乐园”。

下面具体阐述命名实体识别和实体链接两部分。

5.3.2 命名实体识别

在学术界标准的命名实体识别任务主要分为人名、地名、机构名，而旅游行业需要完成的任务很细化，需要区分国家名、城市名、乡镇名、景点名、酒店名、餐厅名等。尽管这些分类在概念和使用上具有区分度，但是由于实体识别模型是对上下文和名称表达方式的建模，同时在旅游行业中，它们的使用、上下文语境甚至表达都非常相似，如果在构建模型训练数据的过程中区分过细，反而会影响模型的识别能力。因此，在实际应用中，我们通过实体识别区分到地名、机构名级别，再通过细化分类模型及实体链接结果进行综合打分，最终达到细化类别和链接具体对应产品的功能。

命名实体识别任务的本质是序列化标注任务，标签的格式可以分为 BO、BIO 和 BIEO 三种形式。下面我们以 BIO 形式为例进行具体介绍。

John	lives	in	New	York	and	works	for	the	European	Union
B-PER	O	O	B-LOC	I-LOC	O	O	O	O	B-ORG	I-ORG

其中，B 标记实体的开始部分，I 标记实体的其他部分，O 标记与实体无关的单词，PER、LOC、ORG 是具体的标注类型。

在传统的序列化标注模型中，CRF 是比较经典的模型，具有较强的可控性和鲁棒性，同时训练速度快，可以作为比较的基准线。它需要人工定义特征模板，结合上下文窗口中的词语、词性等因素构建独立特征和组合特征。CRF 虽然在理论上可以考虑全局特征，但是考虑到模型的表达能力与训练性能，大多数只考虑较近范围的特征，一般选取前后两个词以内的特征。同时，我们在使用过程中，结合了各领域特有的词来辅助识别，如酒店领域依赖比较多的酒店品牌、酒店类型（如青旅、酒店、民宿）、地理区域信息等。对于酒店这种相对固定的场景，在测试集上的准确率和召回率都能达到 90%。但由于在真实场景中景点、酒店等字符的变化比较大，且词性的取值也比较固定，因此模型对词性的依赖性比较强，对固定的词性组合模式学习非常牢固，如城市 + 景点 + 酒店后缀及城市 + 品牌 + 酒店后缀等。对于一些类似“杭州舒香阁”之类的民宿名称，CRF 难以识别。

深度学习算法模型 BiLSTM+CRF[8] 则利用 BiLSTM 增强对上下文语境的表示，同时结合 CRF 较强的序列化把控能力，达到更佳的识别效果，成为目前业界最常用的算法模型，如图 5-11 所示。

BiLSTM+CRF 模型的结构共有三层。第一层输入的是 Word-embeddings，一般是预训练的 embedding 模型；输出的是每个词的向量表示。第二层由双向 LSTM 构成，能够学习上下文特征，输出的是每个词的上下文环境的向量表示。第三层是CRF层，构建crf-loss，用得到的CRF特征结合Viterbi算法求解序列。

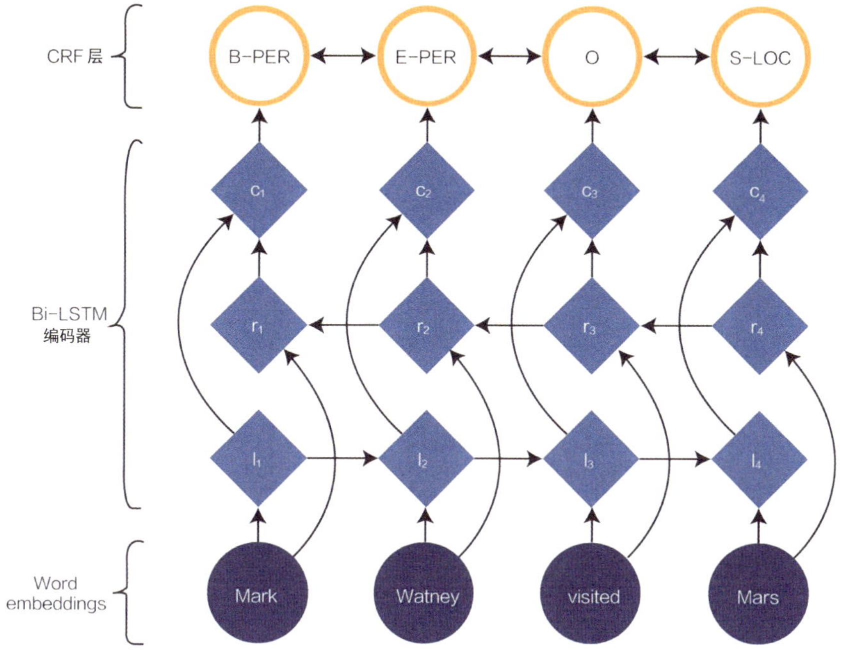

图 5-11 BiLSTM+CRF 模型的结构

但是LSTM后面为什么要接CRF层呢？这是因为，仅仅使用LSTM虽然模型的整体预测精度不错，但是预测出来的标注会有错误。这个错误在CRF层是不存在的，因为CRF特征函数的存在就是为了观察学习所给序列的各种特征，这些特征是在限定窗口尺寸下的各种词之间的关系。一般都会学到这样一条规律（特征）：B后面接I，不会出现B。这个限定特征会使CRF层的预测结果不出现上述错误。把CRF层接到LSTM上面，把LSTM在time_step上的每一个hidden_state的张量输入CRF层，让LSTM负责在CRF层的特征限定下，依照新的损失函数，学习一套新的非线性变换空间。

在ACL 2018上来自新加坡科技设计大学的研究者介绍了一种新型的中文命名实体识别的方法，该方法是利用Lattice LSTM[9]模型，在基于字符的序列标注的模型上改进得到的。基于字符模型中的每个字符单元向量通过词向量输入门的控制引入以当前字符结束的在词表中出现的所有词的单元向量得到新的字符单元向量，用新的字符单元向量得到每个字符的隐藏层向量来进行最终的标签预测。与基于字符的方法相比，该模型显性地利用词和词序信息；与基于词的方法相比，它不会出现分词错误，Gated recurrent cells 使模型能够从句子中选取最相关的字符和词，从而得到更好的 NER 效果。如图 5-12 所示，Lattice LSTM 模型采用一个词典树来匹配句子，从而构建基于词的 lattice。例如，“长江大桥”、“长江”和“大桥”可用于语境中的潜在的实体消歧，避免出现人名“江大桥”的 badacase。

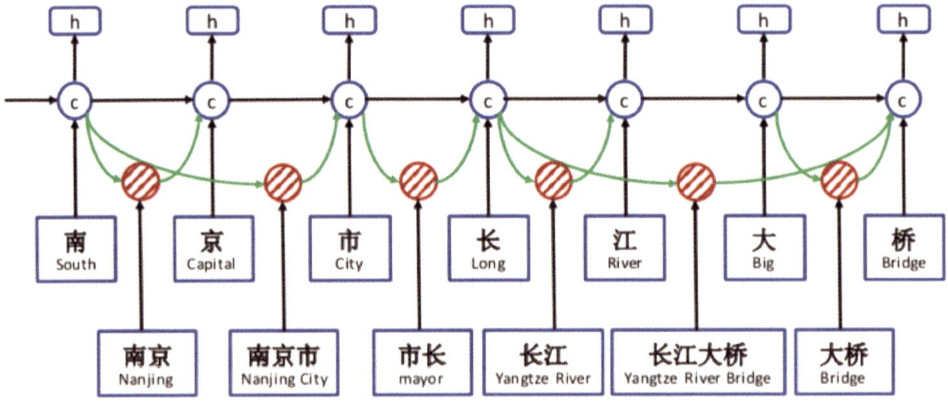

图 5-12 Lattice LSTM 模型的结构

标注数据的质量对最终 NER 的效果影响也比较大。在标注过程中，一般会先使用公开的模型对数据进行预标注，辅助人工标注，以提高效率。对于“杭州西湖”这种多专词结合的情况，一般将它作为整体进行标注，便于模型更好地学习专词的上下文情况，以免产生边界混淆。另外，对于“精品酒店”“旅游风景区”这些泛词不需要进行标注，避免模型过度召回。

5.3.3 实体链接

基于酒店 / 景点 / 餐厅的实体链接主要包括三部分，本节会从以下三部分分别进行详述。

1. 基于名称的模块解析

如图 5-13 所示，我们将数据库中的所有实体名称进行解析，并分为前缀名、核心名、后缀名三部分。在召回有效性上，核心名最具有表征性，合理利用核心名能够有效地提高召回的可靠性；在重排序中，前缀名、后缀名与核心名的重要性也有所不同。因此，基于名称的模块解析是后续进行有效召回、排序的基础。相比单纯基于分词的方式，它能够根据当前场景进行定制优化，提高最终效果。

都匀茶博园
恩达夏布文化馆
水上薰衣草风情园
栢顿墙纸艺术馆
长白山望天鹅风景区

图 5-13 实体名称范例

实体前缀名包括行政区划和著名景点，且基本遵循区划等级依次下降的命名规则，如“上海黄浦南京西路步行街”可以认为是上海市黄浦区的名为“南京西路步行街”的景点，因此当进行前缀名解析时，应妥善利用地理位置的父子关系递归解析。为了快速查询和处理地理位置之间的关系，我们将地理位置转换成一个唯一的编码，如表 5-1 所示，子级行政区划或景点地标会继承父级行政区划的编码前缀，并利用结尾数字区分同级的地理位置。

表 5-1 地理位置编码范例

地理位置	数字编码	地理位置	数字编码
中国	1	黄浦区	1,2,1
北京市	1,1	外滩	1,2,1,1
上海市	1,2		

实体后缀名通常是实体的类型表征，如“风景区”“湿地”等，由于其表述的多样性与存在的不确定性，后缀名只能用作名称相似度度量的特征之一。考虑到大部分后缀名由可数的基本单元组成，如“自然风景区”和“自然”“风景区”，可以将

后缀名进一步分解为基本单元，当对目标实体进行后缀名解析时，应从后向前递归解析。

由于实体核心名具有不可数、命名规则不确定的特性，因此它很难被直接提取。通常的做法是先进行前缀名和后缀名解析，再把剩余部分作为实体核心名。核心名的提取效果依赖于前后缀名的统计与解析效果。核心名是实体名称的根本表示，也是进行基于名称的检索排序时最重要的特征之一。

基于景点 / 餐厅 / 酒店等的名称模块解析结果可以作为国家名、城市名、乡镇名、景点名、酒店名、餐厅名细化分类的基础特征，置信度高的类别不需要进行多模块消歧。

2. 检索和召回

在进行实体链接之前，我们需要为数据库中的实体建立索引，确保在给定目标实体时能快速查找到所有相似的候选项。为了在正确候选项的未召回、冗余召回之间取得平衡，在选择检索逻辑时我们需要添加适当的先验知识，使不符合人类认知，同时又有可能被误召回的候选项在检索过程中被尽可能地过滤掉。

当为名称建立索引时，根据选用的基本单元不同，检索可以分为基于字、基于词、基于整体三种，基于字的检索容易导致误召回，如名称为 AB 的实体，在检索 BA 的时候也会被召回；基于词的检索在理论上能够很好地取得未召回、冗余召回之间的平衡，但在实际应用中，很难找到一个可以完美、规则统一地将核心名切分成适当词汇的分词器；基于整体的检索避免了绝大多数的误召回，但噪声的鲁棒性较差。

我们在分析了具体实例之后，综合了基于字与基于词的检索逻辑，使用了 2-gram 检索逻辑，它既可以避免主观上可以轻易分辨出的误召回，又可以降低分词器的压力。在对名称进行规范化处理、解析、补齐之后，我们将数据库中所有实体以国家为粒度、以核心名为检索关键词建立一个倒排索引，当给定一个实体名称时，利用目标核心名的 2-gram 依次遍历字典，将命中率大于阈值的候选项保留。相比基于字和基于词的检索逻辑，2-gram 检索逻辑至少将实体链接、实体查空的 F1 值提高了 2%。

除了实体名称，我们还可以利用其他维度的特征进行多路召回。电话号码作为一种较为规范的信息，可以直接利用末尾若干位或其整体建立索引。该特征召回精准，候选集干扰项占比少，但电话号码与名称不同，不是一定能获取的信息。另外，在某些场景下地址也可以作为检索方式之一，景点等 POI 经常会作为地址的一部分出现在地址信息中，通过对分词后的地址建立索引，可以在名称检索失败时进行查漏补缺。总而言之，检索逻辑基本上是以名称为主，以其他可信度较高、获取难度较小的特征为辅，建立多路召回模块，确保冗余召回尽可能少的同时，正确候选项能够被召回。

在得到候选集之后，我们可以先对候选集进行一次强筛选或粗排序，利用检索时没有使用的特征进一步减小冗余候选项的占比。例如，如果目标实体与某个候选项所在的城市不同，那么两个实体一定不相同。但在实际场景下，目标实体与数据库中实体的城市粒度、同一数据库中实体之间的城市粒度都难以使用统一的标准，有的具体到市，有的具体到区，此时我们利用之前提到的城市编码进行快速查询和对比，当目标城市与候选项的城市编码前缀不同时，就可以将该候选项剔除。

3. 排序

候选集的排序模块是实体链接系统的另一个重要组成部分，根据训练时是否需要标注数据，排序方法可以分为监督学习方法与非监督学习方法。为了保证实体链接的效果，在大多数情况下采用的是监督学习方法，它包括基于分类的方法、基于排序的方法和基于图的方法 [10]。基于分类的方法将实体链接转化为二分类问题，以目标实体与每个候选实体作为模型输入，当分类器的输出为正时，代表两者相同。但如果仅关注分类器输出的二值化结果，当多个结果为正时就无法彻底完成实体链接，此时需要利用其他信息做进一步筛选，如使用置信度进行排序等。排序方法通过对候选集进行打分排序，将分数最高的结果作为链接结果 [11,12]，根据打分排序的逻辑不同，排序方法可以细分为 Pointwise、Pairwise、Listwise 三种。Pointwise 对候选项分别独立进行打分；Pairwise 将候选项成对组合，通过比较每对候选项之间的相对排名给出最终的排序结果；Listwise 则是综合考虑整个候选集。基于图的方法最早由 Han 等人提出 [13]，旨在利用不同实体之间的主题相关性，同时完成文本中多实体链接的任务。本实体链接模块主要使用 Pointwise 和 Pairwise 两种方法。

选取好合适的排序方法及模型之后，我们需要抽取、提炼合适的特征并进行数字化，以方便模型进行处理。根据是否使用目标实体的上下文信息，特征可以分为上下文无关特征与上下文相关特征 [10]。

常用的上下文无关特征包括实体名称相似度、实体热度等。本实体链接模块中的实体名称相似度依照检索时的解析规则，被分为核心名相似度、后缀名相似度和前缀名相似度三部分。加入前缀名相似度主要是为了避免核心名和后缀名都相同、前缀名粒度不同导致误匹配的情况。我们将目标实体的城市编码长度与二者编码长度总和的比值作为前缀名相似度的分值，如果前缀名缺失，则利用所在城市的信息生成一个城市编码。由于后缀名表述的多样性，即使在同类别下也有多种相似而不相同的表述方式，如“体育馆”和“体育中心”在一定的统计频率下等同，因此我们将统计得到的转移概率作为后缀名相似度。核心名相似度可以直接使用通用的字符串相似性度度量算法，如编辑距离、Dice 距离、汉明距离、最长公共子串长度等 [14,15]。实体热度作为类似场景下较为通用的特征，相当于某候选实体被链接的先验概率，用于降低大量相似但关注度低的实体对正确候选项造成的干扰，整体上对链接效果有一定的提升 [16]。实体热度既能作为模型输入，也能用于候选集筛选 [17]，但是在大多数业务场景下，直接将热度作为筛选标准并不合适。

除了通用的上下文无关特征，我们还可以根据场景的不同加入其他特征。实体地址作为一种容易获取、区分度较高的特征，在目标实体名称与多个候选项名称都比较相似时，能够有效地对候选集进行区分。如图 5-14 所示，我们将地址进行分解，并分别把地址文本相似度、地址数字相似度、二者交叉的结果作为独立的三个特征。在本实体链接模块中，实体经纬度作为比地址更规范、更直观的特征，能够起到较好的效果，但该特征与电话号码类似，不是一定能够获取的特征。

常州市武进区永胜路 59-6 号
横浜市港北区新横浜 3-17-1
峨眉山市雷洞坪停车场
宁波药行街 129 号
莆田秀屿区笏石爱民西路
Pellis Kifisia 6
Samdech Techo Hun Sen Park

图 5-14 实体地址范例

常用的上下文相关特征主要有文本相似度、实体标签相似度、多实体相关度等。处理文本相似度常用的方法是将目标实体上下文、候选项描述文本进行向量化表示，并将二者的点积或余弦结果作为相似度[17,18]，如基于 BOW 模型和 TF-IDF 算法，对选定词的 one-hot 编码或预训练词向量进行加权算术平均，或者使用 SkipThought、FastSent、QT 等非监督方法直接对整句进行编码[19—21]，后者由于考虑了词序等信息，保留的语义完整性相对更高。此外，在标记数据充足的情况下，使用 DSSM 类模型及 ARC-2、ESIM 等匹配网络直接计算两个文本的相似度得分[22—24]，并与基于特征工程的打分模型利用加权平均、GBDT 等方式进行模型融合。实体标签相似度主要利用上下文信息为实体贴上不同维度的标签，并比较目标实体、候选实体标签集合的相似度[25]，该特征在垂直领域等实体标签维度较为单一的场景下实用性不高。多实体相关度利用不同实体之间的共现信息进行协同推理，和实体标签相似度类似，该特征在垂直领域或单实体链接场景下应用较为受限。

除了上述可以直接获取的特征，我们还可以在训练模型时加入组合特征。同时为了避免过拟合，减少模型训练和预测的运算量及时长，我们需要对现有特征进行特征选择，常用的方法可以分为基于 Wrappers、Embedded 和 Filter 的方法。基于 Wrappers 的方法使用特征集合递归训练模型并不断剔除不重要的特征，直至达到一定的特征数目或不再出现不重要的特征为止。基于 Embedded 的方法直接在训练时加入 L1 或 L2 正则项，迫使模型在学习时对不重要的特征进行降权。基于 Filter 的方法是基于特征重要程度和与该特征易区分度正相关的假设，通过统计不同特征的方差判断特征好坏，但是该方法有可能会错误地删除与其他特征有一定内在关联的特征。另外，为了保证训练模型时不会受到样本不均衡的干扰，可以通过上采样或下采样的方式对各标签下的样本比例进行调整。

完成模型训练后，当给定目标实体时，判断候选集中第一候选实体的分数是否大于预定阈值，如果大于阈值则返回该候选项，表示链接成功；如果小于阈值则返回空，代表数据库中未找到相同实体。

5.3.4 小结

本实体链接模块已经投入使用，并且经实践检验性能良好，但如何妥善调节多路召回模块，使各个召回逻辑既能相互查漏补缺又不会导致过多冗余召回，是本模块的一大难点。此外，不同场景给出的目标实体的信息种类也不同，如何将整个实体链接模块进行拆分和如何将特征通用化，是后续需要着重考虑的方向之一。

5.4 主题推荐理由抽取

5.4.1 主题推荐理由抽取的业务背景

内容智能发现分为抽取式和生成式两种方法，其中抽取式方法是指从源数据中抽取高质量的语句作为抽取式结果，该方法的特点是不改变原语句的内容；生成式方法是指利用深度学习方法，借助 seq2seq 等优秀的生成框架，利用相应的标注语料进行语句生成，该方法的特点是生成的语句为新语句。

在实现层面，抽取式和生成式各有优缺点，其中抽取式方法比较成熟，并且容易实现。由于抽取结果是原文中的一部分，因此结果非常依赖原文，抽取式方法的使用会受到一些限制。生成式方法的结果可以跟原文不一样，因此结果可以有更多的发挥空间，根据标注数据的情况可以得到不同风格的结果，但是该方法在使用过程中也会存在语法错误等问题。在实践中，我们对抽取式方法和生成式方法展开了相应的研究工作，取得了不错的效果，并在多个场景中进行了应用。

内容智能发现在内容化的场景中具有较大的价值和意义，具体如下。

① 能够充分发挥算法价值，依赖算法可以自动、快速地从海量数据中发现或生成高质量的推荐理由语句，并将结果内容结合业务和场景的需求展示给用户，以期帮助用户通过阅读结果内容，快速了解该产品的特点，并以此作为决策参考。

② 帮助运营人员进行与内容化相关的营销、推荐等工作。通过算法能够为工作人员提供海量的相应产品的内容结果候选及素材，大大节约了人工搜索的成本及时间。

③ 能够应用于较多的场景，如产品展示页、评论弹幕、产品详情页、副标题等，可以多方位地嵌入产品的内容展示和陈列场景。

具体内容会在后续章节中展开阐述。

5.4.2 智能内容抽取

如图 5-15 所示，抽取方式的流程涉及的模块比较多，但主要可以分为四个阶段：预处理；内容丰富度衡量；结果优化；重排召回。

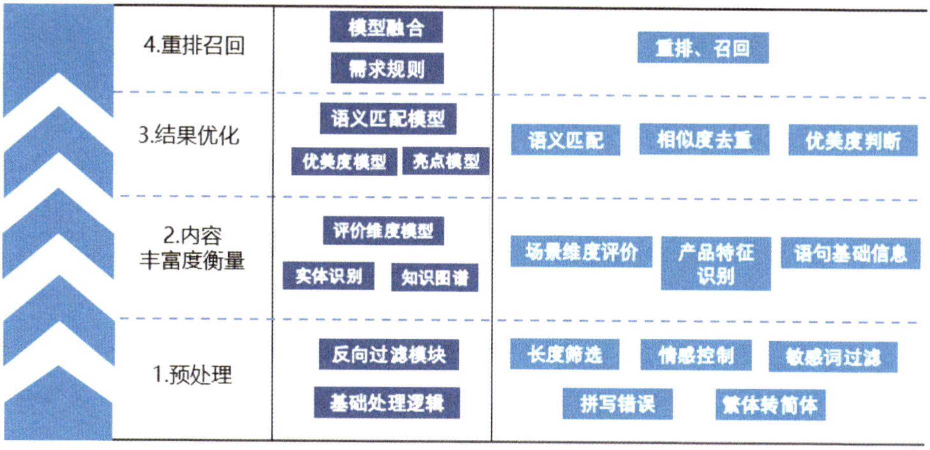

图 5-15 智能内容抽取示意图

预处理的目的是对语句进行比较基础的处理和过滤，分为反向过滤和基础处理逻辑两个模块。内容丰富度衡量模块是较为核心的模块，内容丰富度的程度会直接影响句子的质量得分，进而直接影响该句子是否被作为优质内容被召回。为了实现内容丰富度衡量，我们确立了三个层次的内容丰富度衡量体系，即分别从产品维度、产品特色和语句信息含量三个层次衡量句子的内容丰富度，涉及的模型和算法包括实体识别、评价维度模型、知识图谱等。结果优化模块是对初步召回的结果进行优化处理，如相似度去重、语义匹配、优美度判断等。重排召回会根据不同的场景和业务需求做最后的处理及结果展示。

1. 预处理

在预处理阶段，主要的工作内容为基础处理和反向过滤。基础处理包括长度筛选、拼写错误纠正等，目的是直接过滤或修改一些具有明显错误的句子；反向过滤模块包括情感过滤、敏感词过滤等，对于情感模型，不同的业务场景对结果语句的情感要求不尽相同。因此，在抽取中需要情感模型来识别语句的情感倾向，进而满足不同的业务需求。

我们把情感模型理解成一个文本分类问题。文本分类的研究可以追溯到 20 世纪 60 年代，是自然语言处理领域比较重要的分支，有较多的应用场景，使用的方法也有比较长的历史。最开始的分类方法主要是基于知识工程的，人工定义一些规则来解决问题，但是这种方法费时费力，效果也很差。到了 20 世纪 90 年代，随着机器学习的兴起，这些方法也开始应用在文本分类上，这种方法不需要太多的专家和大量的规则就能取得较好的效果。1992 年，路易斯[26]系统地介绍了文本分类系统实现方法的各个细节，并且在自己建立的数据集上进行了对比与测试。而后文本分类系统的研究主要集中在特征降维、分类器的选择方面。1997 年，杨义明[27]对当时的几乎所有的分类器进行了性能对比，这些研究对后来的发展有很大的参考价值。另外，科琳娜·科尔特斯和瓦普尼克[28]领导的研究小组于 1995 年正式提出了支持向量技术，现在该技术仍然是比较热门的研究方向。Adeyanju[29]等的研究分析比较了不同核函数方法结合支持向量机（SVM）模型的分类性能，该方法的实现基于七种人脸面部表情的识别分类，且采用四种不同的核函数方法。研究者分别将径向基核函数、线性核函数、二次核函数及多项式核函数应用于 SVM 中，实验结果表明，基于二次核函数的SVM性能最优，平均准确率达到99.33%。随着深度学习的崛起，很多优秀的深度学习网络及框架应用于文本分类中。2014年，金姆[30]将图像处理中的CNN（卷积神经网络）应用于文本分类任务中，通过多个窗口（类似于N-gram）进行卷积提取特征，最后经过一个全连接+softmax层就得到了属于不同类别的概率向量，也就完成了分类工作。实验结果显示，采用动态词向量（对词向量进行微调）的效果较好，并且速度较快。2015年，拉伊[31]研究了将RNN和CNN结合起来用于文本分类问题，但是在实践中该算法的效果提升有限，并且耗时很长，一般不推荐使用。2016年，利乌[32]在论文中详细介绍了RNN用于分类问题的设计，并且证明了该设计优于当时的其他算法。2017年，Facebook AIResearch提出了fasttext分类器，该算法引入subword N-gram的概念来解决词形变化的问题。直观上，它将一个单词打散到字符级别，并且利用字符级别的N-gram信息来捕捉字符间的顺序关系，希望能够丰富单词内部更细微的语义。fasttext分类器最惊艳的地方在于，与前沿深度神经网络模型相比，它在分类精度等指标毫不逊色的情况下，把训练和推断速度降低了几个数量级。按Facebook的报告，在普通多核CPU上，10亿个词的文本训练时间小于10分钟，50万个句子分为31.2万个类别用时小于1分钟。但是在实践中当数据量增加后，其正确率会低于LSTM方法。而后人们就迎来了迁移学习在NLP中的应用，如ELMO、GPT、BERT。其中最优秀的是BERT模型，它一经推出就刷新了绝大部分的NLP任务（分类、实体识别、阅读理解等）。该模型于2018年由Google团队[33]提出，BERT模型不同于传统的RNN，它采用Transformer方式进行特征提取，这也是公认的效果较好的特征提取器，并且实现了并行化。BERT模型具有较好的效果还得益于MLM（Masked Language Model）技术在语言模型上应用，即在Transformer过程中对15%的单词进行Mask（遮挡），进而进行预测，并且还训练了上下句的相关性。另外，创新性地在编码器端输入三种embedding，如图5-16所示。在应用分类算法时，需要先使用pre_train的BERT模型进行fine-tuning分类，输出结果的第一个向量（一般称为CLS）包含特征信息和位置信息，如图5-17所示。

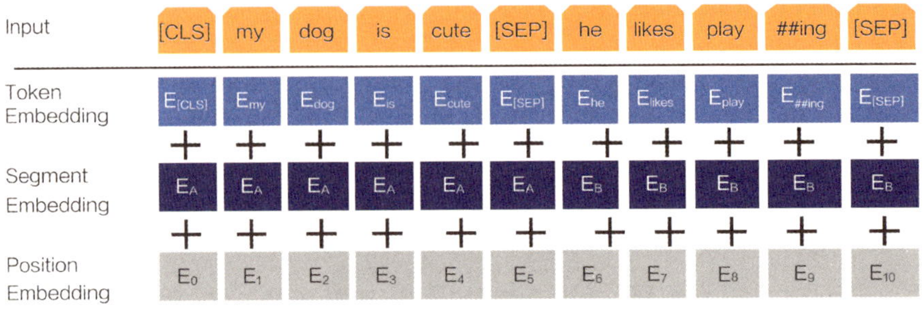

注：① Token Embedding 表示当前词的embedding；
② Segment Embedding 表示当前词所在句子的index embedding；
③ Position Embedding 表示当前词所在位置的index embedding。

图 5-16 BERT embedding

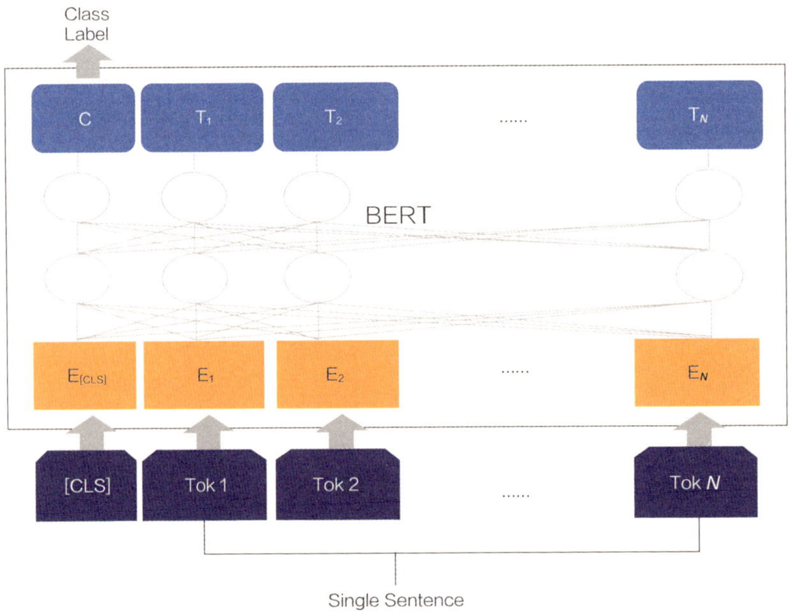

图 5-17 BERT 分类模型输出

在分类模型测试和分析方面，我们分别调研了方法 1——TFIDF+Chi2+SVM；方法 2——LSTM+Attention、CNN 等深度学习方法；方法 3——BERT 方法。不同方法的优缺点具体如下。

对于方法 1，传统机器学习方法使用 TFIDF 构建文本特征，接着使用 Chi2 方法进行特征筛选，最后对比了随机森林、Boost、SVM 等众多的机器学习方法分类器后，发现 SVM 的效果较好。该方法的优点是即使样本数量比较少（小于 5000 个），效果依然比较好，正向的召回和准确率均在 90% 附近。总体来讲，传统机器学习方法便于实现，解释性强。在效率方面，传统机器学习方法的优势比较明显，方便部署并且批量处理的时间能够被接受。

对于方法 2，在深度学习方面我们调研了 CNN、LSTM、RCNN、fasttext 四种编码方法，从结果看 LSTM+Attention 的效果最好，并且当数据量较大时（大于 1.5 万个），LSTM+Attention 相对于传统机器学习方法表现出较为明显的优势。

对于方法 3，考虑到 BERT 在很多数据上表现出来的碾压式的优势，我们也着重测试及对比了 BERT 的分类能力。使用同样的数据量，BERT 的准确率及召回率均高出前两种方法 3% ～ 4%。

三种方法的结果对比如图 5-18 所示。

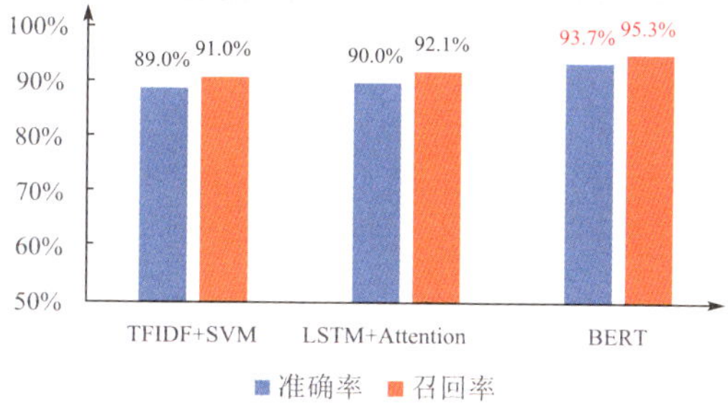

图 5-18　结果对比

2. 内容丰富度衡量

内容丰富度是影响该语句是否被召回的关键参考维度，它对用户点击率乃至转化率都有着重要作用。因此，如何衡量文本内容丰富度就成了关键。衡量文本内容丰富度有很多方法，如句子长度、词性占比、句法分析、交叉熵等。但是，这些衡量结果并不能满足旅游行业特定场景的运营需求，需要我们重新定义衡量方法，通过增加更多维度、更多新方法来实现内容丰富度衡量及满足不同业务场景的需求。最终我们设计了一个全面的、综合的评价体系来衡量文本的内容丰富度，如图 5-19

所示。这是一个包含三个层面的文本内容丰富度衡量的评价体系，分别从语句层面、产品层面和场景层面较为完备地、全面地衡量文本内容丰富度。

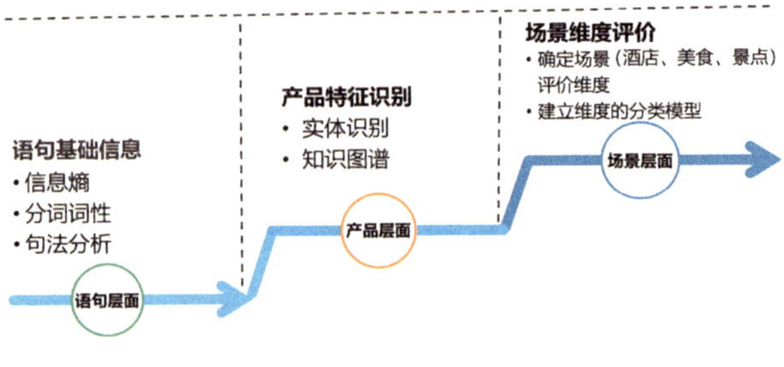

图 5-19　内容丰富度衡量的评价体系

（1）语句基础信息

语句层面分别从信息熵、分词词性和句法分析三方面衡量语句基础信息。信息熵公式如式 5.5 所示，经常被用来作为衡量文本信息度的指标。

$$H_s = \sum_{i=1}^{n} p_i I_e = -\sum_{i=1}^{n} p_i \log_2 p_i \tag{5.5}$$

另外，分词后不同词性的占比及依存关系能从一定程度上反映该语句的信息度。这些指标同我们的目标也是一致的，我们期望抽取的句子含有一定比例词性的词语，并且也包含一定的依存关系。在词性方面，重点考虑名词（n）、形容词（a）、副词（ad），并且给予同时含有名词和形容词的词高的权重；在依存关系方面，重点考虑“ATT”“ADV”“COO”“POB”“RAD”“LAD”“VOB”等结构，如图 5-20。

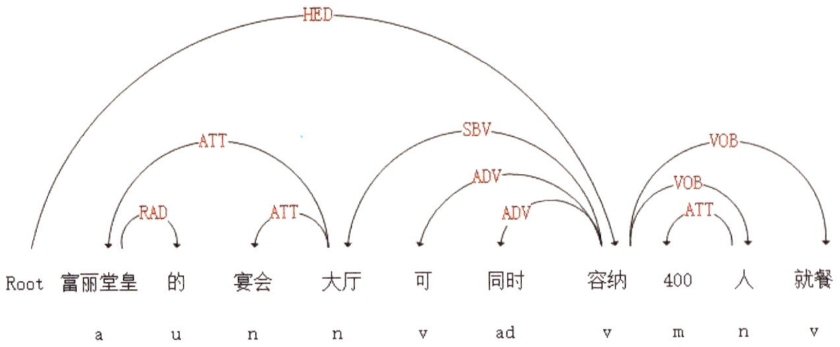

图 5-20　句法依存关系

（2）产品特征识别

在产品层面，我们从动态知识和静态知识两个维度进行结合，动态知识是指从候选句中自动识别出当前句子所包含的信息点，静态知识是指使用当前产品已有的特性知识进行当前句子信息度的考量。动态知识使用命名实体识别方式，对不同场景进行不同维度的定义；静态知识结合知识图谱判断语句中是否存在当前产品在知识图谱中的特征属性，每个产品 ID 会关联很多产品的属性，如位置、特点、标签等。产品特征发现逻辑如图 5-21 所示，实体识别和知识图谱的综合使用能够全面地考量语句中包含的产品层面的特征信息。

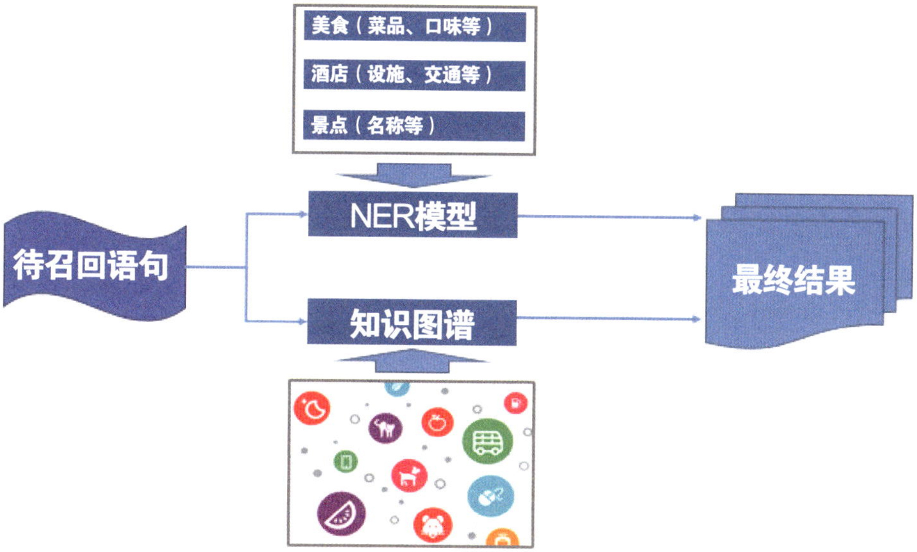

图 5-21　产品特征发现逻辑

在实现实体识别方面，BiLSTM+CRF 方法成为基于深度学习的 NER 方法中的主流方法。具体操作为将语句经过 BiLSTM 抽取后的特征输入 CRF 层，然后 CRF 使用状态转移矩阵和动态规划的思想进行求解，这样效果比较好。具体的知识图谱和实体识别相结合的案例如图 5-22 所示。

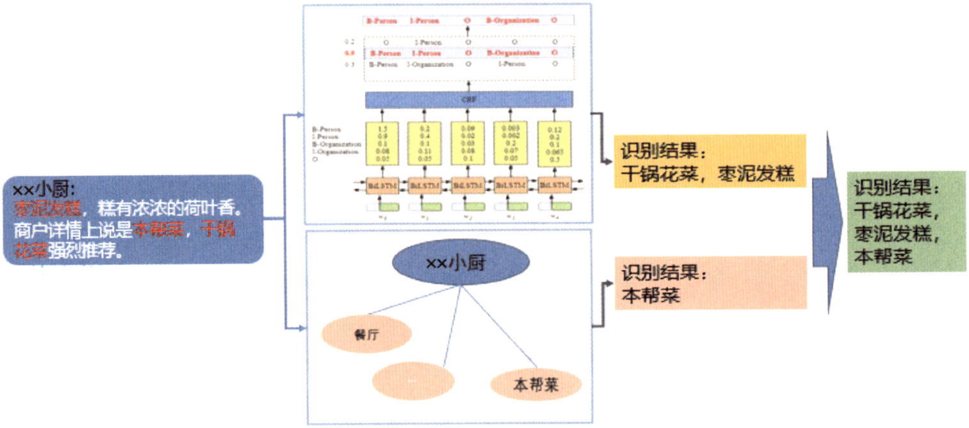

图 5-22 具体的知识图谱和实体识别相结合的案例

（3）场景维度评价

前面两部分主要是从点的维度进行信息内容的度量，而类别维度是从句子的整体语义表达上进行相关表征。类别维度评价流程主要包括两个组成部分——维度评价模型和亮点模型。其中维度评价模型的目的是保证抽取的结果具有明显的表达某场景在某一方面的情况，而亮点模型的目的是确保该语句在表达风格上有一定的推荐倾向。

类别维度评价模块是比产品特征维度更高层次的内容，需要结合不同的产品类别制定维度特征，然后通过人工标注数据来训练基于维度特征的分类模型（如酒店维度特征包括位置、交通、设施、环境、美食、服务等；餐厅维度特征包括位置、菜品、服务、回头客等；景点维度特征包括交通、亲子、人文、动物、环境等）。训练模型后，通过语句在产品类别维度的得分来反映文本内容丰富度。考虑到用户希望看到的推荐理由是反映该产品某一方面的评价信息，因此先根据不同类别的产品（如酒店、餐饮、美食）明确各大类别的主题维度，然后进行数据标注及模型训练。在预测期间取最高的维度得分作为该语句在该模块上的得分，类别维度评价流程图如图 5-23 所示。

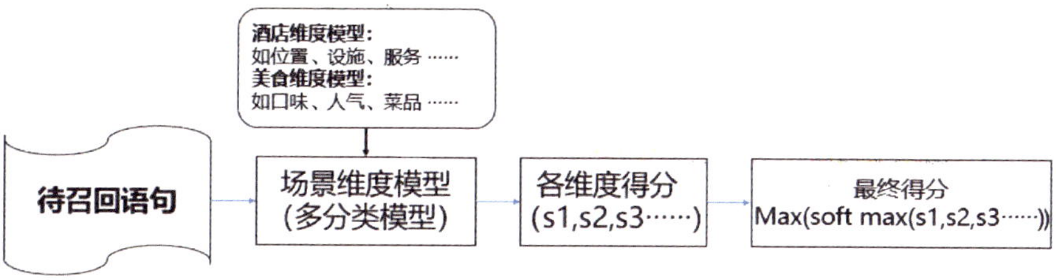

图 5-23 类别维度评价流程图

（4）效果展示

如图 5-24 所示，以“和平饭店”抽取结果前后对比为例（左前右后），加入抽取逻辑后，能够避免抽取出单一的语句，如“早餐丰富”等内容匮乏的句子，能够抽取出有产品自身特点的语句，如阳台酒吧、爵士酒吧、酒廊等实体词汇。结果证明，我们的抽取逻辑能够取得较好的效果。

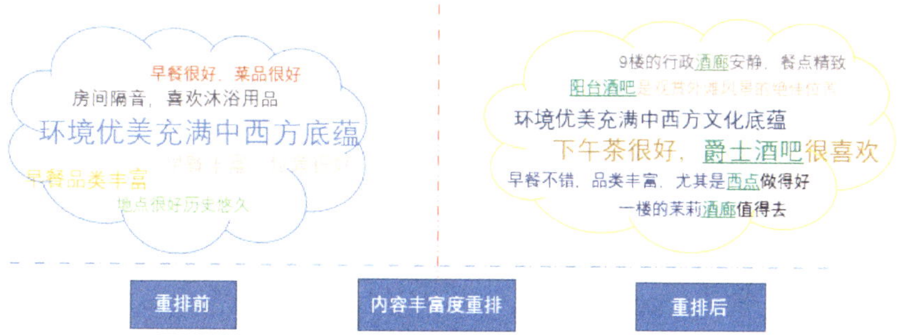

图 5-24 “和平饭店”抽取结果展示

3. 结果优化

结果优化一方面是从语言表达的角度来进行打分，即优美度模型，它的训练数据集合了自然、人文、历史等方面的一些比较优质的内容段落，如写景散文等，对具有“文艺范”的描述有较好的提升作用。优美度模型的功能类似于图片的优美度模型。另一方面，有些场景是以特定主题作为先验的，因此需要对主题维度进行更好的契合。下面对语义匹配模型进行详述。

在 AI 挖掘平台上，用户抽取推荐理由是基于主题语境的，即用户给出一系列的关键词，然后算法依据这些关键词对候选语料进行召回。因此，模型需要判断主题和结果的语义匹配度，进而根据语义匹配度对结果进行重排。在进行语义匹配模型训练时我们分两步进行，在缺少标注数据时先使用无监督方法直接计算平均词向量的余弦值，并将其作为匹配分值；在准备好标注数据后，利用标注数据训练匹配模型，将匹配模型的得分作为最终的匹配分数，如图 5-25 所示。

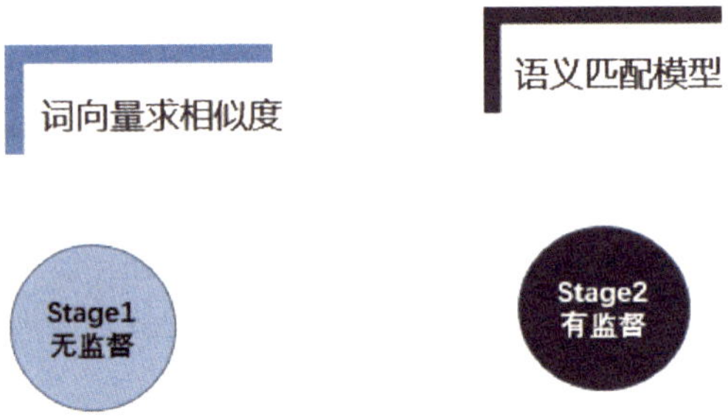

图 5-25 语义匹配的两个阶段

目前匹配模型根据从 q 和 a（q 是问句，a 是回答语句）中分别抽取特征后到计算相似度之间是否发生交互过程，分为并行式、交互式两类。并行式使用孪生网络进行建模，q 和 a 使用相同的网络进行语义抽象，在进行语义抽象的过程中，两者是完全独立的，没有任何交互，因此损失了很多语义细节信息，但是它的优势在于，实际应用时可以提前对候选项进行语义向量化，提高效率，同时能捕捉语义整体上的信息。而交互式是在模型建立的初期，计算 q 和 a 之间的交互矩阵，根据不同的场景需求，细化不同词语粒度、不同表达角度的交互矩阵，从而较好地对两个文本之间的交互细节进行度量。通过 CNN 等网络提取方式度量两者之间的相关度，把并行式中利用相似度方式进行语义维度的距离建模转化成利用深层网络进行更复杂、更为综合的语义度量问题，从而有效地进行相关优化。但是在实践中，交互式会出现对相关共现词比较敏感的情况。因此，在使用的时候会对两者进行综合，结合两者的优势，从而达到更好的效果。

在实践中，我们首先结合并行式和交互式，分别根据图 5-26 和图 5-27 使用 LSTM+Attention 和 CNN 方法搭建匹配模型框架；其次将两个网络结构进行拼接；最后同时训练两者的损失函数。

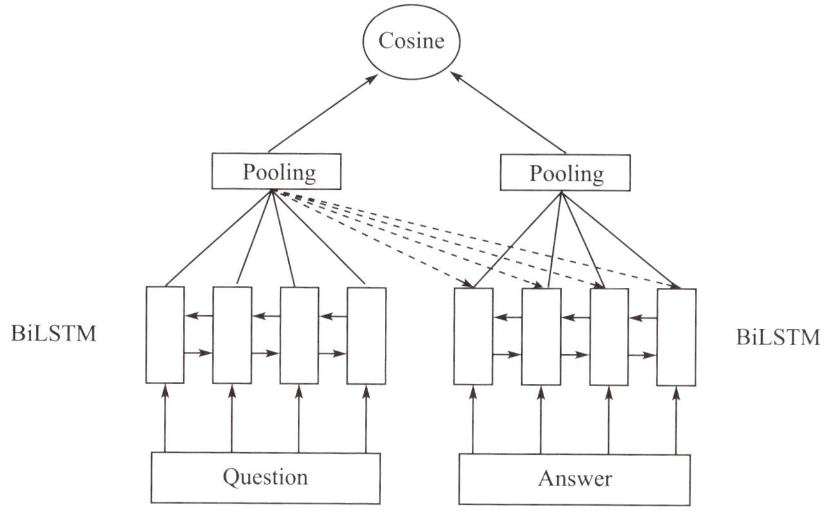

图 5-26 语义匹配 LSTM+Attention

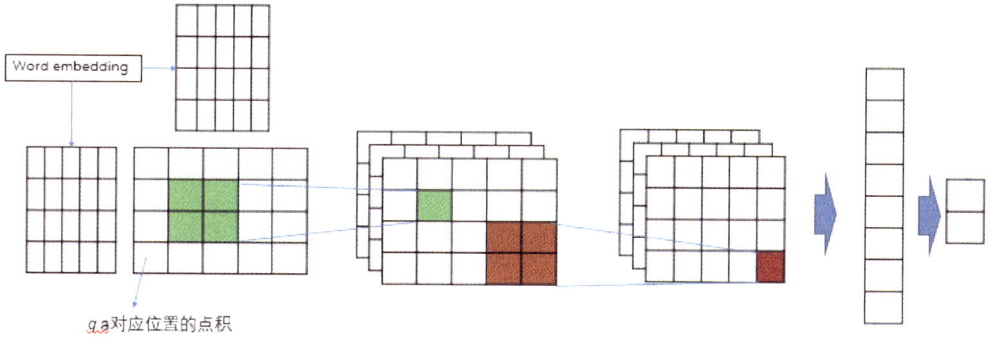

图 5-27 语义匹配（CNN）

我们使用 1000 个匹配的 q 和 a，每个匹配的 q 和 a 随机增加 3 条或 4 条不匹配的数据。评判标准为分别使用监督学习方法和非监督学习方法为每个 q 和 a 计算匹配得分，然后判断最高得分的 q 和 a 是否为真实匹配对。最终的结果表明，监督学习方法的准确率为 94.2%，远高于非监督学习的准确率（83.5%），如图 5-28 所示。

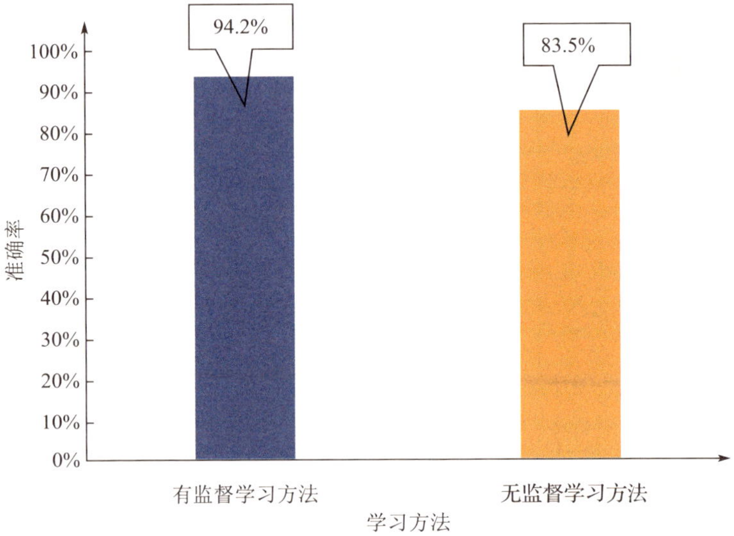

图 5-28 语义匹配重排效果图

4. 重排召回

我们需要覆盖的业务场景包括酒店、景点、餐厅等，同时对于某个特定场景如餐厅，在不同的栏位上，它对于推荐理由的需求和侧重点又存在较大的差异，如美食的列表页场景和评论页场景，列表页场景关注特色菜，而评论页场景需要从多个维度进行阐述。因此我们在进行模型融合时，一方面不仅需要考虑本身推荐理由模型设定时的目标，另一方面也需要兼顾业务对特定场景的定义需求。我们基于上述提取的多维度的内容特征，根据不同场景的特性，结合模型和规则的方式进行最终模型的融合，涉及的常用方法有规则权重判定，基于 LR、GBDT 等模型的融合建模等，方法选用主要根据具体场景对应的数据情况和场景的复杂度，这里就不详细阐述了。

5.4.3 自动内容生成

大批量优质内容是信息流的关键要素，而大批优质内容的自动生成也是企业大幅度提高内容运营效率、用户体验及用户消费决策的助推剂。本节分成三部分，第一部分讲述当前内容生成应用的业务场景，第二部分阐述文本生成在学术界与工业界的技术发展状况，第三部分详细描述我们是如何针对业务场景进行技术实践与探索的。

1. 业务场景

标题生成是当前内容生成中的一个重要场景，它针对任意输入的文章，自动撰写既符合文义又通顺可读的标题，目前主要有两个应用需求：一是为上游模型生成的微游记自动添加合适与“吸睛”的标题；二是为大量用户上传的无标题文章自动撰写符合文义的标题。高质、高效、高产的标题生成不仅能使这些文章变得更完整、更优秀，还有利于后续的平台分发与提升页面展示效果。

标题生成实质上是序列到序列（seq2seq）模型的一种典型应用，与对话生成、文章自动摘要、故事生成等在技术上有许多相同之处。对标题生成的深入实践与探索有助于其他文本内容生成任务的开展与落地。然而标题生成面临着一些业务上和技术上的挑战，具体内容如下。

① 缺少领域内大量优质训练集，深度学习在小数据集上过拟合。由于我们的目的是对旅游领域的文本进行标题生成，因此需要大量同领域内的“文本－标题”数据对，数据的缺少为后续的任务增加了难度。

② 生成的标题需要达到两个维度的基础目标：一是通顺可读；二是能恰到好处地描述文章的中心内容。与一般的文本生成任务相比，标题生成需要攻克更大的难关。

③ 自动生成的标题会直接在页面中展示给用户，因此需要保证它具有极低的容错率。在语法句法上的轻微瑕疵或题不对文等错误，都会降低用户的可读性和对内容的信任度。

④ 没有明确的评估指标来衡量生成标题的质量，需要通过点击率、转化率进行间接反馈。

2. 文本生成综述

文本生成根据输入端的数据类型，可分为 Text to text、Data to text、Image to text 三大类。常见的机器翻译、摘要生产、对话生成及文本改写等都属于 Text to text，它们的输入和输出都是文本；新闻写作、天气预报、音乐生成大多属于 Data to text，它们的输入可能是一系列数字；看图说话、看视频写描述等属于 Image to text，它们的输入图像是从视频中抽出来的一系列帧。显然，标题生成属于第一种类型，因此下文将对该类型的文本生成技术的发展做简要介绍。

2014 年，苏特科夫[34]等人提出了 seq2seq 模型，该方法成为文本生成任务的通用范式。它由编码器与解码器两部分组成，输入的文本被分词之后转换成词的表征，依次输入编码器端的 RNN 中，而解码器端的 RNN 负责根据概率依次生成新的文本，如图 5-29 所示。

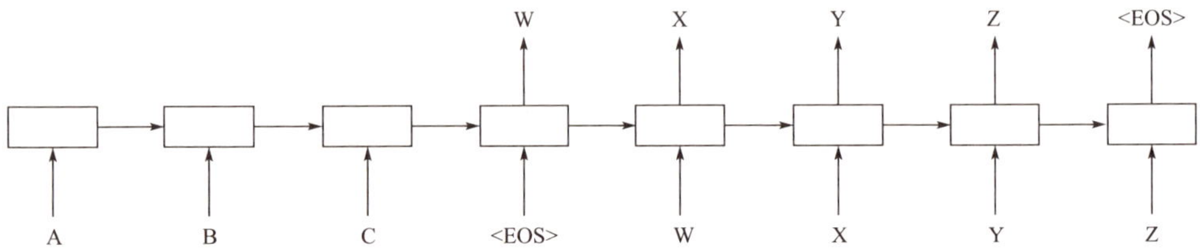

图 5-29 seq2seq 模型结构

Bahdanau 等人[35]在上述模型的基础上增添 attention 机制，使解码器端每次预测都能关注与该次预测相关的输入信息，从而取得较好的效果。为了解决 OOV 问题，Gu 等人[36]将 copy 机制添加到解码器端，但随之迎来了重复词生成问题。于是，Tu 等人[37]提出了 coverage 机制，能在一定程度上避免重复词生成问题，接着西伊等[38]提出了 pointer-generator，将 coverage 机制应用在了摘要生成任务上，取得了一定的效果。近期，Benmalek[39]提出了便签机制，在编码器端增添一种额外的记忆功能，提高生成文本的整体通顺度。

2018 年，大量预训练模型迁移学习的涌现并在文本理解领域的优异表现，为文本生成开辟了新的探索空间。通过将 seq2seq 模型在大规模的语料上进行预训练，再在下游的文本生成任务上进行微调，取得了比直接进行文本生成训练更好的效果，尤其是在训练数据较少的情况下，文本生成训练的效果也较好。张等人[40]将 BERT 应用在编码器端和解码器端，利用完形填空的方式来进行摘要生成。路易斯[41]将打乱顺序的文本重新排序，并作为预训练的任务来训练 transformer，再将模型在下游文本生成的任务中进行微调。王[42]提出将 transformer 与 pointer-generator 结合作为预训练的模型结构。宋等[43]、董等[44]、朗普勒和康诺[45]也都在BERT遮盖词的语言模型基础上做了借鉴和改进，并应用在文本生成任务上。

除此之外，对抗生成网络和强化学习在文本生成领域的探索也颇多。Hsu等[46]、保罗等[47]、李等[48]、Elikyilmaz等[49]、Pasunuru and Bansal等[50]将强化学习应用在摘要生成上，并取得了一些成果。Fedus等[51]提出了探索对抗生成网络在文本生成中的应用。

3. 技术实践与探索

（1）copy机制解决OOV（Out of Vocabulary）问题

我们首先使用传统的copynet进行标题生成。由于在旅游领域的文本中会出现大量的人名、地名、景点名、餐厅名等实体词，词典不能完全覆盖，因此基于经典的seq2seq模型及能解决OOV问题的copynet成为初步探索的首选模型。copynet的结构图如图5-30所示。

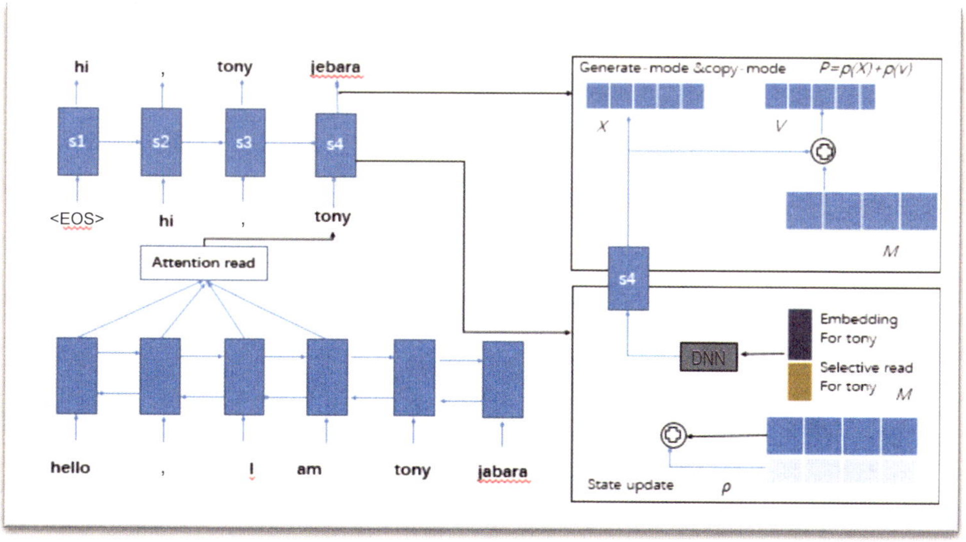

图5-30 copynet的结构图

（2）coverage 机制阻止重复词

Copy 机制无法避免出现重复的内容，于是我们借鉴西伊的 pointer-generator net，在原来 seq2seq+copy+attention 的基础上添加 coverage 机制，该机制在每一步预测时都会考虑前面步骤的决策信息，并且添加 coverage 损失，即为了重复词增加惩罚，从而能够在一定程度上避免重复词的生成。需要注意的是，根据实验结果，在训练过程中，仅在最后 5000 轮迭代中加入 coverage 机制的表现会优于全程加入该机制。

（3）预训练机制弥补训练数据不足

受旅游领域训练数据集的限制，标题生成的常见错误有两类，一是语法与通顺度的问题；二是生成的标题虽然通顺，但没有很好地切中文章的主题与核心内容。因此，我们尝试采用预训练机制弥补数据资源不足的现状。在进行预训练之前，需要明确两点，即预训练模型结构和预训练任务。这两个要素的选择不仅要符合 NLG 的特点（序列到序列的结构），还要针对下游目标任务的特性进行设计。

在模型结构上，仅使用 transformer 编码器端的 BERT 已经充分证明预训练机制在自然语言理解（NLU）领域中表现出色；在 NLG 任务上，完整的 transformer 才是备受青睐的宠儿。encoder-decoder 结构具有摒弃低效的循环机制、高效优质的自注意力、强的长文本适应性等优点，因此它成为自然语言生成任务的首选。但对于标题生成而言，上文提到的 copy 机制与 coverage 机制也同样重要，因此借鉴 Wang[42] 的做法，将 transformer 与 pointer-generator net 相结合，既充分利用 transformer 结构本身的优势，又具备解决 OOV 问题和降低重复词的能力。transformer+pointer-generator 的结构图如图 5-31。

在任务设计上，我们对两个任务依次进行训练，第一个任务是传统的语言模型利用句子中前面的词来预测当前词，该任务很好地吻合了标题生成的预测过程；第二个任务是乱序句子重构（见图 5-31），对正常的句子增添噪声后作为模型输入，模型需要学习如何重构句子、删除噪音、生成正确的句子，即增噪－降噪过程。其中增噪选择如下三种方式。

① 随机打乱句子中词的顺序。

② 删除句子中一定比例的词。

③ 替换句子中一定比例的词。

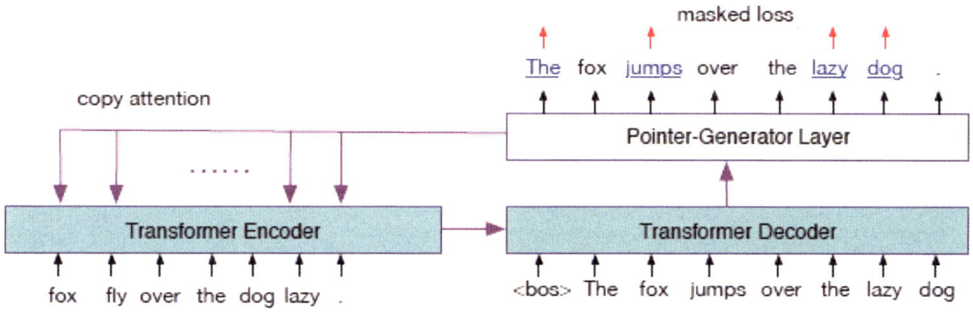

图 5-31 transformer+pointer-generator 的结构图

预训练好的模型无须更改结构和超参数，将其训练好的参数直接作为下游标题生产任务的初始化参数。

（4）POI 与主题信息丰满特征

为了生成的标题更切中文章的核心信息，我们调取 POI 功能，为正文匹配主要的城市名称与景点名称，将这些信息以“#”分隔添加在正文后面。另外，我们对所有文章进行主题建模，单独为文章的主题向量构建一个独立的 topic encoder。主题向量经过 topic encoder 之后的输出与原有的 content encoder 输出直接拼接，并作为最终的 encoder 输出。

（5）样例展示

经过以上实践，我们取得了初步成效，下面介绍一些当前标题生成的样例。

样例 1：云南少数民族众多，各个少数民族风格迥异，虽然不知道保留下来的风俗还有多少，但是民族文化真是云南的一大特色啊。我在云南品尝了纳西族的腊排骨火锅和大理白族的砂锅鱼，味道可口，别有一番风味。我以前也去过云南旅游，当时是自己一个人去的，为买票、坐车、吃饭等操碎了心，浪费了很多时间。这次主要是带着老婆一起去的，经同事介绍，果断定了自由行，结果真的很值，昆明天气也不错，不冷不热，很舒服！我和老婆玩得也很开心，人生那么短，趁年轻，就要带着爱的人到处走走。

生成标题 1：我在云南等你。

生成标题 2：云南之行。

样例 2：伊尔库茨克是西伯利亚的“心脏”，也是离贝加尔湖最近的城市。当天，西伯利亚“心脏”的天气寒冷，让人理智，让人清醒，也让人感觉到一丝丝萧条，但并不落寞，伊尔库茨克就是这样一座城市。漫步在安加拉河畔，这里显得格外清净，河水像蓝色绸缎，舒缓而平静，仿佛时间已经凝固，而所有的这一切构成了一幅绝美的俄罗斯风景画。喀山教堂是伊尔库茨克乃至整个西伯利亚地区最为华美的教堂，也是唯一的东正教教堂。

生成标题 1：西伯利亚的城市——伊尔库茨克。

样例 3：釜山希尔顿酒店位于海边，该酒店有两栋楼，一栋是标准的酒店客房；另一栋是带阳台的公寓。这两栋楼都直面大海，风光非常好，无敌海景！酒店下面有购物场所和咖啡厅，非住店客人也能进来消费，欣赏风光，还是不错的。

生成标题 1：直面大海的酒店。

样例 4：时隔十年，再次来到婺源——记忆中的宁静小城，站在百寿花厅门口，似乎时间一点儿都未改变，如今周边有许多特色的客栈，也来往着更多的游客。徽派建筑与山水田园交相辉映，村中的小巷曲曲折折，都铺以青石，回环互通，在古村落漫步，多了一份怀古之幽思。

生成标题 1：再次来到这里，婺源记忆。

生成标题 2：再来婺源，似水流年。

（6）结论与展望

标题和首图的组合是信息流中直面用户的第一门面，因此在整个内容生成的规划中，标题生成的完美落地首当其冲。目前我们虽然在标题生成方面取得了初步成效，但在实践和探索中，仍然涌现了许多问题，在接下来的优化过程中，我们要重点关注与解决如下问题。

① 尝试更多特征融合的方法，更有效地利用 POI 与主题模型，从而生成更多高质量的标题。

② 尝试使用强化学习、生成对抗网络与多任务学习等，探索优化的可能性。

③ 探索风格定制的标题生成，从而能灵活满足更多应用场景的需求。

5.4.4 小结

算法和模型能够帮助产品展示特点，吸引消费者停留和转化，并且也大大降低了运营人员的工作和运营周期。未来的优化点包括如下几点。

① 特色抽取。在抽取结果中存在很多比较单一的语句，如抽取部分存在早餐丰富、孩子喜欢等缺乏细节或特色的语句；生成部分存在句法错误等问题。

② 用户反馈。用户反馈缺少用户 CTR（点击率）数据，所有流程和算法的结果验证主要依赖业务及运营人员的检验，因此缺乏用户反馈不能真实了解用户的喜好和意图。构建以点击率、转化率为优化目标的模型，可以带来更大的业务价值。

③ 模型更新。针对大量的数据，我们还是希望使用更加深层的模型。

④ 抽取和生成结合。后续的研究方向不仅需要考虑生成方式，还需要合理地将生成结果和抽取结果进行融合。

5.5 本章小结

内容化的核心在于优质文本、图片、话题内容的产生，本章对图片的优选、标签自动获取、文章产品化、优质内容自动抽取和生成等多个方面的内容进行了介绍，全面地展示了 AI 在内容化上的赋能。

AI 对于内容化而言，更大的效益在于大大提高了产品素材获取的效率，但它不能完全替代人进行内容生产，因为内容化毕竟是一个语义表达上极度细腻的场景，离不开人为的校验和检查。

AI 能够充分利用已有的内容信息，标签化、优质化内容，极大地丰富了内容素材库，对于产品也能够从多方面进行描述，使得产品的表现更加立体。运营人员可以基于不同的场景进行灵活组合和应用，极大地提高了工作效率。同时，内容化毕竟是以用户为导向的，因此用户的反馈是其核心，后续构建以点击率、转化率为优化目标的模型是更为重要的方向。

参考文献

[1] Zhou B L. Lapderiza A. Khosla A，et al. Places：A 10 million image database for scene recognition[J]. IEEE Transactions on Pattern Analysis and Machine，2017，40(6)：1452-1464.

[2] Rajeev R，Castillo C D，Chellappa R. L2-constrained softmax loss for discriminative face verification[J]. arXiv preprin tarXiv：1703.09507，2017.

[3] Florians S，Kalenichenko D，Philbin J. FaceNet：a unified embedding for face recognition and clustering[J]. 2015 IEEE Conference on Computer Vision and Pattern Recognition (CVPR)，2015(1)：815-823.

[4] Lu X，et al. Rapid：ratingpictorial aesthetics using deep learning[J]. Proceedings of the 22nd ACM International Conference on Multimedia，2014.

[5] Ma S，Jing L，Chang W C. A-lamp：adaptive layout-aware multi-patch deep convolutional neuralnetwork for photo aesthetic assessment[J]. CVPR，2017.

[6] HosseinT，Milanfar P. Nima：neural image assessment[J]. IEEE Transactions on

Image Processing，2018，27(8)：3998-4011.

[7] Kong S，et al. Photo aestheticsranking network with attributes and content adaptation[J]. European Conference on Computer Vision，2016.

[8] Huang Z H，Xu W，Yu，K. Bidirectional LSTM-CRF models for sequence tagging[J]. Computer Science，2015.

[9] Zhang Y，Yang J，et al. Chinese NER using lattice LSTM[J]. ACL，2018.

[10] Shen W，Wang J Y，Han J W. Entity linking with a knowledge base：Issues，techniques，and solutions[J]. IEEE Transactions on Knowledge and Data Engineering，2014，27(2)：443-460.

[11] Bunescu R，Paşca M. Using encyclopedic knowledge for named entity disambiguation[J]. 11th conference of the European Chapter of the Association for Computational Linguistics，2006.

[12] Kulkarni S，Singh A，Ramakrishnan G，et al. Collective annotation of wikipedia entities in web text[J]. Proceedings of the 15th ACM SIGKDD International Conference on Knowledge Discovery and Data Mining，2009：457-466.

[13] Han X P，Le S，Zhao J. Collective entity linking in web text：a graph-based method[J]. Proceedings of the 34th International ACM SIGIR Conference on Research and Development in Information Retrieval，2011.

[14] Liu X H，LiYT，Wu H C，et al. Entity linking for tweets. Proceedings of the 51st Annual Meeting of the Association for Computational Linguistics. Stroudsurg：ACL，2013：1304-1311.

[15] Dredze M，McNamee P，Rao D，et al. Entity disambiguation for knowledge base population[C]// Proceedings of the 23rd International Conference on Computational Linguistics. Beijing：Association for Computational Linguistics，2010：294-302.

[16] Fader，Anthony，et al. Scaling Wikipedia-based named entity disambiguation to arbitrary web text[C]// Proceedings of the IJCAI Workshop on User-contributed Knowledge and Artificial Intelligence：An Evolving Synergy，2009.

[17] Ceccarelli D，Lucchese C，Orlandos，et al. Learning relatedness measures for entity linking[C]// Proceedings of the 22nd ACM international conference on Information & Knowledge Management，2013.

[18] Guo S，Chang M W，KicimanE. To link or not to link? a study on end-to-end tweet entity linking[C]//. Proceedings of the 2013 Conference of the North American

Chapter of the Association for Computational Linguistics：Human Language Technologies，2013.

[19] Kiros R，Zhi YK，Salakhutdinov R et al. Skip-thought vectors[J]. Advances in Neural Information Processing Systems，2015.

[20] Felix H，Cho K，Korhonen A. Learning distributed representations of sentences from unlabelled data[J]. arXiv preprint arXiv：1602.03483，2016.

[21] Logeswaran L，Lee H. An efficient framework for learning sentence representations[J]. arXiv preprint arXiv：1803.02893，2018.

[22] Huang P S，He X D，Gao J F，et al. Learning deep structured semantic models for web search using clickthrough data[C]// Proceedings of the 22nd ACM international conference on Information & Knowledge Management：ACM，2013：2333-2338.

[23] Hu B T，Lu Z D，Li H，et al. Convolutional neural network architectures for matching natural language sentences[J]. Advances in Neural Information Processing Systems，2014(2)：2042-2050.

[24] Chen Q，et al. Enhanced lstm for natural language inference[J]. arXiv preprint arXiv：1609.06038，2016.

[25] Yuan D Y，et al. Semi-supervised word sense disambiguation with neural models[J]. arXiv preprint arXiv：1603.07012，2016.

[26] Lewis D D. Representation and learning in information retrieval[D]. Amherst：University of Massachusetts at Amherst，1992.

[27] Yang Y，Pedersen J O. A comparative study on feature selection in text categorization[C]//ICML. 1997，97(412-420)：35.

[28] Cortes C，Vapnik V. Support-vector networks[J]. Machine Learning，1995，20(3)：273-297.

[29] Adeyanju I A，Omidiora E O，Oyedokun O F. Performance evaluation of different support vector machine kernels for face emotion recognition[C]//Proceedings of 2015 SAI Intelligent Systems Conference (IntelliSys)，2015：804-806.

[30] Kim Y . Convolutional neural networks for sentence classification[J]. Eprint Arxiv，2014.

[31] Lai S，Xu L，Liu K，et al. Recurrent convolutional neural networks for text classification[C]//Twenty-ninth AAAI Conference on Artificial Intelligence，2015.

[32] Liu P，Qiu X，Huang X. Recurrent neural network for text classification with multi-

task learning[J]. arXiv preprint arXiv：1605.05101，2016.

[33] Devlin J，Chang M W，Lee K，et al. BERT：pre-training of deep bidirectional transformers for language understanding[J]. arXiv preprint arXiv：1810.04805，2018.

[34] Sutskever I，Vinyals O，Le Q V. Sequence to sequence learning with neural networks[J]. Advances in NIPS，2014.

[35] Bahdanau D，Cho K，Bengio Y. Neural machine translation by jointly learning to align and translate[J]. ICLR，2015.

[36] Gu J，Lu Z，Li H，et al. Incorporating copying mechanism in sequence-to-sequence learning[J]. arXiv preprint arXiv：1603.06393，2016.

[37] Tu Z，Lu Z，Liu Y，et al. Modeling coverage for neural machine translation[C]//Proceedings of the 54th Annual Meeting of the Association for Computational Linguistics，2016：76-85.

[38] See A，Liu P J，Manning C D. Get to the point：summarization with pointer-generator networks[C]//Proceedings of the 55th Annual Meeting of the Association for Computational Linguistics，2017：1073-1083.

[39] Benmalek R Y，Khabsa M，Desu S，et al. Keeping notes：conditional natural language generation with a scratchpad mechanism[C]//Proceedings of the 57th Annual Meeting of the Association for Computational Linguistics，2019：4157-4167.

[40] Zhang H，Gong Y，Yan Y，et al. Pretraining-based natural language generation for text summarization[C]//Proceedings of the 23rd Conference on Computational Natural Language Learning，2019：789-797.

[41] Lewis M，Liu Y，Goyal N，et al. Bart：denoising sequence-to-sequence pre-training for natural language generation，translation，and comprehension[J]. arXiv preprint arXiv：1910.13461，2019.

[42] Wang L，Zhao W，Jia R，et al. Denoising based sequence-to-sequence pre-training for text generation[C]//Proceedings of the 2019 Conference on Empirical Methods in Natural Language Processing and the 9th International Joint Conference on Natural Language Processing (EMNLP-IJCNLP)，2019：3994-4006.

[43] Song K，Tan X，Qin T，et al. Mass：masked sequence to sequence pre-training for language generation[C]//International Conference on Machine Learning，2019：5926-5936.

[44] Dong L，Yang N，Wang W，et al. Unified language model pre-training for natural language understanding and generation[C]//Advances in Neural Information Processing Systems，2019：13042-13054.

[45] Lample G，Conneau A. Cross-lingual language model pretraining[C]//Advances in Neural Information Processing Systems，2019：7057-7067.

[46] Hsu W T，Lin C K，Lee M Y，et al. A unified model for extractive and abstractive summarization using inconsistency loss[C]//Proceedings of the 56th Annual Meeting of the Association for Computational Linguistics，2018：132-141.

[47] Paulus R，Xiong C，Socher R. A deep reinforced model for abstractive summarization[C]//CORR，2017.

[48] Celikyilmaz A，Bosselut A，He X，et al. Deep communicating agents for abstractive summarization[C]//Proceedings of the 2018 Conference of the North American Chapter of the Association for Computational Linguistics: Human Language Technologies，2018：1662-1675.

[49] Pasunuru R，Bansal M. Multi-reward reinforced summarization with saliency and entailment[C]//Proceedings of the 2018 Conference of the North American Chapter of the Association for Computational Linguistics: Human Language Technologies，2018：646-653.

[50] Gehrmann S，Deng Y，Rush A M. Bottom-up abstractive summarization[C]//Proceedings of the 2018 Conference on Empirical Methods in Natural Language Processing，2018：4098-4109.

[51] Fedus W，Goodfellow I，Dai A M. MaskGAN：better text generation via filling in the_[C]//International Conference on Learning Representations，2018.

第6章 AI运营

作为知名的OTA平台，携程的酒店部每天要处理数十万个酒店订单。携程为预订酒店的用户提供了简单、便利的操作，而事实上，要完成一个酒店订单，携程需要沟通上游供应商、确认用户，直至完成用户离店审核，这是一个涉及多方面的复杂的运营流程。在该过程中，环节越多，重复性的工作往往会越繁重，出现差错的概率也会越大。一旦运营出现问题，轻则降低效率，重则牵一发而动全身，引发舆论进而影响平台形象。

随着AI技术脱离概念阶段，机器学习、自然语言处理、图像处理等技术日趋成熟，我们将AI技术成果落地于实际运营中具体而复杂的业务场景，希望可以通过AI技术来改善运营服务、节约运营成本，并通过提高工程技术来优化运营系统。

6.1 问题的背景与难点

本章通过介绍一部分业务场景，来讲述携程如何利用AI技术解决携程酒店在运营中的痛点和难点。

首先，在改善运营服务方面，本章介绍了海外酒店房态预测模型和IM+用户模拟评分模型的应用，这两种AI技术的应用分别帮助酒店预订部弥补满房服务缺陷和减少客服差评数量。

当酒店供应商维护房态信息不及时或酒店超卖时，用户就会遇到预订酒店后被告知满房等情况，这不仅会破坏用户体验，也是酒店预订部的一大痛点。海外酒店房态预测模型便是应用于这个场景的 AI 技术。我们针对海外酒店满房比例先验值较低的数据情况，提出了在正负样本数据不平衡时，通过用 SMOTE 过采样增加负样本比例的方法来实现模型优化的技巧；同时通过网格搜索等方法不断调优机器学习模型参数，从而提高模型效果。针对满房概率高的房型，我们采用 IVR 询房和 App 前端展示订到概率的方法提前干预，以减少确认前满房服务缺陷的发生。

IM+ 用户模拟评分模型结合了自然语言处理和深度学习，对未参评的人工客服数据进行模拟评分，尤其关注差评，目的是深入分析差评数据。该模型用于减少差评数量，以及客服部门抽查和排查的工作。在使用该模型时，由于客服数据存在口语化、不规范及说话者身份交替导致句子排列不规律等问题，所以我们通过基准模型来选择最优的数据处理级别并通过赋予说话者不同的身份权重来进行预处理，最终采用 BiGRU-Attention 网络完成文本分类任务。

其次，在节约运营的人力成本方面，AI 技术在海外邮件自动化中的应用是一个成功的案例。过去携程通过收发邮件的方式和海外商户交互信息，该过程的操作几乎是纯人工的。这些邮件中掺杂着一些无效邮件（如广告邮件），而且不同类别的事件后续处理方式不同，因此处理这些邮件对客服部来说是一项繁重的工作。针对这个问题，携程通过自然语言处理结合 fastText 及 GRU 对邮件进行识别和分类，以及后期的模型维护，使邮件处理过程自动化和智能化，大大提高了客服部门的工作效率。

此外，携程还将 AI 技术应用于提高工程技术，以优化运营系统，如实时智能异常检测平台。异常检测是 AI 技术在运维领域的应用，涵盖的方面非常广。成千上万的指标和模糊的问题边界不仅为实现高告警质量和低告警数量且不漏报真正故障带来阻碍，也会影响实际生产环境所需的告警的实时性。携程通过机器学习构建模型并预测指标，最终采用 Flink 完成实时化工程并实现实时智能异常检测。

随着携程业务的拓展和完善，我们可以预见，AI 技术将会应用于很多细分的具体领域。

6.2 机器学习在海外酒店房态预测中的运用

6.2.1 业务背景

“放心的价格，放心的服务”是携程的核心服务理念。携程在服务方面投入了大量的人力成本和物力成本，希望能不断降低在用户预订携程产品时发生服务缺陷的比例。以携程海外酒店为例，为提高用户预订酒店的成功率，我们需要提高酒店的房态信息的准确性，避免用户在预订酒店后被告知满房、到店后被告知无房等情况的发生。这里的酒店的房态是指酒店售卖的房型的状态，它可以简单分为两种，即开和关。保障酒店房态信息的准确性十分困难，因此我们通过构建机器学习模型来预测酒店的房态，进行提前干预，从而降低发生服务缺陷的订单的比例。本节将重点介绍这方面的技术经验。

本节将从以下三个方面来介绍机器学习在海外酒店房态预测中的运用：首先，简单描述海外酒店房态预测的难点；其次，介绍海外酒店房态预测难点的解决方案；最后，介绍海外酒店房态预测的应用场景。

6.2.2 海外酒店房态预测的难点

在用户预订酒店的过程中，酒店供应商维护房态信息不及时、酒店超卖等原因会导致订单确认前满房、订单确认后满房等服务缺陷的发生，这不仅会严重影响用户体验，而且会导致用户流失，并影响企业形象。而海外酒店房态预测的难点就在于，满房服务缺陷在海外酒店总体订单中的比例很低，而且海外酒店房态信息不准确大多是由于人为的不可控因素，缺乏普遍有效的规律。

通过构建机器学习模型来预测海外酒店房态，并结合不同的业务场景提前干预，在一定程度上可以降低在用户预订酒店时发生服务缺陷的比例。

6.2.3 海外酒店房态预测难点的解决方案

1. 数据预处理

在进行数据建模工作之前，首先要对数据有基本的认识。这会帮助我们认清需要解决的问题，并且为我们寻找解决方案提供灵感。数据预处理包括数据清洗、缺失值填充和数据采样。

数据清洗是机器学习中很重要的一步。机器学习通常只相当于一个加工机器，最后的产品质量取决于原材料的好坏。数据清洗就是去除脏数据，若不进行该步骤，则容易出现“Garbage In Garbage Out”的情况。那么如何判定脏数据呢？我们可以通过简单的属性判定脏数据，如一个人的身高为3m、一个人的年龄为300岁等，还可以通过简单的统计规则或离群点算法识别出脏数据。

如何处理缺失值呢？如果某个属性的缺失值特别多，那么我们可以将其直接舍弃。如果属性的值是连续的，那么我们可以用回归方法进行拟合，或者直接用众数、中位数、平均数等具体的值代替缺失值。如果缺失值较少，并且为非连续的值，那么我们可以把缺失值当作一个新的类目处理，这或许也能揭示一定的客观现实。常用的处理缺失值的方法如下。

（1）删除

最简单的缺失值处理方法是删除，即删除属性或删除样本。如果大部分样本的某个属性缺失，那么这个属性提供的信息有限，因此我们可以选择放弃使用该属性；如果一个样本的大部分属性缺失，那么我们可以选择放弃该样本。这种方法虽然简单，但只适用于数据中的缺失值较少的情况。

（2）统计填充

对于含缺失值的属性，尤其是数值类型的属性，我们可以利用所有样本关于该属性的统计值对其进行填充，如使用平均数、中位数、众数、最大值、最小值等统计值进行填充。选择哪种统计值需要具体问题具体分析。另外，如果有可用的类别信息，那么可以进行类内统计。例如，在统计身高时，应先对男性和女性加以区分，再进行统计填充。

（3）统一填充

对于含缺失值的属性，我们可以把所有缺失值统一填充为自定义值。如何选择自定义值也需要具体问题具体分析。当然，如果有可用的类别信息，那么我们可以对不同类别分别进行统一填充。常用的统一填充值有“空”“0”“正无穷”“负无穷”等。

（4）预测填充

我们可以通过预测模型并利用不存在缺失值的属性来预测缺失值，也就是先用预测模型填充数据，再做进一步的工作，如统计、学习等。这种方法虽然比较复杂，但是最后得到的结果通常比较好。

在清洗数据和填充缺失值以后，当机器学习中的正负样本比例不平衡时，要进行数据采样。完成数据采样的基本思路是让正负样本在训练过程中拥有相同的“话语权”，可以采用采样与加权等方法。采样分为上采样（Oversampling）和下采样（Undersampling），上采样是指把少数类样本复制多份，下采样是指从多数类样本中剔除一些样本。用随机采样的方式进行上采样或下采样的最大优点是简单，而这种方法的缺点也很明显：通过上采样得到的训练集中会反复出现一些样本，训练出来的模型会有一定的过拟合；而通过下采样得到的最终训练集会丢失部分数据，训练出来的模型只能学到总体模式的一部分，这会造成信息损失。

要解决随机上采样的问题，可以在每次生成新数据点时加入轻微的随机扰动，这种方法非常有效。

减少下采样的信息损失的方法有三种：第一种方法叫作 Easy Ensemble，即利用模型融合的方法进行多次下采样（放回采样，这样产生的训练集才相互独立），产生多个不同的训练集并训练多个不同的分类器，通过组合多个分类器的结果得到最终的结果。第二种方法叫作 Balance Cascade，即利用增量训练的思想，先通过一次下采样得到训练集，训练一个分类器，不将那些分类正确的多数类样本放回，然后对少数类样本及上个分类器分类错误的多数类样本进行下采样，从而产生训练集，训练第二个分类器，以此类推，最终通过组合所有分类器的结果得到最终结果。第三种方法叫作 Near Miss，即利用 KNN 挑选那些最具代表性的大众样本，这种方法的计算量很大。

2. 特征工程

特征工程（Feature Engineering）经常被比喻为机器学习中的“黑魔法”，我们在处理特征时应该对需要解决的业务问题有较深的理解。

单个原始特征（或称变量）通常属于以下几类特征，处理各类特征的方法各不相同。

（1）连续特征

对连续特征的处理方法有归一化、离散化（等距离散、等样本离散、画图观察趋势）、函数变换（取平方、取对数）、笛卡尔积、利用核函数进行变换。

（2）有序特征

我们用编码表示有序特征值之间的顺序关系。例如，将服务态度这一特征分为好、中、差三档，显然，差 < 中 < 好，我们可以分别将其编码为 (1,0,0)、(1,1,0) 和 (1,1,1)，这种表达方式巧妙地表达了有序特征值之间的递进关系。

（3）无序特征

One-Hot Encoding 用 h 个变量代表 h 个 level；Dummy Encoding 将一个有 h 个 level 的变量变成 h-1 个变量；Hash Trick 将变量转化为固定长度的 Hash 变量。我们将变量离散化为哑变量，并将一维信息嵌入模型的 Bias 中，可以简化逻辑回归，降低模型过拟合的风险。其中，在离散特征经过 One-Hot Encoding 后，每个分类型变量的取值在模型中都可以看作独立变量，增强了模型的拟合能力。一般地，当模型加正则化项约束模型自由度时，我们认为 One-Hot Encoding 的效果更好。Feature

Hashing 可以用于将高维稀疏特征映射到固定维度空间。

如何进行特征组合是我们在实践中着重考虑的问题。特征组合一般可以分为显式特征组合和半显式特征组合。

（1）显式特征组合

显式特征组合先对特征进行离散化，再进行叉乘，采用笛卡尔积、内积等方式进行处理。

（2）半显式特征组合

半显式特征组合区别于显式特征组合，具有明确的组合解释信息。半显式特征组合通常基于树方法进行特征划分，并具有相应的组合路径。一般做法是将样本的连续值特征输入 Ensemble Tree，使其分别在每棵决策树上沿着特定分支路径落入某个叶子节点，并得到其编号，这些编号本质上是这些特征在特定取值区间内的组合。Ensemble Tree 可以通过 GBDT 或随机森林来实现。每一轮迭代产生一棵新树，半显示特征最终通过 One-Hot Encoding 转化为二值向量。

最后，特征选择是特征工程中的重要问题之一。数据和特征决定了机器学习的上限，而模型和算法只是逼近这个上限而已。一般而言，特征选择是指选出使模型达到最佳性能的特征子集，在工程实践中比较常用的方法如下。

① 计算每一个特征与响应变量的相关性。例如，皮尔逊相关系数可以衡量线性相关性，互信息系数可以很好地度量各种相关性，但其计算相对复杂，好在很多开源工具包都包含了皮尔逊相关系数的开源工具（如 Sklearn 的 MINE），因此可以根据相关性排序选择特征。

② 对所有特征构建单特征模型，并对每个单特征模型的精度进行排序，精度越高说明该特征对预测越有用；或者根据决策树得到的特征重要性来选择特征，这两种方法本质上是等价的。

③ 训练能够对特征打分的预选模型，如随机森林和逻辑回归等，然后根据打分

高低选择目标特征并训练最终模型。

④ 通过 L1 正则方法来选择特征。L1 正则方法容易获得稀疏解，因此它具备选择特征的功能。需要注意的是，没有被 L1 正则方法选到的特征也可能是重要的，因为两个具有高相关性的特征可能只保留了一个。如果要确定哪个特征更重要，那么应通过 L2 正则方法进行交叉检验。

⑤ 先进行特征组合再来选择特征。例如，先通过用户 ID 和用户特征的组合来获得较大的特征集，再选择特征，这种做法在推荐系统和广告系统中比较常见。

⑥ 通过深度学习来进行特征选择。由于深度学习具有自动学习特征的能力，所以从深度学习模型中选择某一神经层的特征后，这些特征就可以用于对最终的目标模型进行训练。

海外酒店房态预测的目标是预测海外酒店房型在对应的入住日发生满房的概率。我们需要确定使用哪些数据能够达到这个目标。我们可以借鉴一些业务经验，在此基础上用上面介绍的特征工程构造并选择特征。根据业务经验来判断，可能影响酒店售卖房型满房概率的因素如下。

① 入住日是否是节假日，以及预订日距离入住日的天数。

② 酒店的历史订单中满房订单的比例。

③ 供应商的历史订单中满房订单的比例。

④ 酒店所在城市、商圈的紧张度，以及酒店所在城市、商圈的实时满房率等。

在选定要用的特征之后，我们需要思考一个问题，即这些数据从哪里可以获取？只有在获取了这些数据后，我们才能使用它们。获取特征数据的方法分为离线特征获取和在线特征获取。离线特征获取可以使用海量的数据，借助分布式文件存储平台，如 HDFS 等，并使用 Map Reduce、Spark 等处理工具来处理海量的数据；在线特征获取比较注重获取数据的延时性，由于这种方法是在线服务，所以它需要在非常短的时间内获取相应的数据，而且对查找性能的要求非常高，可以将数据存储在索引、KV 存储系统中。显然，数据查找性能与数据量大小存在矛盾（数据量越大，查找效率越低），这需要我们折中处理。

3. 模型选择与效果评估

当样本数据充足时，我们一般随机把数据分为训练集、验证集和测试集，用训练集训练模型，用验证集评估模型预测的结果的好坏并选择模型及其对应的参数，再把得到的模型用于测试集，根据测试结果最终决定使用哪个模型及其对应的参数。交叉验证是在选择机器学习模型和验证机器学习模型参数时常用的方法。顾名思义，交叉验证就是重复地使用数据，把得到的样本数据进行切分，将其组合为不同的训练集和测试集。通过不同的切分可以得到多组不同的训练集和测试集，某次训练集中的某个样本在下次可能成为测试集中的样本，即所谓的“交叉”。

在使用机器学习模型的过程中，针对不同的场景应采用不同的评价指标。在海外酒店房态预测中，我们主要关注的是某个入住日的售卖房型的满房概率，因此我们对模型预测的结果取不同的阈值，观察模型的准确率和召回率。

如果要选最好的模型，那么可以通过交叉验证来选择，并进行参数调优。而在实际情况下要得到一个足够好的模型，需要靠经验和实验。评判模型好坏的通用标准是偏差和方差：模型复杂度越高，偏差越低，方差越高。一般小数据集适用于高偏差低方差的简单模型，大数据集适用于低偏差高方差的复杂模型。在本节展示的应用场景中，我们首先选择的模型是逻辑回归，虽然它的效果不怎么好，但它的结果可以为我们提供参考。然后我们尝试了随机森林等模型，并观察模型的性能是否有大幅度提升。即使不将其作为最终模型，我们也可以用随机森林来移除噪声变量，并进行特征选择。如果特征的数量和观测样本特别多，那么当资源和时间充足时（这个前提很重要），SVM 不失为一个好的选择。在海外酒店房态预测模型的构建过程中，我们尝试了逻辑回归、随机森林、GBDT 等模型，最终选择了模型效果最好的 XGBoost 作为我们的上线模型。

对于 XGBoost 的参数设置，XGBoost 的作者把所有的参数分成了以下 3 类。

① 通用参数：控制宏观函数。

② booster 参数：控制每一步的 booster（tree 或 regression）。

③ 学习目标参数：控制训练目标的表现。

XBGoost 的调参过程为先固定一个参数，将其最优化后继续调整，具体分为以下 6 步。

① 确定学习率和 tree_based ，设定一个常见的初始值，根据类别是否平衡进行调节。

当 max_depth = 3 时，初始值可以为 4 到 6 之间的数值；当 min_child_weight = 1 时，初始值取比较小的值，以解决分类极不平衡的问题；subsample=0.8，colsample_bytree = 0.8，这是最常见的初始值；scale_ pos_weight = 1，这样取值是因为类别十分不平衡。

② max_depth 和 min_child_weight 对最终结果有很大的影响。

max_depth 可取 3 到 10 之间的数，min_child_weight 可取 1 到 6 之间的数。我们应该先对参数进行大范围的粗调，再进行小范围的微调。

③ 在进行 gamma 参数调优时，gamma 可取 0 到 0.4 之间的数。

④ 调整参数 subsample 和 colsample_bytree。subsample 和 colsample_bytree 可以先尝试取 0.75 到 0.9 之间的数。

⑤ 在进行正则化参数调优时，reg_alpha 和 reg_lambda 可先取 1×10^{-5}、1×10^{-2}、0.1、1 及 100。

⑥ 在降低学习率时，学习率可以先取 0.1、0.05、0.01。

6.2.4 海外酒店房态预测的应用场景

为减少海外酒店的满房缺陷，我们可以对满房概率高的酒店提前进行人工询房或 IVR 询房，询房播报流程图如图 6-1 所示。

对于满房概率非常高的酒店售卖房型，我们可以在 App 前端页面的售卖房型下展示订房成功率（如“房源紧张，订到概率为 XX%”的字样），引导用户不预订满房概率高的房型，即订到概率较低的房型。

通过构建海外酒店房态预测模型来预测售卖房型在对应入住日的满房概率，在多个业务场景下得到了有效的应用，最终有效降低了海外酒店订单中满房订单的比例。

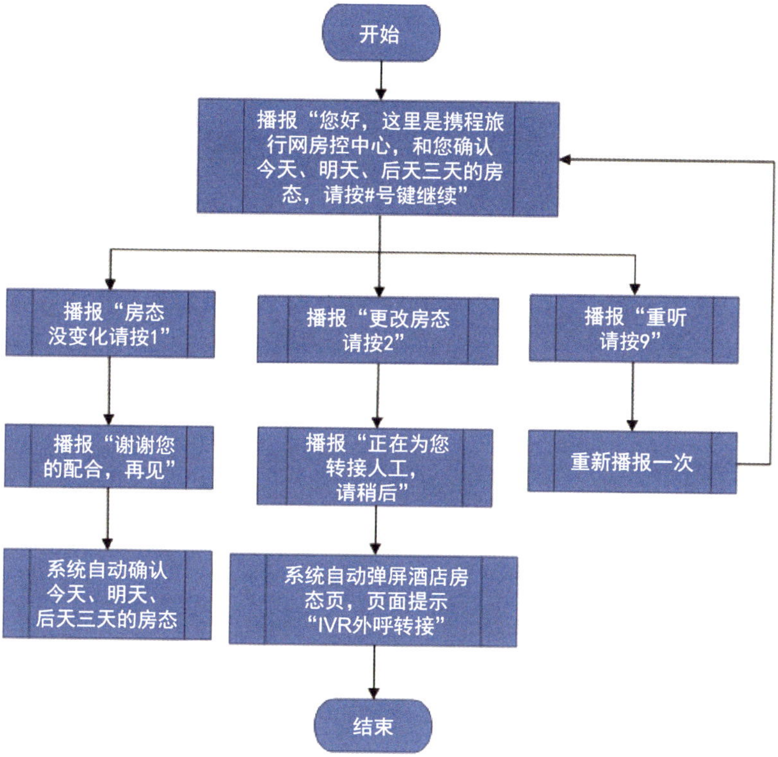

图 6-1　询房播报流程图

6.3　IM+ 用户模拟评分

6.3.1　业务背景

作为 OTA 行业中领先的平台，携程的业务一直在不断地扩展。AI 技术已经渗入各项业务，在携程的智能化过程中发挥着重要作用。例如，用户能直接感受到 AI 技术在携程智能客服系统中的应用。携程智能客服系统对内的名字为 Instant Message Plus，简称 IM+ 系统，主要用于实现用户与客服的实时对话、及时为用户解决线上和线下的问题，以及提升用户体验。携程客服分为智能机器人和人工客服，其中，人工客服主要用于处理复杂的业务场景和问题解答。目前，人工客服仍是携程提供客服服务的主要方式，因此人工客服的服务质量直接影响公司的对外形象和订单量。

在人工客服质量考察的各个方面中，用户对客服服务的评分是一项重要的指标。目前携程客服人员的部分培训素材取自真实的已评分的人工客服对话场景，然而现阶段真实的用户参评率不到一半，这会导致每个客服人员约有一半的工作得不到考察和评价，还会导致好的培训素材和数据缺失。解决这类问题的方法一般是让一定数量的质检组的业务人员对每天未评的人工客服聊天数据进行抽样或排查，及时找到并反馈其中的差评数据。虽然这可以让人工客服的服务质量数据得到重视，但是抽查不全的问题仍然存在。而且，该方法还产生了人力成本的耗费。针对这样的情况，我们提出了一种基于深度学习的自然语言处理打分模型，它能通过已评的数据学习用户打分策略，从而实现对未评对话的模拟评分。

6.3.2 基于深度学习的模拟评分

IM+ 系统是携程客服人员与用户的实时对话系统，对话方式以文字描述为主。所谓模拟评分，就是站在用户的角度，根据对话者的身份信息和对话内容，打出一个 1 ～ 5 分的整数分值，分值越高表示用户对该次人工服务越满意。该业务场景仅涉及酒店售后服务，我们通过对数据进行抽样分析，发现用户给客服服务差评的主要原因是用户的售后事件或问题得不到实际解决。这些用户满意度信息潜藏在对话内容中。理论上，我们通过文本挖掘技术可以将好评、中评、差评的评论区分开，这在后来的模型效果中得到了证实。我们可以将 IM+ 用户模拟评分归为一个自然语言处理分类问题，目标是在未评的对话数据中尽可能准确且全面地找出差评数据。在目前已评的对话数据中，绝大部分对话为好评，差评的比例很低。

1. IM+ 用户模拟评分的难点

如上文所述，IM+ 用户模拟评分可归为自然语言处理分类问题，但是由于 IM+ 系统的对话数据具有特殊性，所以该分类问题与传统的文本分类问题是有很大区别的。例如，对话文本整体比较口语化，而口语化的句子存在语法与断句不规范、同音错字、用户与客服人员交替说话导致句子排列不规律等问题，直接对对话文本进行建模会导致模型效果不佳，从而影响线上效果，因此我们对这样的数据从多方面进行了预处理。

2. 数据预处理

① 处理口语化的影响。分别在字、词、拼音三个数据级别上处理原始数据并建模，再通过模型的基准选择最优的数据处理级别，最终通过深度学习模型与机器学习模型发现词级别是最优的数据处理级别。

② 解决不规范的文字输入。通过自定义停顿字词符号表，对原始数据进行停顿处理，并删除无用的文本信息（介词、代词、订单号、固定术语、乱码符号等），进一步提高数据集的整体质量。

③ 对话数据的每句话都有对应的说话者身份，不同的说话者身份对应不同的权重，这在使用注意力机制网络时尤为重要。例如，当说话者说出一句负面情绪的话时，如果说话者是客服人员，那么这个对话被打差评的可能性极高；但如果说话者是用户，那么情况就不一样了。因此，在每句对话前面添加说话者身份是十分非常重要的。通过数据预处理得到的对话数据如表 6-1 所示。

表 6-1　通过数据预处理得到的对话数据

obs	预处理后的对话数据
0	[客人，客人，人工，客人，订单，支付，说，离店，返，客人，…]
1	[客人，酒店，接送，服务，客人，酒店，联系方式，地址，客人，…]
2	[客人，我要，开发票，客人，发票，未，客人，发票，配送，信息，…]
3	[客人，房间，员工，您好，蘑菇，为您服务，员工，您好，抱歉，…]

续表

obs	预处理后的对话数据
4	[客人，我订，床型，客人，我要，修改，订单，客人，我订，我，…]
5	[客人，我要，取消，订单，客人，转，人工，员工，您好，…]
6	[客人，我要，取消，订单，客人，客人，说，英文名，身份证，…]
7	[客人，酒店，吹风机，吹，断电，客人，我要，取消，订单，赔，…]
8	[客人，人工，服务，员工，您好，朵朵，为您服务，员工，客服，…]
9	[客人，我要，取消，订单，客人，我要，取消，订单，修改，订，…]
10	[客人，所订，酒店，未，付款，客人，转，人工，员工，员，…]

3. 数据建模

在完成数据预处理之后，我们需要对数据进行建模，此时该数据集完全可以套用一个文本分类模型完成训练及预测。文本分类是利用计算机已有的算法规则对文档数据自动归类的一种算法，其中最传统的做法是利用 TF-IDF（Term Frequency-Inverse Document Frequency）提取文档的逆文档频率特征，再结合机器学习模型完成对数据的分类，常见的模型有 TF-IDF+LR 和 TF-IDF+SVM。选用 LR 与 SVM 这两种线性分类器主要是因为 TF-IDF 提取的特征的维度一般都非常高，Python 的 Sklean 可以存储稀疏高维特征矩阵，而线性分类器擅长解决高维特征的分类。

随着深度学习的发展，自然语言处理分类问题在深度学习模型中得到了发展，主要是在谷歌提出 word2vec 模型之后开始发展的。word2vec 是一种无监督的算法，我们可以利用语料库，通过 word2vec 浅层神经网络将文本中的词向量化，而且该向量能有效地描述其在上下文中的语义关系。在结合深度学习之后，自然语言处理分类任务的准确率和泛化能力都得到了极大的提高。

目前自然语言处理也在向迁移学习的方向发展，迁移学习已有很多优秀且知名的开源训练网络权重数据，研究者在此基础上进一步利用自己的数据集微调网络参数，以达到节省训练时间和提升模型效果的目的。该思想随着谷歌的 BERT 模型的提出在自然语言处理领域掀起了迁移学习的热潮。研究者利用 BERT 模型微调自己的语料数据，以达到超越之前的机器学习模型及深度学习模型的效果。目前除了谷歌提出了 BERT 模型，Facebook 和微软也相继提出了 XLM 预训练模型和 MASS 预训练模型，然而目前针对中文的预训练模型只有谷歌的 BERT 模型，而且它只支持中文的字级建模。BERT 模型是深度学习模型，与一般的深度学习模型相比，它除了引入了预训练概念，还在网络结构上做了较大的改变。传统预训练模型在使用 LSTM 或 GRU 计算句子内部关系时考虑的词关系都是单向的，双向 LSTM 也是如此，即当前词主要依赖前面的 RNN 的输出，但是 BERT 模型的内部网络针对此情况做了改变，句子中每个词在计算句子内部关系时都会同时考虑上下文，这就是 BERT 模型中的双向 RNN。

我们首先尝试了传统的机器学习模型，利用 TF-IDF 提取逆文档频率特征，并使用逻辑回归完成训练及分类预测。

然后，我们尝试了现在最流行的自然语言处理分类任务预训练模型及谷歌的 BERT 模型。我们需要将客户评价分为好评、中评、差评 3 个类别，因此数据 y 标签按照 3 分类输入。因为 BERT 模型目前仅支持中文的基于字级别的建模，所以我们删除原始数据的停顿词并为其加上身份前缀，然后直接将数据送入 BERT 模型完成训练。BERT 模型的微调对计算资源的要求较高，因此我们的实验是在显存容量为 32GB 的英伟达 V100 显卡上进行的，训练了将近 22 万条文本数据，最终耗时约 6h。最终整体的模型效果比机器学习模型的效果好，以目标类别是差评的情况为例，当准确率为 70% 时，召回率为 42% 左右。但是，我们最后并没有采用 BERT 模型，而是采用了深度学习模型 BiGRU+Attention，主要原因有 3 点：首先，BiGRU+Attention 模型的效果更好，该模型是基于词级别的建模，而 BERT 模型不是基于词级别的建模；其次，BERT 模型的训练耗时耗资源，不利于线上模型的迭代；最后，手工构建的深度神经网络能从多方面进行尝试，特别是后期我们需要将对话数据中除文本外的信息加入模型，以提升模型效果，而 BERT 模型的扩展性不够强。

图 6-2 是 GRU 的单个节点的内部结构图。GRU 能够替换传统的 RNN 与 LSTM

的主要原因是，与 RNN 相比，GRU 不仅能更好地保存序列长依赖信息，而且它的计算比 LSTM 的计算快很多，它的效果与 LSTM 的效果也相近。

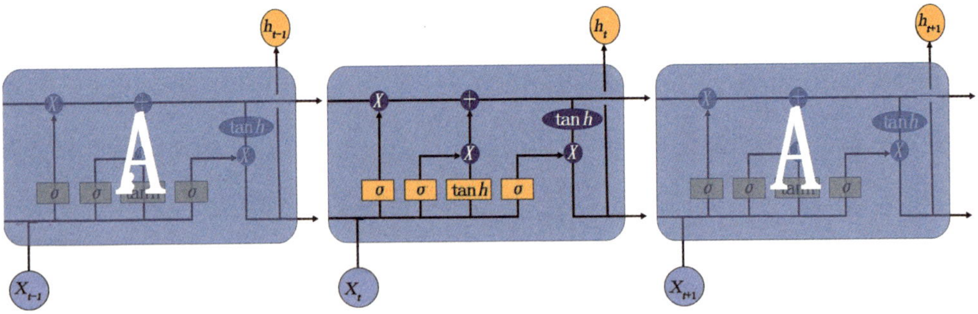

图 6-2 GRU 的单个节点的内部结构图

我们最后采用了 BiGRU+Attention 模型，而词向量的提取由 BERT 模型完成。这种深度学习模型在测试集上取得了不错的效果。

6.3.3 技术方案流程

① 数据获取与清洗。将 IM+ 原始会话信息以 JSON 格式存储，由于每个 JSON 对象中有价值的数据较少，所以应该对所有历史会话信息进行清洗提取并做成日跑的清洗 job，以完成每日的 T+1 线上数据的清洗工作。

② 数据预处理。将获取的 IM+ 原始聊天数据按聊天轮次存储，因此需要使用时间戳与聊天标识 ID 将会话串接，同时删除系统自定义的无用消息并添加聊天身份标识；历史已有的评分对话中存在关于评分的描述话术，这些描述话术的引入会对模型产生干扰，因此应针对该问题指定过滤话术，将干扰模型的话术去除。

③ 数据结构化处理。在上一步的基础上使用 JIEBA 分词工具对会话内容进行分词处理，再利用停顿词表剔除停顿词及无用符号，最后使用 Keras 的文本处理 API，将会话 ID 化表示（每个会话的长度一致）。

④ 利用谷歌开源的词向量模型 BERT 针对每个词计算对应的词向量，并将其本地化存储，再使用 Python 的 Keras 搭建深度学习网络。在该过程中，可以将传统的

LSTM 替换为 CuDNNGRU，以实现模型的加速训练与预测。引入注意力网络可以使模型更加全面地捕获长文本的上下文信息。另外，在网络搭建过程中引入 dropout 层可以有效地防止模型过拟合。

⑤ 利用上一步形成的结构化数据及深度学习网络构建深度学习模型，最后根据上文描述的技术方案训练深度学习模型。该模型每天预测前一天未评的对话场景，并将判为差评的数据及时推送给 IM+ 实时监控系统，如图 6-3 所示。

构建深度学习模型，能够使 IM+ 用户模拟评分比较准确地进行，在一定程度上加强了对差评数据的考察，并且有效地节约了人力成本。IM+ 用户模拟评分模型还可以进一步优化，如将事件类型作为一个重要的特征，构建一个多输入的模型。此外，在选择模型时可以考虑使用迁移学习，但这需要在硬件条件相对充足的前提下进行。

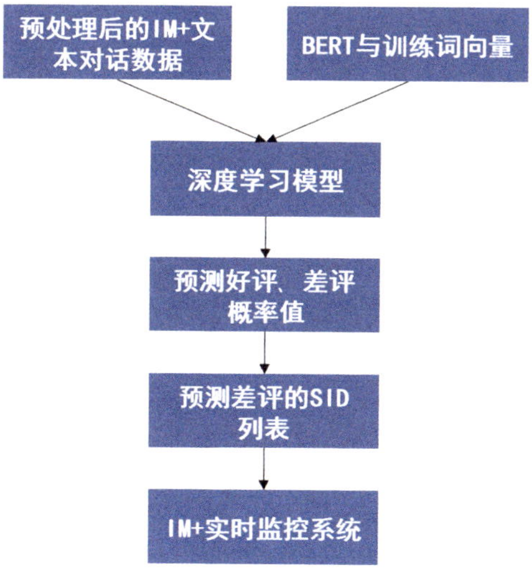

图 6-3　IM+ 用户模拟评分流程

6.4　海外邮件自动化

6.4.1　业务背景

拓展海外酒店市场是携程国际化战略的重要环节。随着国内出境游的持续升温，以及携程在海外市场的发力，通过携程预订的海外酒店间夜量快速增长。与国内酒店不同的是，海外酒店与国内 OTA 的沟通更为复杂和困难。受国外文化习惯等因素影响，携程与海外酒店及供应商的主要沟通方式是邮件。

每天，携程的客服邮箱都会收到大量来自海外的商户邮件，这些邮件涉及订单处理、信息核实、支付结算等方面的问题。通常客服人员需要一封封查看邮件，处理邮件中提到的问题事项并及时回复。这种手工处理邮件的方式严重降低了客服人员的工作效率。事实上，有相当一部分邮件是不需要客服人员查看和处理的，如广告营销类邮件。因为这些邮件并没有与具体业务流程相关的实质性内容，所以它们可以直接被过滤掉。这些邮件被称为无效邮件，其余需要后续处理的邮件才是有效邮件。因此，通过技术手段识别邮件类型，实现邮件处理自动化、智能化，成为提升携程客服中心工作效率的一项重要工作。

本节主要介绍了自然语言处理在携程海外邮件处理中的应用，如识别无效邮件、识别事件类型等，并说明了如何利用 AI 模型使邮件处理的操作流程自动化、智能化，将携程客服人员从大量重复性的手动操作中解放出来，让工作过程更加简单高效。

6.4.2 自然语言处理在邮件自动化中的应用

随着携程海外酒店预订间夜量的不断上升，国内客服部门与海外酒店及海外供应商之间的收发邮件数量逐年增加，为了提高识别和处理邮件的效率，我们决定对邮件系统进行改造，其中一项措施便是引入 AI 模型。

1. 自动分拣：区分无效邮件和有效邮件

实现海外邮件处理自动化的首项任务就是区分无效邮件和有效邮件。显然，这是一个分类问题，类似于经典的垃圾邮件分类问题。无效邮件与垃圾邮件类似，需要由业务人员根据实际业务经验来定义，因此我们组织相关人员对其中一批邮件样本完成了标注工作。

携程收到的海外邮件篇幅长短不一，其中大部分为简体中文邮件、繁体中文邮件和英文邮件，也包含少数其他语言的邮件，接收这些邮件的收件箱是同一个。为了全面考察和识别一封邮件，考虑到实际情况，我们从发件人、邮件主题、邮件正文内容三个方面来分析它。具体步骤分为两步：第一步，我们过滤掉了一些无用的字符，将简体中文和繁体中文统一，并对中文内容进行分词。特别地，由于有效邮件的内容可能包含很多专业术语，所以我们总结了各种业务场景下客服人员与商户沟通时的常见用语，并将它们添加到词典，用于后续的分词和建模。第二步，我们将发件人、邮件主题和邮件正文内容经上述方式处理后再拼接，并将它们作为输入样本进行分类。

为了构建能准确识别邮件类型的分类模型，我们尝试了以下 5 种方法。

（1）人工构造特征

通过获得一批邮件语料，计算 uni-Gram、bi-Gram、tri-Gram，以及每个词的 TF-IDF 值，然后用逻辑回归、朴素贝叶斯等模型进行分类。

（2）fastText

fastText 是 Facebook 开源的文本表征和文本分类工具，优点是简单高效，用一个浅层网络便可取得和深度神经网络相媲美的精度，而且与深度神经网络相比，其训练时间大大缩短，是个不错的选择。

fastText 使用了字级别的 n-Gram，相比词级别的 n-Gram，增加了词内部的形态特征。fastText 用字级别的 n-Gram 向量来表征一个词。其网络结构与 CBOW 相似，将 n-Gram 特征作为输入，使其经过一个全连接层，输出层就是对应的类别标签。

（3）TextCNN

TextCNN 将计算机视觉中常见的卷积神经网络应用于文本分类任务。该模型使用多个不同大小的卷积核提取句子中的关键信息，从而捕捉上下文之间的局部相关性。

最简单的 TextCNN 操作步骤如下。

① 嵌入（Embedding）：将词转换为词向量，可以将其类比为图像中的像素点，

并将其作为网络输入。

② 卷积（Convolution）：使用多个不同的卷积核对上述输入进行一维卷积操作，得到多个 feature map，将其作为输出。

③ 池化（Polling）：对上述输出进行最大池化操作，使不同大小的 feature map 都变成定长的表示，同时起到降维作用。

④ 全连接层输出（Fuly-Connection）：最后接一层全连接层，并进行 softmax 变换，输出每个类别的概率。

（4）双向 LSTM

文本是一种典型的序列数据，而 RNN 是一种专门用于处理序列数据的神经网络结构，LSTM 和 GRU 等结构是在它的基础上衍生出来的。普通的 LSTM 和 GRU 都是按从前向后的序列顺序进行句子建模的，但句子中的每个词都是与上下文相关的，对于下文中的某个词，我们需要联系上文的语义才能明白它表达的实际含义，由此衍生出了双向结构，即先正向计算，将隐藏层状态传递给后一个词，再反向计算，将隐藏层状态由后一个词传递给前一个词。这样每个词都会得到前一个词和后一个词的反馈，最终的输出取决于正向计算和反向计算的结果。

（5）层级注意力网络（Hierarchical Attention Networks，HAN）

除 RNN 外，注意力机制也是文本序列建模的重要手段。注意力机制的本质是对输入句子的每个词赋一个权重，然后加权求和。权重代表了信息的重要性。这样就可以从大量信息中筛选出重要信息并对其重点关注，从而提升模型的效果。权重的计算方式有很多种，本质都是度量两个词之间的相关性或相似性。

HAN 针对的是文档分类任务，它可以将一篇文档拆分成多个句子。之所以称其为层级注意力网络，是因为它采用了词层面和句子层面的注意力机制，其具体步骤如图 6-4 所示。

首先将双向 GRU 作为编码器，利用它对每个句子中的每个词建模，通过词层面的注意力机制得到加权和，将其作为该句子的表征；然后对每一个句子使用双向 GRU 和句子层面的注意力机制，得到对整篇文档的表征；最后通过全连接层和 softmax 变换输出分类结果。

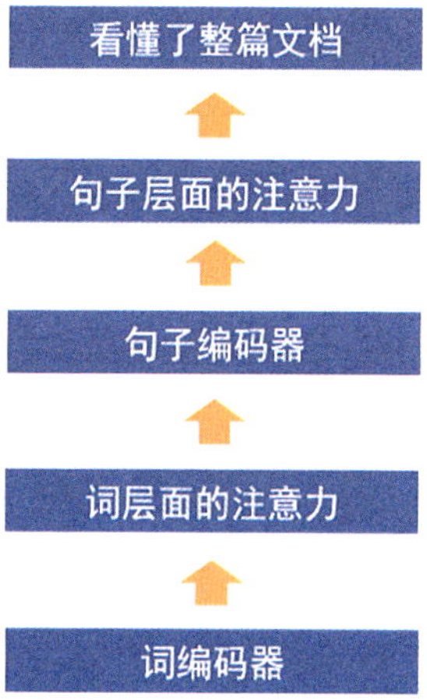

图 6-4　HAN 进行文档分类的具体步骤

我们尝试了以上 5 种方法，通过准确率、召回率、F1-Score 来评估模型的分类效果。深度神经网络通过邮件语料得到每个词的 word2vec 词向量，并将其作为嵌入层进行微调。最终，HAN 的效果最优，该模型判断无效邮件的准确率可以达到 99%，这也验证了双向 RNN 和注意力机制在自然语言处理建模中显著的有效性。我们对离线训练好的模型部署接口服务，将其用于实时地对新接收的邮件进行分类。

事实上，由于实际业务具有复杂性，以及不同季节、不同时段会出现各种各样的邮件，单一的模型难免会出现错判和漏判的情况；业务流程的变动可能会导致部分原本定义为无效的邮件变成有效邮件，或者原本定义为有效的邮件变成无效邮件，从而影响模型的准确率。因此，我们除了监控每天的实际效果和不定期地更新模型，在实际操作中还给客服部门提供了配置功能，相关负责人可以根据业务需要自由配置关键词和过滤条件，包含这些关键词或满足过滤条件的邮件会被视为无效邮件，从而满足实时调控的需要。

2. 自动匹配：区分事件类型

在区分出有效邮件后，客服人员就要对有效邮件提及的问题和事项进行处理，不同的问题和事项的后续处理流程是不同的，区分事件类型有利于提高事件处理效率。我们先将这些事项归为多个类别，如订单信息核实、用户特殊要求、支付返现等，并将其称为不同的事件，对不同的事件采取专门的方式处理。负责完成该流程的系统即携程客服部门的事件系统。以往，客服人员在查看邮件后，需要手动将信息录入事件系统，这些邮件再由后台根据员工选择的事件类别自动处理，或者由专门分配的工作人员处理，这些工作人员还要记录处理进度，这又是一项烦琐的工作。

既然系统能够自动区分有效邮件和无效邮件，自然而然地，它就可以进一步将有效邮件与对应的事件类型相匹配。这是一个文本分类任务，它的目标包含多个类别，我们尝试建立相应的文本分类模型。需要注意的是，并不是所有事件都适合用模型分类，如目前邮件中数量不多的某类型的事件就不适合用模型分类，因此我们只能对分类准确率较高的事件用模型来自动分类。目前事件数量最多的几个事件类型已经能够由模型自动识别，识别准确率为 95% 以上，这几个事件类型可覆盖一半以上的邮件来源事件；对于其余的事件数量较少、分类效果较差、经常发生业务规则变动的事件类型，应采取关键词匹配的方法或人工处理的方法来识别。

除此之外，我们的系统还有识别邮件中的订单号、事件编号，以及判断邮件是否需要转发等功能，这里不再赘述。

经过上述改造，我们的智能邮件系统可以流畅地实现如图 6-5 所示的流程。通过这几项措施，我们的海外邮件自动处理率大幅提高，邮件处理时长缩短，回复更加迅速、及时，从而更加顺畅地解决了用户和商户的问题。这不仅提高了客服部门的工作效率，节约了人力成本，还提升了用户体验。后续我们还会不断优化和完善携程的智能邮件系统，让 AI 技术对携程的客户服务起到更好的促进作用。

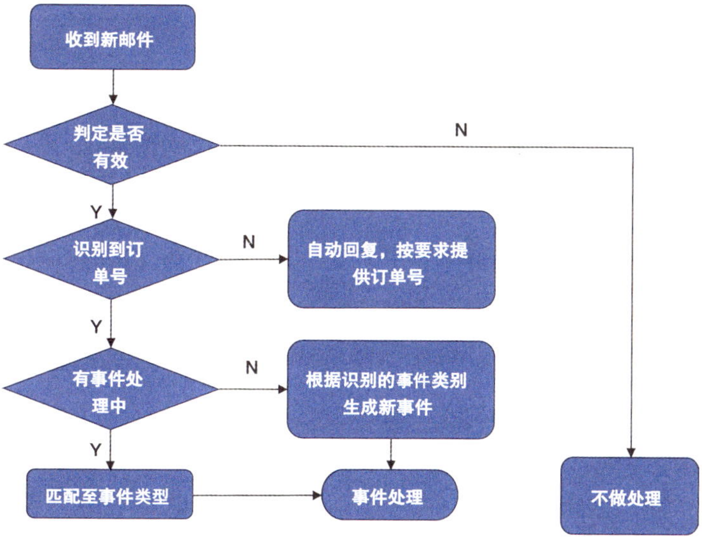

图 6-5 智能邮件系统的处理流程

6.5 实时智能异常检测平台的算法及工程实现

6.5.1 应用场景

在运维领域，异常检测是重要的基础，它决定了告警的数量和质量，也影响了我们发现异常之后采取的行动的可靠性。然而，在实际生产环境下我们对异常的判断往往带有主观性，准确率、召回率等指标缺乏客观依据，标注成本高，因此我们经常会接收到频繁的异常告警，容易遗漏问题。用于异常检测的传统的统计学方法有很多，在深度学习领域也有多种算法模型用来检测异常，很多研究者都对此做过研究和探索，但是直接借鉴其结果并不能让我们获得理想的效果。我们的主要目的是根据时间序列的历史数据，利用深度学习、统计学、频域分析、不平衡样本学习、迁移学习的思想训练一个模型或由多个模型组合成的异常检测系统，降低误报率，让有限的注意力集中在真正需要关注的异常上，以达到以下 4 个目标。

① 将告警总量降低到可以人工逐个处理的程度。

② 不能以增加漏报率为代价。

③ 提升告警的实时性。

④ 算法即服务，有较强的可移植性。

6.5.2 大而全的监控衍生出的问题

监控系统相当于我们的眼睛，特别是对于规模比较大的系统，我们需要一个大而全的实时监控系统来监控它，这个系统最好还能判断业务异常，并能将异常实时发送给相关人员来处理。然而，当我们有了一个这么强大的实时监控告警系统，将上万个甚至数十万个监控指标接进去的时候，问题就来了：面对这么多指标，我们该如何去设置告警呢？对不那么重要的指标，我们可以不设置告警，当出问题的时候再来追踪查看。对一些系统级的指标，我们可以设置简单的告警规则。例如，当CPU使用率、磁盘利用率超过一定百分比时，系统会告警。然而，我们对很多指标难以设置统一的告警规则，如访问量、响应时间、连接数、错误量、下单量这些指标在什么情况下才算异常呢？这在很多时候是感性的判断。为了理性地设置告警规则，我们将这些指标量化。常见的量化方式是和过去的某一个时间比较。例如，和一周前的同一时刻前后几分钟的均值相比，如果某指标的降幅超过了一定比例，而且这种情况连续出现，那么我们判断该指标异常。这种方式有如下两个缺点。

① 成千上万的指标需要人工设置，因此这种方式费时费力，而且业务变化会导致数据形态的变化，规则维护成本很高。

② 每个指标的特点不同，因此其变化幅度超过多少才算是异常，没有标准答案，这个问题只能依靠经验来解决。

如果监控系统是我们的眼睛，那么告警系统就是神经。面对这么多监控数据，怎样让神经既不那么敏感，也不那么迟钝，还能自动适应各种刺激，这是我们正在探索和改善的问题。自然地，我们希望引入一套算法来解决这个问题。

6.5.3 统计模型的困扰

引入算法绕不开两个问题，即明确的算法评估标准和足够的样本数量。

首先，虽然二分类问题在理论上有召回率和准确率这两个评价指标，但这两个指标在我们的检测场景下不可衡量，因为不管监控系统多么强大，总有它发现不了的异常，而存在一个人认为某情况是异常、另一个人不认为它是异常的情况。异常本身没有明确的定义，也没有一个衡量的边界，在这种情况下我们该如何判断一个算法的好坏？其次，在生产系统中被监控的每一个指标发生异常的情况相对于正常情况来说很少，加之系统的健壮性和容错性不断提高，关键业务的主流程发生故障从而影响订单的概率也越来越小。按每分钟一个数据点来看，一天 86 400 个数据点极有可能都是正样本、没有负样本，就每月仅为个位数的故障率而言，负样本的数量不足千分之一，而正样本和负样本需要大量的人工标注。人工标注的成本很高，而且在这个场景下，标注人员的标准不一致，还需要对少量的样本计算大量的指标。我们要从这么少的样本里学习出一些特征将非常困难。这该怎么办？

面对这两个近乎无解的问题，我们没有什么特别好的方法，但希望能找到一个子集，在这个子集内这两个问题是有确定边界的，然后寻求一个最优解，再慢慢将其拓展到整个数据集合。如果要确定算法模型的评估标准，那么我们需要知道哪些异常是大家一致认可且没有歧义的。我们有一个团队负责 7×24h 接收来自各个渠道的告警和报障，包括监控系统、用户报障、内部人员发现的问题，如果某异常经确认是一个影响了订单的生产故障，则它会被记录下来，这就给第一个问题提供了一个最接近可衡量状态的条件。首先，只要某个故障影响了某项业务的订单，那么监控该业务订单的指标在该故障时段内产生的数据样本就可被标记为异常。其次，所有生产故障都汇集到一个处理中心（NOC），我们可以认为这里记录的问题包含了系统存在的所有可见异常。因此，我们把目光锁定在所有订单类型的监控指标上，一是因为只有这类监控指标的异常才会被广泛认可，二是因为这类异常只要发现就不会被错过，一定会有人确认这是不是真的异常。这就为我们的算法迭代和优化提供了明确的检验标准和可靠标注。

6.5.4 算法选择和设计目标

我们先选择订单这类监控指标作为入手点来调试算法，然后进行算法的选择。

采用算法来检测异常的好处是可以降低维护规则的成本，我们不再需要给每一个指标设定合适的告警规则。目前业界经常采用的方法是先引入统计分析的各种方法，框定一个滑动的样本集，对这个样本集进行数据处理和转化，使其经过归一化去周期、去趋势。再将最新采集到的数据点经过同样的转换与样本集的残差序列的统计量进行比较，如距离、方差、移动平均、分位数等，若差异超出一定的范围，则判断指标异常；或者通过综合各种离群点计算的方法来进行投票，若多数算法认为指标异常则判断指标异常。起初我们借鉴了这种方法，却发现虽然可以不用维护告警规则，但告警的质量并没有提升，这种方法的问题和规则化告警面临的问题是类似的，当我们把置信度设成一个理论上的显著值（如 95%）时，算法会检测出很多异常，当我们把置信度调高时，告警系统报出的异常总量会不断减少，与此同时，相比于规则化告警，在这种方法中被遗漏而没有报出来的故障也逐渐增多，误报和漏报始终难以平衡。解决这个问题的通常思路是寻找一个折中点，让两者达到平衡以获取一个相对稳妥的结果。

然而，生产环境不接受稳妥，我们宁可告警多一些，也不能接受漏报。但是告警接收人员没有充足的时间一一排查，一旦漏查一个刚好和故障相关的告警，就必须承担责任，因此他们希望收到真正值得排查的告警。现实使我们必须追求平衡，然而这并不容易。

我们需要设计一套新的算法，将告警总量降低到使告警可以被人工逐个处理的程度，同时不能以增加漏报率为代价，而且这套算法的设计不能太复杂，以免影响告警的实时性，最好能做到算法即服务，有较强的可移植性，可以用于其他的监控系统。

自然而然地，基于神经网络的深度学习算法成为我们进一步探索的工具。RNN 比较适合用于处理序列变化的数据，符合我们时序特征的场景，而它的改进版，即 LSTM，能够通过控制传输状态来选择性地记住较重要的长期数据，并在更长的序列上有良好的表现，目前已有很多成功的应用。这里重点介绍该算法如何被引入我们的场景。

6.5.5 算法的描述和检验

1. 数据预处理

先剔除节假日数据，利用同比周期数据和环比周期数据进行填充，然后对缺失值进行插补（当缺失值超过 20% 时，将其丢弃）。接着对历史的异常值进行插补，判断出一个大致的异常区间，将其当作缺失值处理，此处所采用的方法是 Grubbs 检验法，即

$$G=\frac{\left|\bar{Y}-Y\right|}{S}$$

$$G>\frac{N-1}{\sqrt{N}}\sqrt{\frac{t_{\alpha/(2N),\,N-2}^{2}}{N-2+t_{\alpha/(2N),\,N-2}^{2}}}$$

式中，Y表示实际点；$\bar{Y}$表示均值；S表示标准差；N表示样本数量；$t_{\alpha/(2N),\,N-2}^{2}$表示服从自由度为 $N-2$ 的 t 分布在$\alpha/(2N)$显著水平下的临界值。

2. 曲线分类

接下来我们对每个时序进行特征提取，目标是对曲线进行分类。根据业务曲线的时域特征、频域特征，我们大致可以将曲线分为周期型、平稳型、非周期型 3 种类型。

我们采用了多尺度滑动窗口时序特征的方法，将一个滑动窗口内的数据的统计量和前 n 个周期的数据的统计量进行对比，如均值、方差、变化率等，这样基本上可以把明显的周期型数据和平稳型数据分离出来。在剩下的时序中，有些是波动很大的随机序列，有些是带有趋势的周期型序列，我们通过时序分析法剔除周期型序列，再用频域分析法通过傅里叶变换将经过周期性剔除的时序分解成频谱。带有明显频谱的时序可以归类为周期型序列，而频谱杂乱的时序可归类为非周期型序列。

3. 模型设计

对分离出来的非周期型序列，我们采用 LSTM 做回归预测，对每个业务指标的时序单独训练一个模型，并通过 MSE 来进行模型参数的优化和调整（MSE 越小，准确度越高）。LSTM 是 RNN 的一个优秀变种，它继承了 RNN 的大部分特征，并解决了梯度弥散的问题。神经网络的学习能力在所有的机器学习模型中是首屈一指的，这主要是因为它能够端到端地自动学习特征集合与目标的关联。其中，LSTM 对时序这样的上下文场景有很好的学习能力，具体算法如下。

① 基于两周的历史数据，通过尺度为 5 的滑动窗口提取输入特征，将第六个点到最后一个点作为输出值。

② 组合向量的输入输出方式，分离训练集和测试集，将训练集输入隐藏层为 32 个 LSTM 单元的网络中进行训练。

③ 根据测试集上的 MSE 数据来查看训练效果并调参，可以从周期型模型和平稳型模型中提取比较多的高维特征。因为深度学习模型在高维特征上的表达能力和泛化能力强于一般的机器学习模型，所以我们将深度神经网络作为分类模型，并采用小波分析和形态变化特征的方法提取高维特征供深度神经网络学习。

- 小波分析具体算法。在时间序列里，小波分析主要用于滤波和消除噪声，它能将序列数据在常规尺度上无法被观测到的特征体现出来。与傅里叶变换不同，小波分析具有时频多分辨率分析的功能，再结合小波基的多样性、信号的延拓模式，便很容易获取高层次的特征。

小波分解包含父小波与母小波这两个基本的函数，即

$$\varphi_{j,k}(x)=2^{-j/2}\varphi\left(2^{j}t-k\right)$$

$$\psi_{j,k}(x)=2^{-j/2}\psi\left(2^{j}t-k\right)$$

式中，参数 $j=1,\cdots,J$，它是分解到第 J 层的尺度参数；k 是平移参数。父小波将原信

号 $f(x)$ 转化为近似分量 D，母小波将 $f(x)$ 转化为细节部分 A，即

$$D_{j,t}=\int_{-\infty}^{\infty}f(x)\varphi_{j,t}(x)\mathrm{d}x$$

$$A_{j,t}=\int_{-\infty}^{\infty}f(x)\psi_{j,t}(x)\mathrm{d}x$$

从而实现将原信号转换为多层小波分解，所以原信号可以表示为

$$f(x)=A_j(x)+D_j(x)+D_{j-1}(x)+\cdots+D_1(x)$$

- 形态变化分析算法。对于周期型和平稳型的序列来说，同比时间和环比时间的窗口内的数据形状改变是一个判断异常的重要指标，也是通常运维人员用来判断告警是否正确的标准。我们对形态变化的定义是两个向量的夹角的余弦值，具体的计算公式为

$$\cos_{\text{similarity}}=\cos\theta=\frac{x_1[n]\cdot x_2[n]}{\|x_1[n]\|\|x_2[n]\|}=\frac{\sum_{i=1}^{n}x_1[i]\times x_2[i]}{\sqrt{\sum_{i=1}^{n}(A_i)^2}\times\sqrt{\sum_{i=1}^{n}(B_i)^2}}$$

式中，$x_1[n]$ 和 $x_2[n]$ 分别表示当前时间窗口内的真实数据和历史环比时间窗口内的历史数据。由于余弦值的值域范围是 $[-1,1]$，所以我们需要先对数据进行归一化处理。

4. 模型训练、调参及检测

LSTM 模型的训练过程为，先通过数据采集和分析模块进行数据预处理，再通过曲线分类特征工程分离出非周期型时序，并分别对每项业务进行回归预测，然后基于预测值和实际值的差异性进行一些规则逻辑的判断，步骤如下。

① 使流式数据实时通过离线训练好的 LSTM 模型，得到下一个点的预测值。

② 在预测出若干个点后，比较预测值和实际值的变化幅度、临近周期内的统计量、窗口趋势变化。

③ 在模型检测出现异常时，用预测值替换当前时间窗口内的真实值，以便进行下一步预测（若出现连续异常值，则停止替换）。

对于异常检测这种人工标注少、正负样本极度不平衡的场景，我们需要使用一些样本对训练数据进行扩充。这里采用了 SMOTE 过采样算法，利用少数样本（异常标注样本）人工合成新样本，并将其放入数据集中，其公式为

$$x_{\text{new}} = x + \text{rand}\left(0,1\right) \times \left|x - x_n\right|$$

式中，x_{new} 表示合成的样本点；x 表示少数类样本；x_n 表示从全部少数类样本中被一定的采样倍率选择出来的 KNN 算法的随机样本；rand (0,1) 表示随机数。

深度神经网络的训练过程所依据的特征来源于设计模型时提取的小波及余弦相关性特征，通过数据标准化处理来剔除量纲的影响。深度神经网络在训练过程中提取小波每一层的高频分量，当前时间窗口的高频特征可以通过上周前后 6h 窗口的高频数据的均值和标准差来进行标准化。我们采用的数据标准化公式为

$$Z_{\text{score}} = \frac{x - \text{mean}_{(T-6,T+6)}}{\sigma_{(T-6,T+6)}}$$

余弦相关性特征通过基线值来控制基数小的指标，以抵消其因基数过小且数据抖动幅度大而产生异常的特征值的情况。该特征在进行标准化时用到的公式为

$$Z_{\text{score}} = \left(1 - \cos\theta\right)\left|\text{base\_line} - \text{realvalue}\right|$$

式中，base_line 可以通过移动平均值加同比时间窗口下的变异系数（均值除标准差）得到。

在以上算法流程中，离线处理部分包括数据的获取、数据预处理、特征计算，以及模型训练和调参等步骤。离线训练流程如图 6-6 所示。

在线计算检测流程为，利用 5 个点的历史数据，通过训练好的 LSTM 模型，预测下一个点的值，而且这个过程会随着实时数据的进入不断循环。在线计算检测流程如图 6-7 所示。

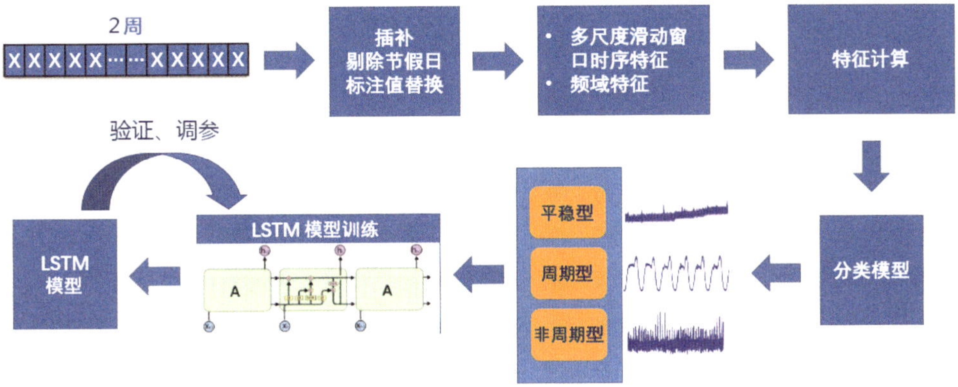

图 6-6 离线训练流程

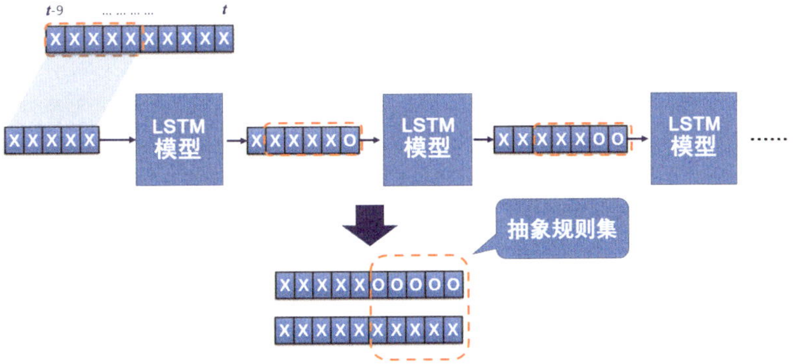

图 6-7 在线计算检测流程

我们将两个指标作为算法检验和优化的依据。一个指标为，在同样的监控指标下，算法产生的告警数量是否少于现有的规则化告警系统产生的告警数量；另一个指标为，当我们将所有汇集到 NOC 的生产故障作为全集时，算法检测出的故障数量是否高于现有的规则化告警系统检测出的故障数量。

最终我们得到这样的结果：相比于规则化告警系统，算法的告警数量平均降低了 10 倍左右，而它检测出的故障数量反而更高了，如图 6-8 和图 6-9 所示。

虽然故障检出率提升了，但漏报的情况依然存在。这些漏报的故障主要表现为以下 4 个方面。

① 指标的波动看上去正常，肉眼及系统均无法检测出异常（用户人工报障）。

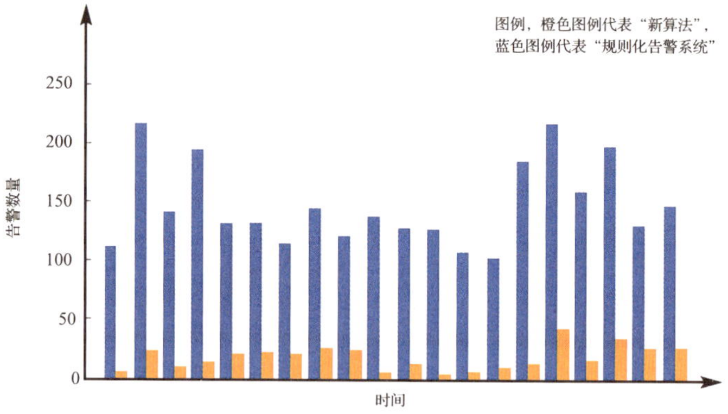

图 6-8　告警数量

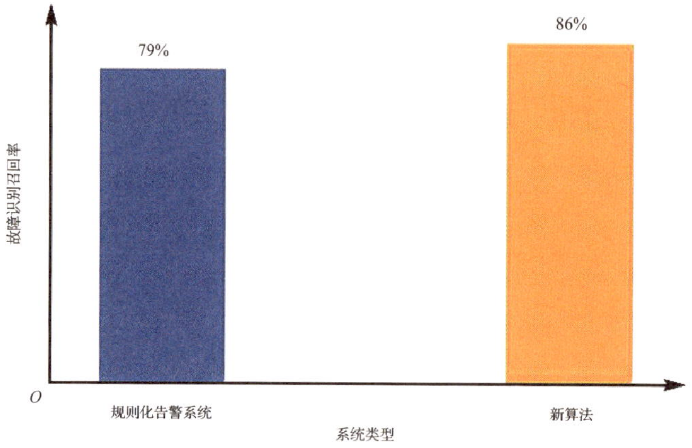

图 6-9　检出的系统类型故障数量

② 业务订单量较小导致漏报，但当订单量的绝对值较小时，少量波动会造成巨大的影响。

③ 历史数据波动比较剧烈，异常造成的数据下跌幅度小，这是由于数据随机性太强，不容易准确分辨。

④ 对于趋势变化明显的指标，用多个周期的历史数据训练得到的模型的预测结果往往会削弱其准确度，造成误报。建议在离线训练时缩短训练数据的周期，以捕捉最近一两个周期的数据变化趋势。

6.5.6 实时性工程

上文所述的结果是一个让各方都能相对接受的结果，最后需要解决的问题就是实时性。

我们原本的算法都是用 Python 实现的，但在实时处理上 Python 没有什么优势。我们把采集到的数据落地，对其清洗插补、过模型计算、触发告警，这些过程都无法流式处理，只能通过 cron 的方式一步步调用。众所周知，cron 的最短时间间隔是 1min，因此监控告警系统从收到异常数据点到发出告警信息需要经历 3 ～ 4min 的时间间隔，而一个规则化告警系统在数据落地之后只需要对比规则，仅需要 1 ～ 2min 就能发出告警。对于重要的业务指标来说，这两三分钟的告警延迟意味着严重的损失，是不可接受的。

对于实时性工程的方案选型，我们考虑了 Storm、Spark Streaming、Flink 这几种解决方案，最终选择了 Flink，因为它能满足我们的要求。Flink 滑动窗口灵活，数据可以基于自身的时间戳来统计，而且不会因延迟而落到下一个时间窗口，这会减少很多数据处理方面的困难。而且 Flink 本身是为实时计算设计的，容错性比较好，因此我们不用考虑很多数据到达的异常问题。另外，Flink 预留了支持秒级数据采集粒度的处理能力。实时性工程框架如图 6-10 所示。

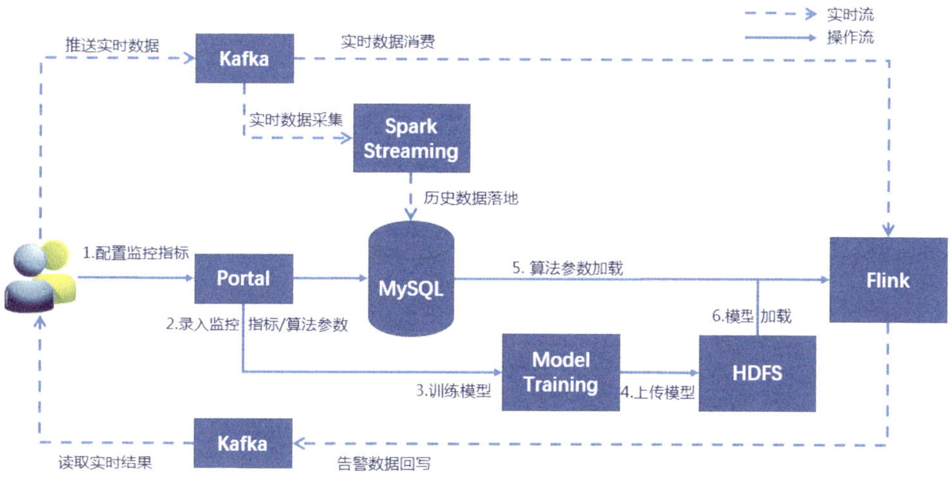

图 6-10 实时性工程框架

但是实时性工程面临一个问题，即检测结果的数据校验需要实时计算，否则来回调用 Python 会增加时间消耗，因此我们通过 Java 代码重新实现算法。

我们的实时系统设计如下。

用户将每个指标的实时数据按照一定格式推送到 Kafka 队列中，并且通过 Portal 确定哪些指标是需要进行异常检测的。如果指标有历史数据，那么用户可以为模型的训练提供 2 周的历史数据，或者不提供，等待两周的数据积累。

我们在拿到这些数据之后，对所有满足训练条件的指标（有足够的历史数据）进行离线训练，在模型生成之后将其存放在 HDFS 中。Flink 加载新生成的模型，每个流过的指标如果有匹配的模型，则流入模型计算，否则被丢掉。最后模型输出的计算结果被回吐到指定的 Kafka 队列，供用户消费。所有模型每 2 周重新训练一次，若发现用户上传新的指标，则触发训练。Flink 每 5min 检查一次最新的模型并加载替换老模型。

这样一来，实时数据不需要落地就能进入模型进行计算，从而得出结果。这种方式相比于规则化告警系统先落地再计算的方式平均节省了 40s 左右，更接近实时。而这种方式也将算法和工程实现进行了解耦，使它们互不干涉，对外以队列的方式提供输入和输出。任何一套监控系统只要按照约定的格式传入时序数值，就能使用这套方案来进行实时检测。

以上就是我们目前为止的尝试，这种方式还存在一些局限性。首先，每个指标训练一个模型，每次训练需要 10min，所有模型全量训练对服务器的压力较大，而且所需的计算资源随着需要检测的指标数量的增加呈线性增长。其次，绝对值较小的指标的检测还没有好的方案，因为这类指标稍有变化，其震荡幅度就特别大，很容易被误报。最后，我们目前尝试的各种算法模型都无法从非周期型随机序列中学习出什么模式，也就无法判断这样的序列。我们现在仍然在不断尝试，希望能提取出一个通用模型，以便在面对更多的监控指标的时候能节省服务器的计算资源。

6.6 本章小结

酒店满房的问题一直困扰着我们。我们通过选择最合适的机器学习模型来预测售卖房型在对应的入住日发生满房的概率，最终有效降低了海外酒店的满房订单比例。自然语言处理和深度学习被证实可以用于智能邮件系统的改造和 IM+ 用户模拟评分。在满房模型中，机器学习模型已经相对成熟和稳定，而后两个案例可以为类似问题的处理和解决提供方法论和思路经验。这两个案例使用的方法虽然在业务场景中已经得到了较为成功的验证，但对模型需要的硬件条件要求也比较高，我们将会探索更多适用的算法和建模框架来优化和完善系统。实时智能异常检测平台的算法及工程实现是一个大而活的盘，尽管目前的模型算法已经得到比较好的改进，但还具有一些局限性，如需要较多的计算资源。目前我们仍在探索未解决的问题的处理方法。

携程酒店服务的细分业务场景多种多样，AI 技术帮助我们解决的问题和难点不仅限于本章所介绍的部分。AI 运营的重点在于实现业务数据的收集预处理、复杂场景下的智能分析与决策，以及闭环的自动执行。

Ctrip
Artificial
Intelligence
携程人工
智能实践

第7章 信息安全

携程作为拥有数万名员工及几亿多位用户的大型互联网企业，同样面临各类信息安全攻击，这给本企业的安全信息化建设带来了挑战。携程在面临传统信息安全的边界安全、应用安全、系统安全、数据安全等问题（如SQL注入、XSS、命令执行、信息泄漏、系统漏洞等）的同时，还面临着电商行业普遍存在的问题，如航班诈骗、仿冒电话、盗号、盗卡、“薅羊毛”等问题。由于“黑产”的技术成熟度和行业普适性，以及Web攻击和盗号，“羊毛党”问题尤为突出。为了抵御多种多样的外部威胁，保证用户及公司的资产信息安全，我们需要构建安全的纵深防御体系，该体系主要涉及基础安全、数据安全、业务安全、安全合规等方面。“看得见，防得住，用不了”成为信息安全团队的主要目标。如何利用准确的策略和模型识别Web攻击等业务异常行为，是携程信息安全团队要解决的核心问题。机器学习在识别异常行为的方面发挥着重要作用。

本章将通过两个案例介绍机器学习在安全检测中的应用，其中包括Web攻击检测和验证码防御。在各案例中，首先，我们介绍了原来架构存在的问题与机器学习的解决方案；其次，我们根据业务逻辑介绍了机器学习模型特征工程的过程；最后，我们展示了机器学习模型应用于原有架构后的效果。

7.1 问题的背景与难点

Web 攻击检测与验证码防御分别是基础安全和业务安全的典型案例。而在实际运营中，Web 攻击检测与验证码防御会碰到以下难点。

在以往的 Web 攻击检测中，我们在使用传统的正则方法时，会面临消息队列消费延时较高、规则难以编写维护、没有参照物对比来进行二次验证等难点。在参考了其他人所做的一些工作后，我们重新设计了 Web 攻击检测的流程，引入机器学习模型，旨在解决难点、发现真正有威胁的攻击。

验证码是互联网企业基本都会使用的基础安全工具，主要作用是防御机器请求，但在技术日新月异的今天，单纯地依靠用户维度参数来使用规则控制验证码的防御方法已经无法完全防御机器请求，所以我们需要依靠用户前端的鼠标轨迹来判断是否为机器行为。由于轨迹的合规性很难用规则来判断，所以需要引入机器学习相关技术。

由此可见，机器学习能够使 Web 攻击检测效率提升，并解决验证码防御的问题。下面将具体展开介绍。

7.2 机器学习在 Web 攻击检测中的实践

目前为止，Web-IDS 主要有三类技术，即基于正则的传统 WAF、基于词法或语义分析的检测手段和基于机器学习的检测技术。

在信息安全工作中，纵深防御的理论深入人心。我们将这个概念具象到 Web-IDS 本身，即结合前面提到的三类技术做层层检测，使它们发挥各自优势，从而保证企业网站的安全。结合携程内部的 Web-IDS 架构演进历史，接下来我们将介绍机器学习在 Web 攻击检测中的实践。

7.2.1 携程 Web-IDS 攻击检测系统架构介绍

随着互联网技术的发展，携程 Web-IDS 攻击检测系统 Nile 在过去数年间不断进化，其第一版架构如图 7-1 所示。

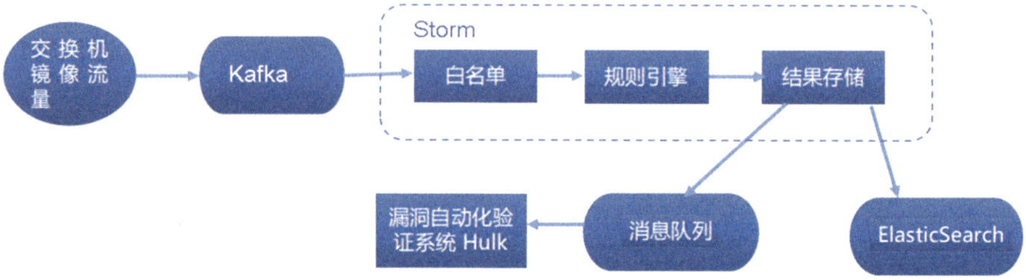

图 7-1　携程 Web-IDS 攻击检测系统 Nile 的第一版架构

在流量进入规则引擎（这里指正则匹配引擎）之前，白名单会过滤掉约 97% 的正常流量。对正常流量的判断是基于经验的。例如，对于基本的访问请求 http://ctrip.com/flight? Search? key=value，在 value 参数值里没有英文标点和控制字符的语句都是正常请求。此外，正常流量还包括携程的出口 IP 流量等。剩下的 3% 流量通过规则引擎，如果规则引擎的判定结果为恶意攻击，那么流量就会被发到漏洞自动化验证系统 Hulk，如调用 SQLmap 重放流量，复验攻击者能否真的攻击成功。

在 Nile 的第一版架构上线后，运营团队发现了一个很严重的问题：Kafka 队列积压严重，导致外部攻击无法进行有效复核。这个问题的原因是每日流量巨大，规则引擎处理十分耗时，并且 Web-IDS 部署在各个 IDC 的入口，数量有限，不同于部署在数以千计的负载均衡之上的 WAF。

目前最新的 Nile 升级到了第六版，其架构如图 7-2 所示。

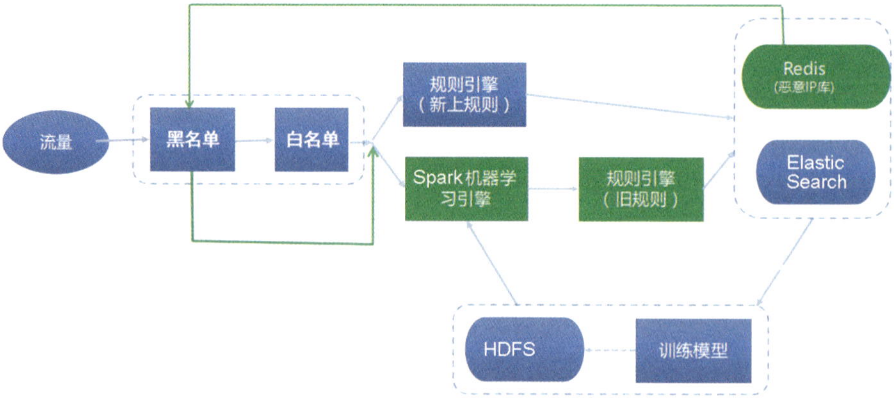

图 7-2　携程 Web-IDS 攻击检测系统 Nile 的第六版架构

如图 7-2 所示，相对于之前版本的 Nile，新版本的 Nile 最重要的改变是在规则引擎之前加入了 Spark 机器学习引擎，目前我们使用 Spark Mllib 库进行建模和预测。如果 Spark 机器学习引擎对流量的判别为黑，则它会将流量继续抛给规则引擎中的 libinjection 词法分析库，进行 SQL 注入检测、XSS 检测，以及将正则作为命令执行的检测等。

新版本的 Nile 的优点如下。

① Spark 机器学习引擎的处理速度较快，能够过滤掉大部分流量，再使剩余流量经过后面的规则引擎，提高了处理效率。

② Spark 机器学习引擎的处理结果可以和规则引擎的处理结果进行对比，从而查漏补缺。

同时它也存在两个问题，对这两个问题，我们相应地采取了解决方案，具体如下。

① 如何面对 Spark 机器学习引擎的漏报：我们加入了动态 IP 黑名单，对时间窗口内多次命中的高风险 IP 进行重点关注，直接忽略白名单。

② 如何面对层出不穷的新漏洞攻击：我们主要通过补充训练样本来提高 Web-IDS 的泛化能力，除此之外还可以结合其他安全产品，如 HIDS、RASP 等，构成一个纵深防御的企业网络安全系统，实现由点到面的攻击防御系统。

我们观察到每分钟有超过 10 万条的数据从 Storm 出口输入，加入 Spark 机器学习引擎后，处理时间保持在 10s 左右。缩短消费批次窗口，理论上可以提高 5 ～ 6 倍的吞吐量。

我们介绍完了 Nile 的架构，接下来回归机器学习本身。下面将介绍如何建立一个用于 Web 攻击检测的机器学习模型。应用机器学习模型解决实际问题通常分为以下四个步骤：定义目标问题，收集数据和实现特征工程，训练模型和评估模型效果，线上应用和持续优化。

7.2.2 定义目标问题

核心的目标问题如下。

① 二分类问题，即预测流量是攻击流量还是正常流量。

② 漏报率必须小于 10%。我们认为漏报比误报更严重，因为误报我们可以通过第二层引擎纠正。

③ 模型预测速度必须快。

机器学习模型应用于信息安全领域的第一道难关就是标签数据的缺乏。Elastic Search 日志中已有真实标签数据，因此我们可以基于监督学习来建模。当然也有人提出“异常检测 + 有监督两步走”的学习模型，以改变目前我们面对未知攻击及 0day 攻击时的被动局面，本书对此不做进一步讨论。

7.2.3 收集数据和实现特征工程

我们在准备原始训练材料时，以天为单位，分时间段选取 Web-IDS 的告警数据，并将其分开存储。此外，还要结合自研 WAF 的告警日志及网上收集的 poc。另外，需要注意的是，对于 get 请求和 post 请求，应分开提取特征，并分开建模。另外，对不同的攻击类型，如 SQL 注入、跨站攻击、命令执行等，最好也分别建模。

对于特征工程，我们认为它是机器学习模型中最重要的一部分，它像一门艺术，往往依赖于专家的直觉和专业领域经验。

1. 特征提取

我们通过观察得知攻击语句和正常语句在表示形式上有一定的区别。

例如，攻击语句：flights.ctrip.com/Process/checkinseat/index?tpl_content=<?phpeval($_POST[c])?>&name=test404.php&dir=index/../../../..&current_dir=tpl；正常语句：flights.ctrip.com/Process/checkinseat/index?tpl_content=hello,world!

这是一个典型的文本分析问题，可以通过 TF-IDF 来提取特征。

首先，在使用 TF-IDF 之前，我们要做的工作有解码及解决字符泛化的问题。解码主要有 url 递归解码，base64 解码，html 和 js 的十六进制、十进制解码，以及大小写转换等。字符泛化问题主要指英文标点和停用词的处理，这里不再赘述。

我们认为情感二分类和攻击流量分类在本质上是比较相似的，前者是判断一句话（如“Tom, you are not a good boy！”）是否是正面评价，而我们的语句没那么多正面或负面的情感词，更多的是英文标点和一些疑似攻击的关键语，如 select，因此我们可以将概念替换一下，使高危英文标点和疑似攻击的关键语等同于负面情感词，使其他词等同于中性词，从而使我们的问题变成中性语句和恶意语句的二分类问题。

这里我们取 ngram_range={1,3}，这是因为我们想保存前后单词间的顺序关系并使之作为特征的一部分。例如，“Tom, you are not a good boy!”中的一个特征提炼之后成为 [not, a, good]。当然，我们可以基于 char 来提取特征，具体的参数取值宽度需要通过实验来得到。

2. 数据清洗

当我们明确了如何提取特征、构建了模型之后，我们需要问自己两个问题：训练数据覆盖率怎么样？原始训练数据的标签是否准确？如果原本的训练样本数据不纯净，那么结果也不会太好。下面说一下我们在样本清洗中做过的工作。

① 优化已有的检测正则。

② 加入动态 IP 黑名单，收集其攻击日志，并将其加入黑样本。经过我们观察，发现持续用扫描器扫描的 IP 的黑流量占比在 99% 以上。

③ 关于白样本，我们可以直接按时间段选取原始流量作为白样本数据，因为白样本占镜像流量的 99.99% 以上。

④ 样本去重，即对相同请求内容语句进行去重。

⑤ 将一些加密请求根据参数名称从样本中剔除。

⑥ 自建黑词库，观察白样本是否命中黑词库内容，查找标签明显错误的样本。

例如，建立一个黑词库 [base64_decode, onglcontext, img script, struts2]，然后放到白样本里去查找匹配的句子，并将这样的句子剔除。其实这种方法可应用的场合很多，如旅游业的机器人客服可以用酒店的关键词在火车票的样本中清洗数据，我们也是受此启发。

特征清洗占我们工作量的 60% 以上，是不可避免的持续优化过程。

7.2.4 模型效果评估

评估模型效果的过程很简单，这里我们使用交叉验证，如果交叉验证的结果不理想，那么原因一般有 3 个。

① 训练样本有问题，错误标签较多，或者样本不平衡。

② 特征提取有问题，这主要依靠专家在专业领域的知识经验来解决。

③ 算法和选取的训练参数需要优化。

前两个原因会导致所得结果偏离预期结果较远，因此我们认为特征工程和样本的质量是影响准确率高低的关键因素。

这里我们使用 GridSearchCV，尝试多种参数组合，通过交叉验证确定效果最佳的参数。结合算法效率和召回率效果，我们最终选择使用随机森林来训练模型。由于随机森林在数据集上表现良好，所以 Bagging 的引入使得随机森林不容易陷入过拟合。我们将混淆矩阵结果作为评判标准。

混淆矩阵结果如表 7-1 所示。

表 7-1 混淆矩阵结果

真实情况	预测结果	
	正例	反例
正例（正常）	1	0
反例（攻击）	4226	65 867

由于此次我们的验证数据集只有 1 条正常流量，所以我们看到 FN（误报）为 0 。我们更关心攻击流量被识别为正常流量的情况（漏报），而此处的漏报达到 4226 条，如果要计算漏报率，那么可以使用如表 7-2 所示的指标。

表 7-2　classification_report 指标

	Precision	Recall	f1-score	Support
0.0	0.00	1.00	0.00	1
1.0	1.00	0.94	0.97	70 093
avg / total	1.00	0.94	0.97	70 094

召回率：Recall = TP / (TP+FN)。

准确率：Accuracy = (TP+TN) / (TP+FP+TN+FN)。

精准率：Precision = TP / (TP+FP) 。

f1-score 是召回率和准确率的调和平均数，假设两者一样重要，则计算公式为

$$f1\text{-}score = (2\times Recall\times Accuracy) / (Recall+Accuracy)$$

很明显，我们的召回率为 0.94，勉强在可接纳的范围内，该模型还需持续优化。

7.2.5　线上应用和持续优化

线上应用是将构建好的模型嵌入已有的 Nile 的框架，而且需要设置好机器学习引擎、词法、正则的功能开关。一些经常漏报的攻击请求可以直接进入规则引擎了。正则个数需要约束，否则攻击检测又会走回正则检测的死胡同里。之后系统需要持续地观察输出，不断地自动化补充正则，自动训练新的模型。

可以这样说，好的特征即使配上较差的算法或参数，依然可以获得较好的结果，因为好的特征更容易体现问题本质。

7.3 机器学习在滑块验证码防御中的实践

本节主要讲述机器学习在滑块验证码防御中的应用，滑块验证码主要用于用户登录或用户注册等场景，旨在对异常用户进行拦截。图 7-3 为滑块验证码的样例。用户点击滑块并保持点击状态，然后拖动鼠标往右滑动。当滑块移动到框体右端底部时，风险校验请求便向服务器发送过去。

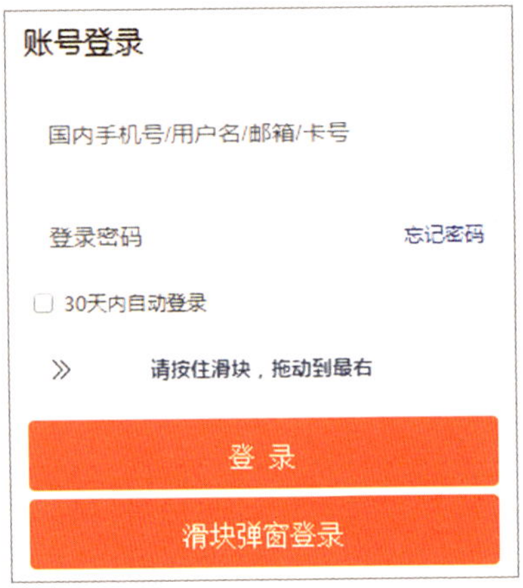

图 7-3 滑块验证码的样例

为了绕过滑块验证码的风险校验，异常用户会直接生成滑动轨迹点，从而让服务器误以为用户完成了滑块验证。但异常用户生成的滑动轨迹点和正常用户滑动滑块生成的滑动轨迹点存在明显差异。因此，本节的第一部分针对用户在完成滑块验证时的滑动轨迹，介绍了如何通过机器学习模型来判断用户是否异常。

本节的第二部分讲述了另外一种异常用户通过风险校验的方式，即录制一条正常用户的滑动轨迹，在每次需要进行滑块验证时，将录制的滑动轨迹进行重放，从而让服务器误以为正常用户完成了滑块验证。针对这一问题，本节的第二部分讲述了如何通过轨迹相似度识别模型对该类异常用户进行识别。

最后，滑块验证码的风险校验将由上述两部分内容中的模型协同完成，第二部分的模型进行实时预测，第一部分的模型进行离线预测。滑块验证码的风险校验流程如图 7-4 所示。

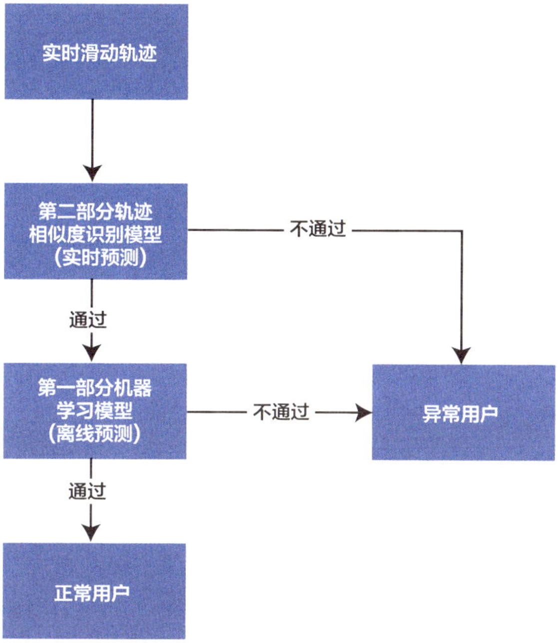

图 7-4 滑块验证码的风险校验流程

7.3.1 滑块验证码人机识别

滑块验证码人机识别模型通过在用户拖动滑块时采集到的鼠标滑动轨迹来判断该次请求是否来自正常用户。采集滑动轨迹点的方法是，在鼠标点击滑块的时刻记录下起始坐标 [x,y]，之后在滑块滑动的过程中持续对鼠标进行采点，每次采点时都会记录下鼠标当前的坐标，当滑块滑到底部时，采点结束。最终采集到的滑动轨迹形式为 $\{[x_1,y_1],[x_2,y_2],[x_3,y_3],\cdots,[x_n,y_n]\}$

但是，目前的数据只有上述形式的滑动轨迹点及滑动时间和设备信息等字段，而且存在着如下几个问题：数据没有标签；该形式的滑动轨迹点的数据无法直接放入机器学习模型中训练；真实环境中的正常用户的数据和异常用户的数据的比例不平衡。

1. 数据标注

面对数据没有标签的情况，我们可采用无监督学习的方式训练模型，但由于风控系统对模型的准确性要求较高，所以我们采用了有监督学习的方式来训练模型。

而监督学习又依赖数据标签，因此我们需要对数据进行标注。

数据标注通过人工标注的方式完成，即通过将滑动轨迹中的每一个坐标点连接起来，呈现出具体的滑动轨迹形态供标注人员观察判断。判断依据为滑动轨迹是否出现明显回滑、是否出现较大波动等。另外，根据现有的风控规则，我们导出了部分疑似异常用户的滑动轨迹数据。通过对该部分用户滑动轨迹形态的研究，我们总结了一些不符合正常用户情况的极端情况，如滑动时间过短、滑动速度过快、y 轴偏移量为0（滑动轨迹呈一条直线）、滑动轨迹点数过少等。这些异常情况也可作为辅助指标供标注人员参考。

2. 特征工程

特征工程主要针对滑动轨迹点本身，通过对原始的滑动轨迹数据构建出一系列特征来区分正常用户和异常用户。我们除了对上述风控规则导出的疑似异常用户的滑动轨迹数据进行了分析，还对正常用户的滑动轨迹数据进行了大量采集和分析。这些分析包括异常用户和正常用户的滑动轨迹形态的对比、滑动轨迹的波动情况的对比，以及滑动轨迹点数、滑动距离、滑动时间的对比等。

具体的特征及其构思逻辑如下。

① 滑动时间：由于正常用户完成滑块验证所需时间在一个正常范围内波动，所以滑动时间过长或过短的滑动轨迹可能来自异常用户。

② 滑动轨迹点数计数：该特征对应滑动时间，滑动时间过长导致滑动轨迹点数过多，滑动时间过短导致滑动轨迹点数过少。

③ x/y 轴移动距离：该特征是终点坐标与起始坐标的 x/y 偏移量，若偏移量过大，则滑动轨迹可能属于异常用户，若偏移量过小（如小于滑块框体的长度），则滑动轨迹也可能属于异常用户。

④ 终点坐标与起始坐标之间的欧氏距离：该特征对应上一条特征，旨在通过滑动距离来区分正常用户与异常用户。

⑤ 轨迹坐标 x/y 轴一阶差分的均值 / 方差：该特征旨在计算滑动轨迹每个点之间的变化情况。对于正常用户来说，轨迹坐标的差分波动应该是不固定的，即相邻两个轨迹坐标之间的距离是变化的。反之，异常用户的轨迹坐标每次的移动可能是固定距离。

⑥ 滑动角度的均值 / 方差：该特征计算的是相邻的两个滑动轨迹点之间连线的角度的均值和方差，这是为了描述滑动轨迹的走势情况。

⑦ 滑动速度：该特征是通过滑动距离除以滑动时间计算得到的，正常用户的滑动速度大部分落在一个范围内，超出这个范围的滑动速度可能属于异常用户。

⑧ 采点频率：该特征是通过滑动时间除以滑动轨迹点数得到的，旨在计算采点频率，即多少毫秒采集一个轨迹点。正常用户采集一个轨迹点需要 20ms 左右，如果采点频率明显大于或小于这个正常频率，则它可能属于异常用户。

⑨ 回滑像素点计数：该特征描述了在滑动过程中出现的鼠标回滑的情况，以及具体回滑的像素点数。正常用户的滑动轨迹由于滑动过程中的鼠标抖动，可能会出现若干像素点的回滑情况，但如果回滑像素点过多，则该滑动轨迹可能属于异常用户。

⑩ y 轴一阶差分为 0 的滑动轨迹点占比：该特征描述了滑动轨迹点中平移的点的数量。y 轴一阶差分为 0 意味着滑动轨迹点在移动时，在 y 轴方向上是没有偏移量的，即它是沿着 x 轴方向水平位移的。如果一条滑动轨迹的大部分移动都是水平位移（极端情况为滑动轨迹呈一条直线），则它可能属于异常用户。

⑪ 除了上述特征外，特征工程还构建了 x/y 轴坐标一阶差分的最大值、最小值及分位数，以及滑动角度的最大值、最小值及分位数，旨在更好地刻画滑动轨迹形态。

3. 数据平衡

由于真实数据中异常用户的数据量远少于正常用户的数据量，所以存在正负样本不平衡的情况。针对这种情况，特征工程可以对样本采用上采样或下采样来处理。但由于正负样本比例差异较大，若使用下采样，则很多正样本信息会丢失。因此，特征工程采用了 SMOTE[1] 上采样增加负样本量。该方法的基本思想是对少数类样本进行近邻分析，并根据少数类样本和其近邻样本人工合成新样本，其算法的大致流程如下。

① 从少数类样本中找到一个样本 x_i 的 k 个近邻样本（欧式距离），并将这些近邻样本放在一个集合中。

② 从上述集合中随机选择一个样本 $x_{i(kn)}$，再生成一个 0 ～ 1 的随机数 ζ_1，则新合成的样本 x_{i1} 为

$$x_{i1}=x_i+\zeta_1(x_{i\,(kn)}-x_i)$$

③ 将步骤②重复 N 次，合成 N 个新样本。N 的取值可根据正负样本不平衡的具体程度来决定。

SMOTE 生成的新样本相当于少数类样本和其近邻样本在特征空间上所连线段之间的一个点，因此 SMOTE 是通过“插值”的方式来合成新样本的。因此，与传统的随机抽样的采样方法相比，SMOTE 能够生成新样本，避免了样本重复采样导致的过拟合。

4. 模型训练

训练模型采用了逻辑回归和树模型，树模型包括随机森林、GBDT、LightGBM、XGBoost。对于树模型而言，数据在经过清洗和特征工程之后就可进行训练了。但对于逻辑回归而言，极端值会对模型权重产生影响（树模型对极端值不敏感），因此在数据预处理中，逻辑回归对特征做了离散化处理，即将连续的特征离散化为一系列哑编码的特征。这样的处理方式不仅可以消除极端值的影响，而且在一个连续型的特征被转化成了若干区间之后，其对应的权重数量由之前的一个变成了多个，模型对某些权重较大的特征的敏感性随之降低，模型的泛化能力随之提高。

5. 效果对比

表 7-3 为网格调参后各个模型在测试集上的表现。

表 7-3 网格调参后各个模型在测试集上的表现

模型比较	逻辑回归	随机森林	XGBoost	LightGBM
Accuracy	94.4757%	98.5677%	98.7041%	98.5336%
AUC	94.5258%	98.5867%	98.7178%	98.5502%

从上述结果可以看出，逻辑回归比其他树模型的表现略差。原因是逻辑回归属于广义线性模型，对非线性问题的表达能力有限，而树模型对非线性问题可以很好地表达。另外，本次对比选用的树模型都是基于决策树的集成模型，它们与单一的线性模型相比有着更好的泛化能力（Bagging）和降低误差的能力（Boosting）。

在树模型中，XGBoost 表现最好，这是由于 XGBoost 是在 GBDT 的基础上对 Boosting 进行的改进。传统的 GBDT 在优化的时候只用到了一阶导数信息，而 XGBoost 对损失函数进行了二阶泰勒展开，得到一阶导数和二阶导数。另外，XGBoost 在损失函数中加入了正则项，用于控制模型的复杂度，降低了模型的方差，从而防止模型过拟合。

LightGBM 在树模型中的表现略差，这是 LightGBM 的直方图算法机制导致的。该算法将特征的每一个精确值划分到一系列离散的区间中，然后用这些区间来做直方图。当特征被离散化之后，该算法找到的分割点的精确度会有所降低，从而对结果产生影响。当前数据集中存在用极端值填充的数据，虽然极端值对一般树模型的叶子节点的划分不会有影响，但对 LightGBM 的区间划分会产生影响，从而在一定程度上会影响模型效果。

7.3.2 滑块验证码轨迹相似度识别

前文所述的滑块验证码人机识别模型通过对单条轨迹的预测来对异常用户进行拦截，但线上环境存在另一类异常用户，他们会事先手动画出一条符合正常用户的滑动轨迹（上述模型不会对此滑动轨迹进行拦截），然后利用录屏软件对该正常轨迹进行录制，之后每次进行滑块验证时都会使用录制的轨迹来通过验证。

本小节内容主要针对上述问题展开，设计了用于滑块验证码轨迹相似度识别的模型。该模型通过对滑动轨迹的相似度进行判断，对短时间内高频出现的相似轨迹进行拦截。

1. 录制轨迹特点

为了模拟该类异常用户，我们在测试时用录屏软件对一条正常轨迹进行了录制，在对采集到的滑动轨迹点进行连线之后，得到正常轨迹形态的样例，如图 7-5 所示。

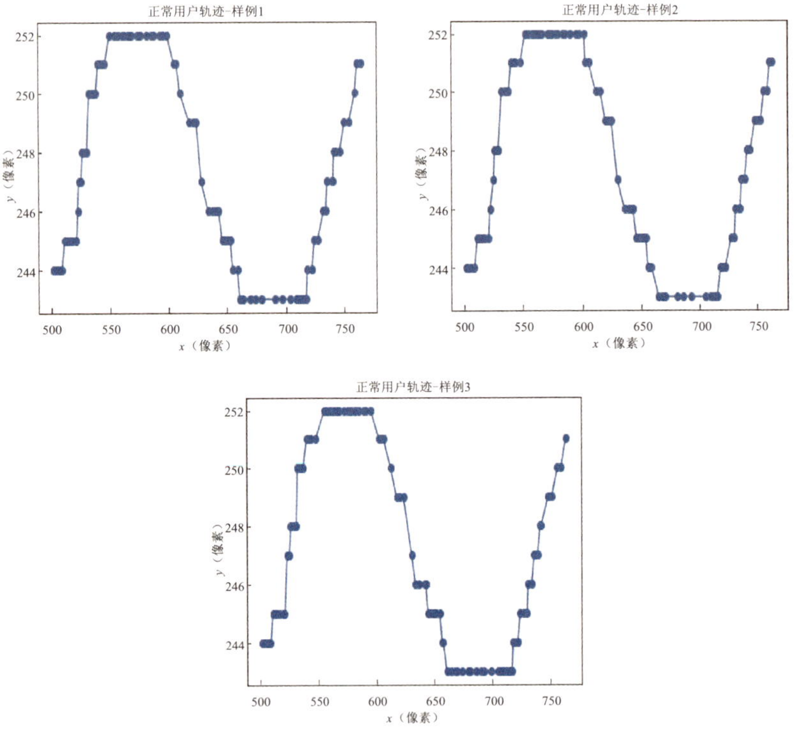

图 7-5　正常轨迹形态的样例

可以发现，采集到的录制轨迹的整体形态十分相似。而对于正常用户来说，由于人手在滑动的过程中难免会出现抖动的情况，所以即使有人想通过刻意模仿某条轨迹来画出相似轨迹，也很难达到图 7-5 中录制轨迹的相似程度。

2. 相似度选择

由于沿用了 7.3.1 中滑块验证码人机识别的特征工程方式，所以我们在前期尝试了通过将数据进行特征转化并计算欧氏距离的方式来表示滑动轨迹之间的相似度。但我们在尝试之后发现，在录制轨迹的相似度阈值范围之内，仍然有很多不相似的滑动轨迹，原因是 7.3.1 中的特征虽然可以很好地判断单条滑动轨迹的异常，但对滑动轨迹之间的相似程度不能很好地区分，因此该相似度的度量方式的效果并不理想。

通过对滑动轨迹进行上万次的录制并对其形态进行分析，我们发现大约 80% 的录制轨迹的对应位置附近的坐标点的偏差很小，基本上在几个像素点之间波动（见图 7-6）。而非录制轨迹之间的波动范围远不止若干个像素点之间的距离。因此，模型对滑动轨迹相似度的识别应该以不同录制轨迹对应位置的滑动轨迹点的坐标波动为基准。

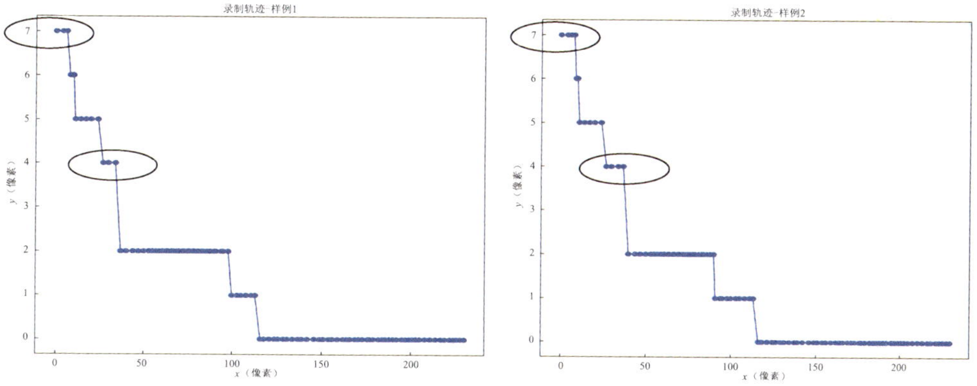

图 7-6　录制轨迹样例图

针对上述录制轨迹的特点，本次模型选择 Hausdorff [2] 距离作为滑动轨迹相似度的度量方式。假设有两组轨迹点的集合 $A=\{[x_{a1}, y_{a1}], [x_{a2}, y_{a2}], \cdots, [x_{an}, y_{an}]\}$，$B=\{[x_{b1}, y_{b1}], [x_{b2}, y_{b2}], \cdots, [x_{bm}, y_{bm}]\}$，这两个轨迹点之间的 Hausdorff 距离的定义为

$$H(A, B) = \max[h(A, B), h(B, A)]$$

式中，$h(A,B)=\max(a \in A)\min(b \in B)\|a-b\|$，$h(B,A)=\max(b \in B)\min(a \in A)\|b-a\|$。$a$、$b$ 代表集合 A 和集合 B 中的坐标点，$\|\cdot\|$ 是集合 A 和集合 B 之间的距离范式（如欧式距离）。

在计算 $h(A, B)$ 时，首先对集合 A 中每个坐标点 a_i 计算集合 B 中离其最近的点与它的距离并将这些距离记录下来，然后在这些最近的距离中找出最大的一个距离。计算 $h(B, A)$ 同理。最后，从 $h(A, B)$ 和 $h(B, A)$ 中选出最大的距离作为 $H(A, B)$。

3. 模型判断流程

根据业务方的要求，在 5min 的时间窗口内，当异常用户录制了 20 条滑动轨迹后，模型就应将其识别。而将时间作为窗口时，有可能会出现数据高并发的情况，因此我们根据 24h 内数据的平均分布将 5min 内的数据量固定为 1000 条。另外，本次模型需要对数据进行实时预测，而且耗时应在 50ms 以内。但测试后发现，当我们直接用实时数据进行计算时，耗时会超出 50ms。因此，我们设计了离线加实时的判断模型，具体流程如下。

① 数据在实时进入模型后会先被缓存（离线缓存 1），当缓存数据量达到 1000 条后，从第 1001 条数据开始，将进入模型的数据作为参照数据，之前的 1000 条数据作为数据池，用来判断参照数据在数据池中是否存在录制情况。

② 在每计算一条参照数据后，模型都会保存其标签、时间戳、滑动轨迹，以及数据池中与之相似的滑动轨迹数量（离线缓存 2）。

③ 当离线缓存 2 中出现标签为录制的数据时，将其保存至离线缓存 3，并与离线缓存 3 中的已有数据进行比较（若没有该数据则直接保存）。进行比较是为了保留不同种类的参照轨迹，以及每一类参照轨迹中的相似轨迹数量字段值最大的一条。

④ 离线缓存 2 和离线缓存 3 的数据同时更新，而且离线缓存 2 中的数据只保留 1000 条，当第 1001 条数据进来时，第 1 条数据会被清除。当离线缓存 2 中的数据被清除时，与之相同的离线缓存 3 中的数据也会被清除。

⑤ 离线缓存 3 中的数据最多为 10 条，它们按照相似轨迹数量字段的值倒序排列。

⑥ 当离线缓存 2 中的数据保存至 1000 条时，模型开始对离线缓存 3 中的数据与实时数据进行计算，若实时数据与离线缓存 3 中的数据出现 Hausdorff 距离小于阈值的情况，则认为该实时数据与离线缓存 3 中的数据相似，并将此实时数据判定为录

制轨迹，否则将其判定为正常轨迹。

⑦ 在模型对实时数据进行判断之后，该条数据进入离线阶段的计算，即返回步骤①中。

4. 阈值选择

在模型判断流程中，模型需要一个阈值来判断滑动轨迹之间是否相似。由于相似轨迹的形态无法穷举，所以我们采用中心极限定理的方法来模拟录制轨迹之间坐标点波动的总体分布。中心极限定理认为，从总体中重复抽样（样本数大于30）多次，样本均值的分布符合正态分布，而且该分布的均值接近总体的均值。根据上述理论，确定阈值的步骤如下。

① 人工手动录制100条轨迹母版，然后对这100条轨迹母版分别进行录制，每条录制100次。这样共生成1万条录制轨迹。

② 分别将每条母版轨迹的100条录制轨迹两两组合，得到4950对滑动轨迹，并对每对滑动轨迹进行Hausdorff距离计算，然后计算这些距离的均值。这一步骤相当于中心极限定理的一次抽样，以及对其样本均值的计算。

③ 重复步骤②，将全部母版轨迹的录制轨迹两两组合，进行Hausdorff距离计算，并计算其均值。这一步骤相当于中心极限定理中的多次抽样。

④ 对最终得到的100个均值进行正态分布模拟，即把这100个均值的均值和方差代入正态分布函数中计算其概率密度。

通过上述步骤得到的录制轨迹Hausdorff距离分布图形如图7-7所示，其中均值为15.55，方差为6.96。

同样地，我们通过上述步骤对录制轨迹的点数差异也进行了正态分布模拟，得到的轨迹点数差异分布图形如图7-8所示，其中均值为1.34，方差为0.27。

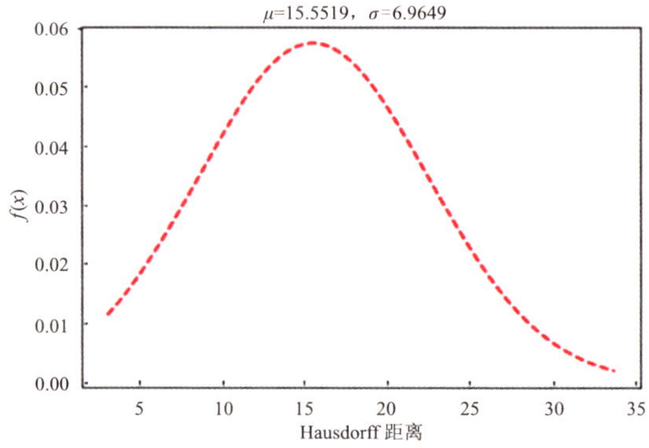

图 7-7　录制轨迹 Hausdorff 距离分布图形

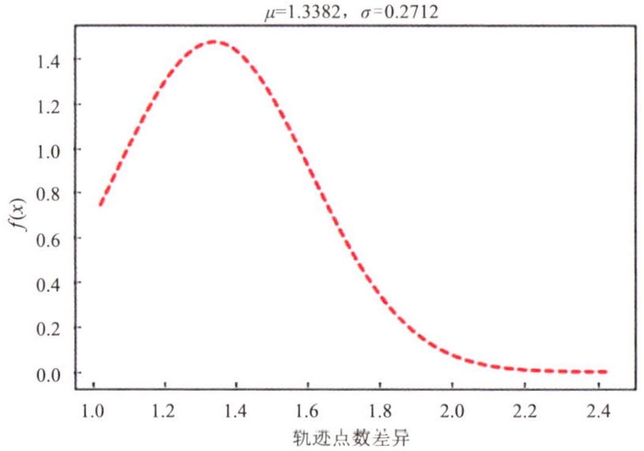

图 7-8　轨迹点数差异分布图形

同理，我们对正常轨迹的 Hausdorff 距离和轨迹点数差异也进行了正态分布模拟，Hausdorff 距离均值为 530.69，轨迹点数均值为 22.99。由该结果可看出正常轨迹和录制轨迹间的 Hausdorff 距离和轨迹点数存在明显差异。最后，经过多次测试，轨迹点数差异采用 99.9% 分位数位置的阈值（向上取整后为 3），Hausdorff 距离采用均值作为阈值（向上取整后为 16）。

5. 模型效果

在验收测试阶段，受到判断的录制轨迹数量占总录制轨迹数量的 97.5%。另外，数据池中每条数据与参照轨迹的 Hausdorff 距离的计算是相互独立的，因此该模型采用了并行计算的方式来减少模型耗时。最终，模型离线部分的耗时在 100ms 以内，而实时部分的耗时在 50ms 以内。表 7-4 为使用和未使用并行计算的模型离线部分在不同平台上的计算耗时对比。

表 7-4 使用和未使用并行计算的模型离线部分在不同平台上的计算耗时对比

平台	CPU 型号	主频	核心数	系统	未并行	并行
本地	Intel（R）Core（TM）i5-4590	3.30GHz	4	Windows	862ms	303ms
服务器	Intel Xeon E312	1.999MHz	8	Linux	4029ms	52ms

从上述结果来看，并行计算的方式能够明显减少计算耗时，而且 CPU 的核数越多，可设置的进程数越多，并行计算减少耗时的幅度越大。

7.4 本章小结

本章介绍了机器学习在 Web 攻击检测和验证码防御中的应用。在 Nile 中引入基于 Spark Mllib 库的机器学习模型，利用机器学习模型处理速度快、判别准的特点，在流量进入规则引擎前过滤大部分流量，提高 Nile 处理效率，使漏报率保持在 6% 以下。在验证码防御中加入基于异常轨迹识别的机器学习模型，弥补了人工规则方式异常拦截方法的不足，使精确率达到 98%。未来在已有项目继续优化的基础上，机器学习可以应用于更多的场景，如选字验证码防御、账号异常检测等。

参考文献

[1] Chawla N V，Bowyer K W，Hall L O，et al. SMOTE: Synthetic Minority Over-sampling Technique[J]. Journal of Artificial Intelligence Research，2002，16（1）：321-357.

[2] Knauer C，Loffler M，Scherfenberg M，et al. The Directed Hausdorff Distance Between Imprecise Point Sets[J]. Theoretical Computer Science，2011，412（2011）：4173-4186.

第8章
风险控制

携程作为OTA行业内领先的平台，覆盖了机票、酒店、金融、度假、火车票等业务场景，每天承载着百万级的交易。在用户通过携程平台享受“说走就走”的出行便捷性的同时，也有不法分子利用携程平台进行盗卡、盗账户销赃、“薅羊毛”、刷单、信用诈骗等行为。如何利用高响应的决策引擎、完备的智能风控策略、高精度的风险模型对这些欺诈交易进行实时拦截及离线打击，是携程金融风控团队需要解决的核心问题。机器学习在风控场景中发挥着关键作用。

本章将从三个方面来介绍：首先，介绍支付欺诈风险的特点，以及风控团队在高对抗场景下是如何做到“见招拆招”的；其次，针对“闪住”、租车、Wi-Fi租赁等信用产品，介绍风控团队如何通过构建“程信分”模型体系进行信用风险控制；最后，介绍如何在业务风险标签匮乏的普遍情况下，通过主动学习（Active Learning[1]，AL）的模型思路进行风险控制。

8.1 自动化迭代反欺诈模型体系

支付欺诈风险是携程金融风控团队的主要防控对象，它一般是指用户卡片信息或账号信息泄露后，欺诈分子利用这些信息在携程平台进行销赃，侵害用户资金安全，给用户和携程平台带来损失。携程金融风控团队需要在不影响正常用户自由出行的前提下，对这样的风险交易进行精准识别并实时拦截，从而保护用户资金安全。支付欺诈风险具备以下 3 点特性。

（1）高对抗性

欺诈分子的作案手段绝非一成不变，他们也会根据我们的策略拦截结果对作案方式不断调整，不断形成风险转移，如果我们的策略模型不及时追踪这种变化，则无法做到“见招拆招”。

（2）复杂性

为了躲避风险控制的策略规则，欺诈分子也会尽力模仿正常用户的消费行为，而且从目前的数据来看，支付欺诈场景的批量操作行为比业务作弊场景少很多，原因是在携程平台上，欺诈分子相当于一个承接正常用户需求的代订中介，在没有需求的情况下，他们没有必要通过走量的形式进行销赃。这样的业务特性导致支付欺诈多为无规律性的单点攻击，普通规则在模拟这种复杂逻辑场景的时候会存在一定劣势，通常要么精度不够，造成误拦截过多，要么无法捕捉作案手法。与普通规则不同的是，模型可以在多变量前提下进行数据拟合，从而捕捉复杂作案手法。

（3）坏样本稀少

在支付反欺诈场景中，坏样本的主要来源有两部分：在风控运营过程中，人工拦截或规则、模型自动拦截的风险订单；风控策略无法识别并最终产生损失的风险订单。在风险订单中，风控策略能够拦截的占绝大部分，而我们需要注意的恰恰是无法识别的那部分，但这部分案件样本相当稀少，这给规则和模型的学习带来不小的挑战。

携程金融风控团队为了应对支付欺诈风险的特性，使用了一套自动化迭代反欺诈模型体系，以加快模型迭代速度，学习最新作案手法，在整个过程中尽量减少工程师的人力投入成本，并且用生成式对抗网络辅助，增加稀少案件样本的数量，使模型的学习更加充分，最终达到“见招拆招”的目的。

8.1.1 风控变量体系

数据决定模型的上限。图 8-1 是风控变量体系。该体系主要基于携程平台的账户、支付、出行、金融及 IP Location 等数据构建。我们的风控变量体系主要从衍生方法的多样性、业务含义的完备性两个角度去考虑。

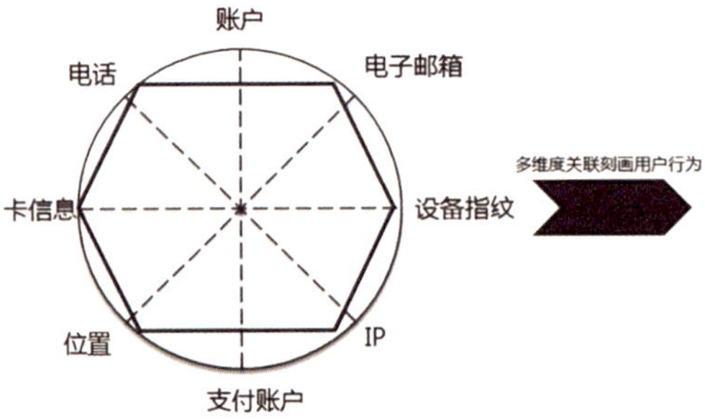

衍生方法	刻画特征
基础衍生	高金额、快速起飞/入住等
冲突变量	信息不一致，如发卡国和IP国
时长型变量	账户年龄，最近一次交易
单位时间行为(单、双主体)	频繁交易\换卡等
过滤条件下的单位时间行为	频繁高危行为
特定行为占比	高危行为占比，短期交易集中
个体异常	个体行为发生变化/异常
群体异常	行为相对于同地域人群异常
躲闪行为	行为有躲避风控规则的嫌疑
跳跃行为	小额试卡的行为
近期欺诈形势	历史案件信息的利用
分布变化	集中性攻击造成的属性分布变化

图 8-1 风控变量体系

8.1.2 自动化迭代模型框架

上文介绍了我们的风控变量体系，下面介绍自动化迭代反欺诈模型框架，如图 8-2 所示。

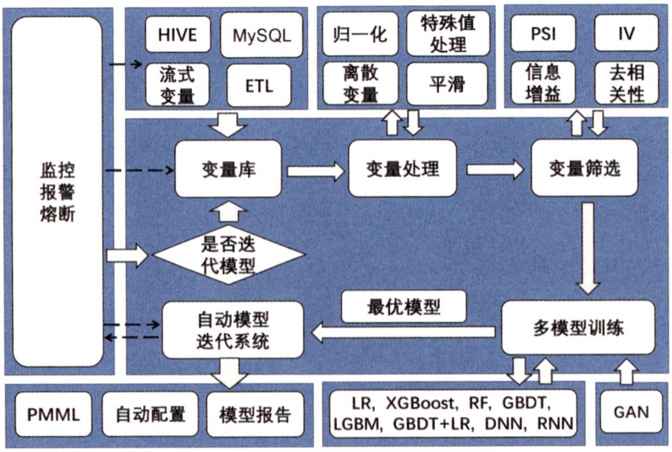

图 8-2 自动化迭代反欺诈模型框架

（1）迭代触发

迭代触发的条件可以自行设定，该模型可以按照时间周期迭代，也可以在实际业务效果下降后触发迭代。

（2）变量库

我们的变量库由线上实时计算的变量和离线 T+1 清洗的变量组成，当新的模型触发迭代时，近期的样本会构成候选变量池。

（3）变量处理和变量筛选

我们对候选变量先进行一轮特征工程。这主要包含两个步骤。

① 变量检查。我们将包括变量自身分布的稳定性指标（PSI）在内的有问题的变量剔除。

② 缺失值 / 特殊值填充。因为我们的流程中会用到 DNN 深度学习的方法，而此类方法对缺失值较为敏感，所以我们需要将这部分特殊情况用正常的取值情况去替代。我们目前使用的替代方法是找到与特殊值黑样本率最接近的正常值区间，用区间中的值进行特殊值替代。如果变量是离散型变量，那么我们需要将其转成 one-hot 形式。

（4）算法衍生变量

利用上一步的结果，通过深度学习的方法进行表征学习，目的是在基于业务衍生的变量之外，通过算法自动生成一些变量（详见 8.1.3 介绍）。由于目前对深度学习的弱解释性没有较好的解决方案，所以，为了保证主模型的可控性，我们建议限制深度学习模型的网络结构复杂性，同时控制最终入选模型的变量个数。我们以业务衍生变量为主，以算法衍生变量为辅。

（5）GANs

我们利用 GANs 模型，通过对真实欺诈样本集数据分布的学习，自动合成符合该分布的欺诈样本，将人造欺诈样本纳入样本库，改善欺诈案件稀少的情况，增强模型对欺诈样本的学习。

（6）主模型

原则上主模型的类型没有限制，只要能实现分类器的功能都可以。为了提高自动化迭代效率，我们推荐使用随机森林、GBM、GBDT、XGBoost 或 LGBM 等基于决策树的模型作为主模型，原因如下。

① 此类模型能实现在每次拆分时自行从候选变量池中挑选变量的功能，可以节省根据变量重要性手动挑选入模变量的时间。

② 此类模型可以捕捉变量与目标之间的非线性关系，并且自动交互组合变量，减少特征工程时间。

③ 此类模型在每次拆分时，能够有效利用变量的碎片化信息。

（7）部署

框架输出：输出 PMML 格式模型打分文件、特征工程过程代码、算法衍生变量生成方法。其中，特征工程过程代码可以认为是原始变量到入模变量之间的映射方法。

变量配置：如果模型有新变量（原本生产环境未配置，只能离线清洗计算）入选，则需要将这部分变量配置至生产环境。

（8）确定阈值

在传统情况下，我们一般通过跨期测试集的效果来确定模型的阈值，由于支付欺诈场景的高对抗性，我们建议将近期样本放入模型中进行训练，这样可以压缩跨期测试集的空间，甚至使模型没有跨期测试集。针对这种情况，我们采用的方案是，先将模型部署上线但不使其生效，短期观察一段时间后，根据生产环境的真实表现确定阈值，参考的依据主要有阈值以上的交易占比及相应的准确率。

与传统建模流程相比，自动化迭代模型框架在追求快捷高效的同时有两个问题。

① 自动化迭代模型框架缺少了对所有入模变量人工审核的过程，减少了我们对

入模变量的了解，降低了模型的可控性。

② 由于支付欺诈场景的高对抗性，所以我们建议使近期样本进入训练集，让模型学习近期的风险特征，这样会造成每次迭代几乎没有用来检验模型是否会出现过拟合的跨期测试集。

针对这些问题，为了最终实现自动化迭代模型体系对支付欺诈风险的高对抗性、复杂性的克服，达到模型效果与模型可控性的平衡，我们需要一套完备的监控体系为模型保驾护航。

（9）监控体系

变量监控：对生产环境中的变量监控 PSI、特殊值（包括缺失率）占比变化。

模型监控：通过模型打分进行 PSI 监控。

业务效果监控：针对支付反欺诈场景，我们主要监控模型线上交易的真实拦截率与预估拦截率是否有差异，以及通过事后的人工定性监控模型拦截的准确率是否符合预期。

在运营维护自动化迭代模型框架的过程中，我们认为除了新变量配置流程目前需要人工介入，对业务的深入了解和对支付欺诈案件的人工分析也是不能节省人工投入的，毕竟任何模型算法只是工具，一个好的业务沉淀转化的变量给模型的效果带来的提升，要远远大于算法优化带来的提升。

8.1.3 RNN 表征学习

在支付反欺诈场景中，传统方法衍生的特征一般刻画用户在某个时间窗口内进行了几笔交易、换了几张信用卡、累计消费了多少金额等，也就是量化用户在这段时间内干了什么，但是这种衍生方法在用户时序行为信息表达上有不足之处，它没有刻画用户先干了什么后干了什么。我们可以利用 RNN 捕捉时序行为的特性，在主模型进行训练前，先基于用户 UBT 行为数据训练一个 RNN 子模型，将这个模型的隐藏层输出作为主模型的输入变量，如图 8-3 所示。

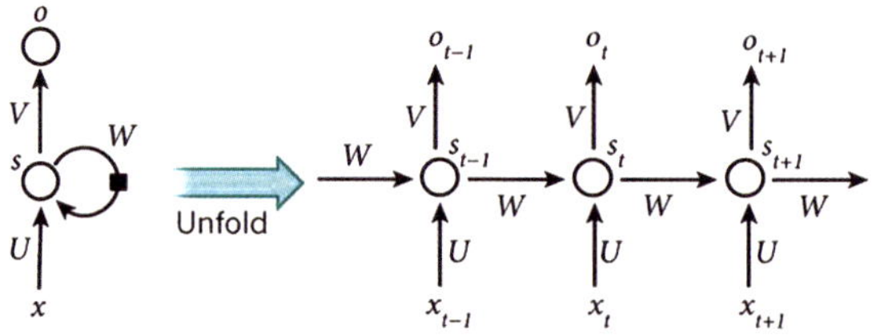

图 8-3 RNN 结构示例图

UBT 数据主要分为 action、pageview 数据，action 是指用户在浏览时进行的细节操作，如筛选、排序、填写等，pageview 数据是用户在浏览的页面的 ID，每个页面都有对应的 ID，同样是酒店详情页，如果酒店不相同，则页面的 ID 也不一样。我们以 pageview 数据的应用为例，介绍利用 UBT 数据建模的主要步骤。

1. 业务转化

如果直接将 pageview 数据作为模型的输入，那么会出现两个问题。

① 用户的相同的浏览动作，如浏览页面详情，会因页面来自不同的酒店或航司而产生不同输入，即输入不稳定。

② 页面的 ID 在作为输入时，从业务角度理解起来过于枯燥，不够生动。

针对以上问题，我们花了大量时间对 UBT 数据进行了人工汇总，以业务理解为核心，有选择地将原本枯燥无味的页面转化为用户的行为动作，并将用户在页面的停留按照停留时长的分组转化为几种输入动作。业务转化示例如图 8-4 所示。

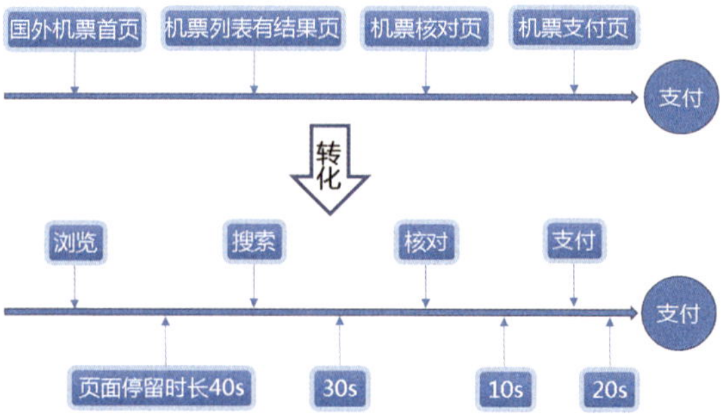

图 8-4 业务转化示例

2. 动作字典

我们将希望能采集到的用户浏览动作汇编成一个输入字典，如表 8-1 所示。

表 8-1 输入字典

ID	输入元素
0	浏览
1	搜索
2	关注详情
3	价格排序
4	页面停留 10s 以内
5	页面停留 10 ～ 20s
6	页面停留 20 ～ 30s
7	页面停留 30s 以上
⋮	⋮
N	支付

3. one-hot

用传统的 one-hot 的方式将这些动作逐一量化为向量，使其生成矩阵，并将矩阵输入模型。

最后，在训练完模型后，提取模型隐藏层的输出，将它们作为特征输入主模型。由于这部分特征表达的是用户的时序行为信息，其数据来源和表达信息的维度都与以往传统的衍生变量有所不同，所以我们在实践中发现，这部分特征与传统衍生特征之间的冗余性非常低，对主模型来说是一个非常好的信息补充。

8.1.4 自动化与传统方法的效果对比

1. 传统方法

在传统情况下，我们构建一个模型的时间成本要高于构建规则的时间成本，因此以往当我们上线一个模型时，稳定性是我们参考的重要指标。我们希望上线一个模型后，模型能正常表现几个月甚至半年。然而，以风控支付反欺诈模型——天眼模型为例，在天眼一期的时候，我们构建了一个模型，在 OOT1（第一个跨期测试数据集）中，当准确率为 80% 时，模型的召回率为 12% 以上；仅仅过了一个月，在 OOT2（第二个跨期测试数据集）中，同样当准确率为 80% 时，模型的召回率衰减到 7.9% 左右，如图 8-5 所示。由于模型的衰减发生在两个跨期测试集之间，而不是发生在训练集与测试集之间的，所以我们排除了模型本身的过拟合造成的效果衰退。分析后发现，造成模型覆盖率降低的原因是支付欺诈场景的高对抗性，欺诈分子在不断变换他们的欺诈手法，因此历史数据训练的模型无法覆盖最新的手法。

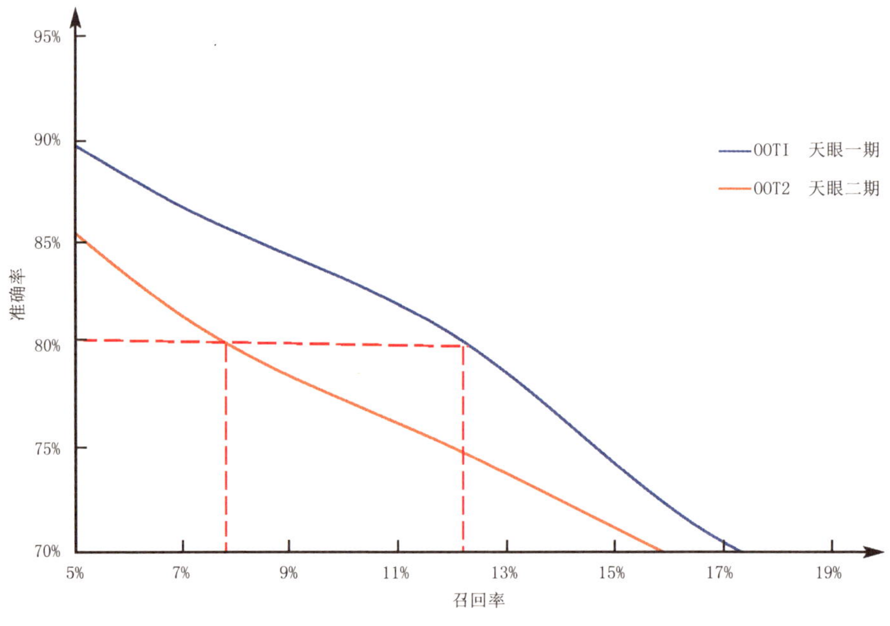

图 8-5 天眼一期效果

2. 自动化迭代 vs 传统方法

在天眼二期的时候，我们采用了自动化迭代的流程框架，在降低建模成本的同时使模型与欺诈形势保持同步。如图 8-6 所示，在天眼一期效果已经下降的 OOT2 中，天眼二期的召回率能在准确率为 80% 的情况下重新回到 11.5% 左右。

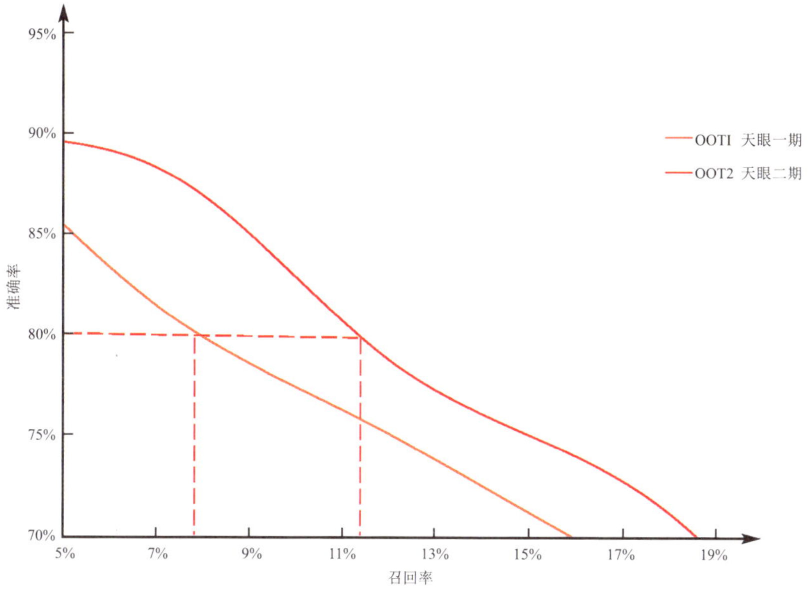

图 8-6　天眼二期效果 vs 天眼一期效果

8.2 “程信分”模型体系

携程金融为了使消费者在平台的出行体验更好，上线了如“闪住”、Wi-Fi 免押金、租车等一系列信用产品，使用户的出行更加便捷，也提高了平台商户的运营效率。管理好用户的信用信息，并在用户授权的情况下，利用它为平台信用产品的准入提供参考，是携程金融风控团队的重要工作。我们的目标是提升用户的出行体验，同时降低平台的违约资损，并最终激励用户养成信守履约的好习惯，以改善社会的信用环境。

“程信分”模型体系是携程金融出品的一套以模型为主、规则为辅的信用评分体系，其中主模型、子模型及风控规则的开发、运营、维护均由携程金融风控团队负责。该体系渗透了信用产品的准入评分、额度的设定及催收评分等环节。

8.2.1 “程信分”模型

“程信分”模型体系的整体如图 8-7 所示。

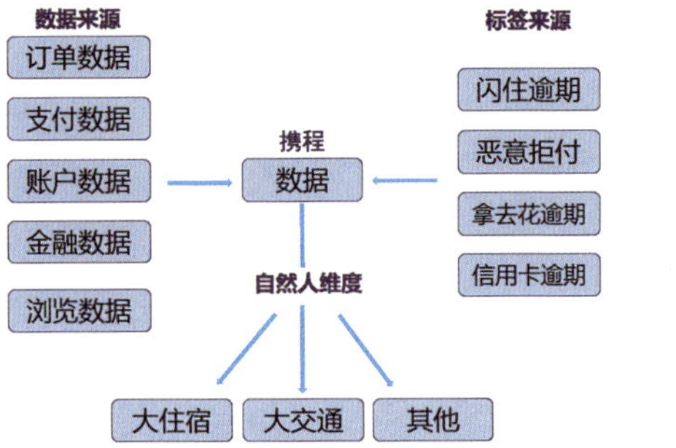

图 8-7 “程信分”模型体系的整体

① 数据来源。“程信分”模型体系的数据来源于携程平台的订单、支付、金融、出行及用户浏览。

② 标签。“程信分”模型体系的标签来源主要包括闪住逾期、恶意拒付、拿去花/借去花逾期及信用卡逾期，标签应具备金融属性。

③ 方法论。模型采用分人群建模的方法论，将总体人群分为三个人群，即大住宿、大交通和其他，这是因为我们通过分析发现，这三个人群在消费行为上有明显的差异，“其他”这个场景的人群在携程平台消费涵盖酒店、机票、度假等产品，行为更为丰富，模型效果也最好。

“程信分”模型如图 8-8 所示。

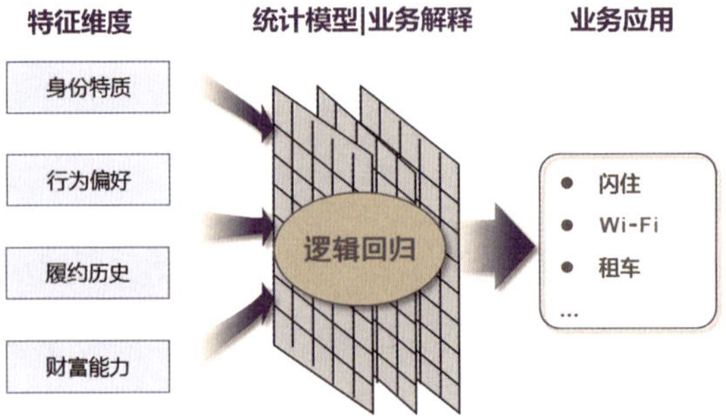

图 8-8 “程信分”模型

① 特征维度。我们将变量按照业务解释分为身份特质、行为偏好、履约历史、财富能力四个特征维度。

② 模型算法。我们选择传统的逻辑回归，因为“程信分”模型需要有很强的可解释性，逻辑回归是一个非常好的选择。

③ 评分卡转换。这与传统金融场景的评分卡转换一样，具体如下。

- 我们令逻辑回归的输出为用户违约概率 p，odds= $\frac{p}{1-p}$ 。
- 我们先设定 odds = θ_0 时的评分卡得分为 p_0，再设定 double odds 时，增加的分数为 PDO，则有

$$\begin{cases} p_0 = A + B\ln(\theta_0) \\ p_0 + \text{PDO} = A + B\ln(2\theta_0) \end{cases}$$

由上式求解出 A 和 B 的值，即

$$\begin{cases} B = \dfrac{\text{PDO}}{\ln(2)} \\ A = p_0 - B\ln(\theta_0) \end{cases}$$

- 最终，我们的打分公式为

$$\text{score} = A + B \times \ln(\text{odds})$$

④ Reason code。基于逻辑回归的可解释性，我们搭建了一套自动化的 Reason code 输出体系，它可以从变量维度自动挖掘用户分高或分低的主要原因，这里举一个用户低分 Reason code 输出的例子，流程如下。

- 变量得分 var = 系数 × 变量值。
- 计算高分用户群体每个变量得分的均值$\overline{\text{var}}$。
- 计算 var− $\overline{\text{var}}$，得到该低分用户的每项变量得分与均值的差距（假设高分用户群体各项变量得分的方差无明显异常，均值可以代表高分用户的总体情况）。
- 差距值降序排列，获取 Reason code。

“程信分”模型本身效果能达到 KS 值为 0.61，如图 8-9 所示。

“程信分”模型上线后，配合携程金融信用规则体系，使携程“闪住”（“信用住”）产品的逾期率明显下降，如图 8-10 所示。

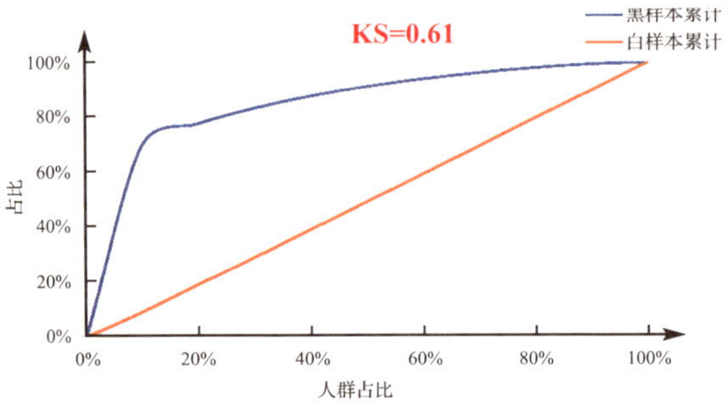

图 8-9 “程信分”模型本身效果

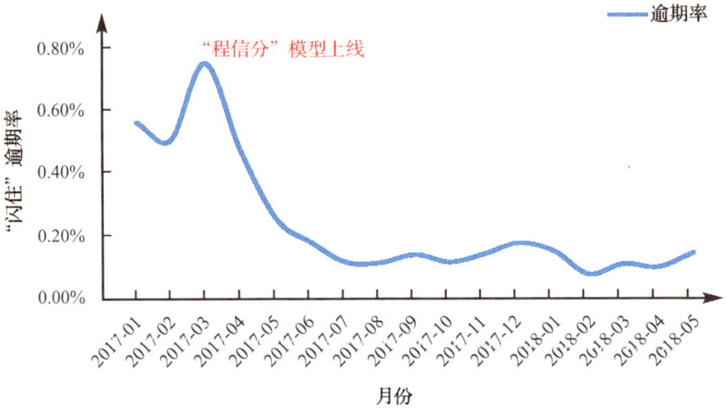

图 8-10 “闪住”逾期率

8.2.2 “闪住”催收模型

催收策略是整个信用风控流程中重要的一环，我们针对“闪住”逾期用户构建了一套催收评分卡，使其为催收运营人员评定催收优先级、合理配置资源等工作提供参考。

① 入催人群。按照“闪住”产品的催收流程，在用户离店扣款失败 7 天后，催收运营人员开始进行催收。

② 建模样本的构成。由于历史流程的更改，我们的样本库有大量逾期 30 天后开催的样本，其中，逾期 30 天开催样本量∶逾期 7 天开催样本量 = 2∶1，逾期 30 天

的人群在行为表现上的分布与逾期 7 天的人群有显著差异，若因为模型的最终应用人群是后者，便将逾期 30 天的样本从建模样本中舍弃，则显得有些可惜，毕竟这部分最终催收失败的样本是用资金换来的。

③ 迁移学习。针对样本人群构成问题，我们通过基于实例的迁移学习来改善这个问题。该方法的核心思想是将逾期 30 天的样本看作辅助数据，将逾期 7 天的样本看作目标数据，用迁移学习的方法给辅助数据打上权重，增强对目标数据的学习，借助传统 adaboosting 的思想，将辅助数据中与目标数据有差异的样本权重缩小，这里用的方法是 Tradaboosting 算法，催收评分模型框架如图 8-11 所示。

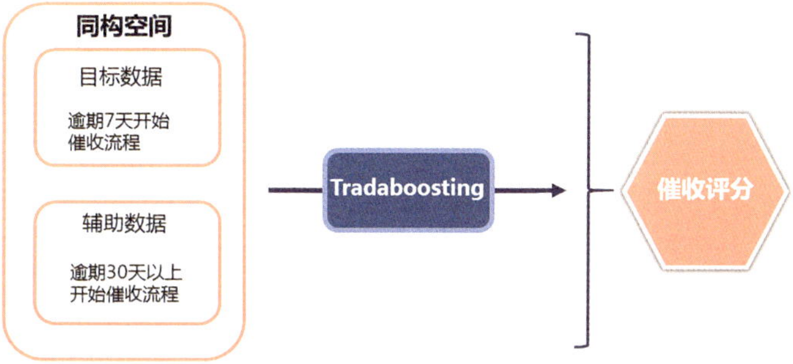

图 8-11　催收评分模型框架

④ 我们通过辅助数据来增强目标数据的学习的结果，相比于只用目标数据训练在同一个测试集上的结果，其 KS 要高 2 个点，训练集 KS 达到 0.41，测试集 KS 达到 0.42，如图 8-12 所示。

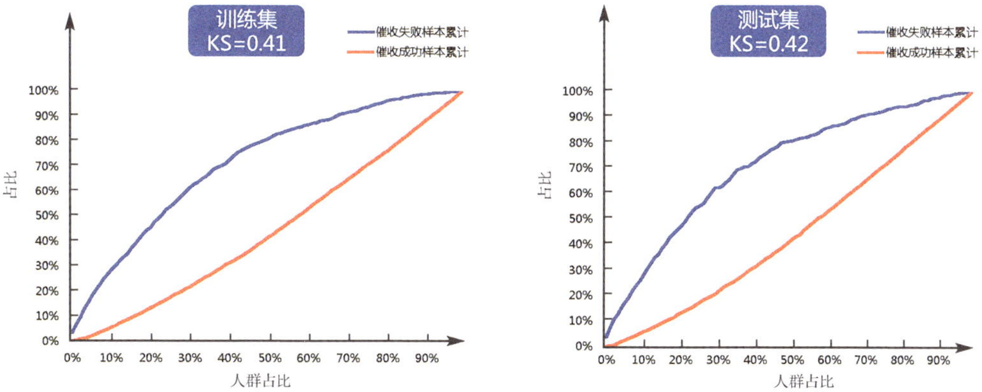

图 8-12　训练集和测试集

8.3 主动学习在业务风控场景中的应用

随着携程业务的发展，机器学习在业务风控场景中的应用越来越广泛，在酒店业务中存在着刷单炒信、刷优惠券、刷点评、恶意占用资源、虚假商户等风险问题；在机票业务中存在着虚占资源的问题，以及各个产品线都可能存在的信息或价格错误导致的资损问题。我们的风控团队需要利用模型工具预测订单的业务风险概率，对于风险可能性较高的订单，我们会进行一些干预策略。

本节主要介绍机器学习在酒店刷单和机票虚占资源的问题中的应用实践。我们通过主动学习的方法来解决业务风控场景中标签不易获取的问题。

8.3.1 酒店反刷单主动学习模型

在反作弊场景中，刷单是比较常见的一种作弊问题。所谓刷单，就是商家自行发起或组织他人进行虚假购买、虚假交易、虚假验证、自买自卖等行为来伪造用户的真实消费。在携程的业务场景中，酒店的刷单问题尤为突出，相比于机票业务，商家更关注自己的展示排序、评分及点评内容，因此很多酒店商家为了提升自身业绩，往往会采取一些刷单炒信的手段。但是刷单非常不利于酒店业务的健康发展，我们提倡商家公平竞争，为客户提供优质、真实的酒店资源。

酒店刷单会有不同形式及数据表现，刷单风控类型如图 8-13 所示。针对各种类型的刷单，我们会分别提供有效的风控策略。我们既有订单的单笔识别策略，也有基于酒店主体的刷单风险评分模型，本小节主要介绍基于酒店主体的刷单风险评分模型的构建方法。

相比于支付欺诈场景，酒店刷单场景的风控问题解决起来更加困难一些，主要原因是支付欺诈问题大部分会得到用户的反馈，而刷单问题缺乏主动反馈，因此我们没有明确的黑白标签，尽管我们在运营过程中能够零散地从用户点评或投诉中获得一些酒店的刷单、诱导点评、刷点评的信息，但这对于整体来说是杯水车薪。

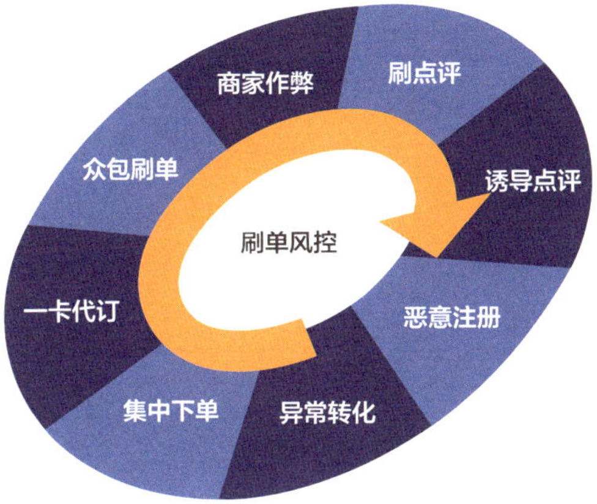

图 8-13　刷单风控类型

我们需要建立一个完整的建模体系来覆盖大部分的刷单问题，如果我们使用无监督学习的方法，那么相对准确率较低，这容易造成较多的误抓，所以我们选择使用监督学习的方法来解决这个问题，以保证模型结果的准确性及覆盖率。我们面临的首要问题是如何解决无标签的问题。对于刷单问题来说，确定标签是非常困难的，人工标注的可靠性相对来说比较高，但是人力有限，因此我们需要在有限的人力下选择对模型效果提升更有帮助的样本进行标注。

基于上述情况，我们使用了一种基于主动学习的建模方法。主动学习的基本思想是在人工标注成本较高的情况下，建模人员使分类器持续与专家进行多轮交互，并将专家标注的结果加入样本池中以更新分类器。选择对模型的提升效果最好的标注策略能够起到事半功倍的效果。考虑到低分区域样本的黑样本的转化率较低、人工排查性价比较低，我们的模型采用了模型打分中等偏低的部分样本由人工标注的方式，以保证标注的效率。该方法结合了人工标注和机器学习方法，我们称之为 FAML（Feedback Active Machine Learning）。这种模型构建策略最终可以保证准确率达到 90%，模型的增益达到 40%。FAML 流程图如图 8-14 所示。

我们在主动学习的基础上，优化了初始标记的方法，结合规则策略，在未标注的数据基础上先进行了一轮初始标注工作，然后进行模型迭代的流程，这样能够大大减少人工标注的时间成本。专家在用经验矫正错误识别的同时能够发现新的黑样本，如图 8-15 所示。模型开发人员可以结合专家经验优化模型特征，整个主动学习的模型框架也能够不断得到完善。对于整个模型框架来说，模型类型是可以自由选择的，由于携程业务的需求，酒店反刷单模型需要有较强的可解释性，我们选择的机器学习模型是逻辑回归，同样我们也可以根据 8.2.1 中提到的方法，构建 Reason code 输出体系。

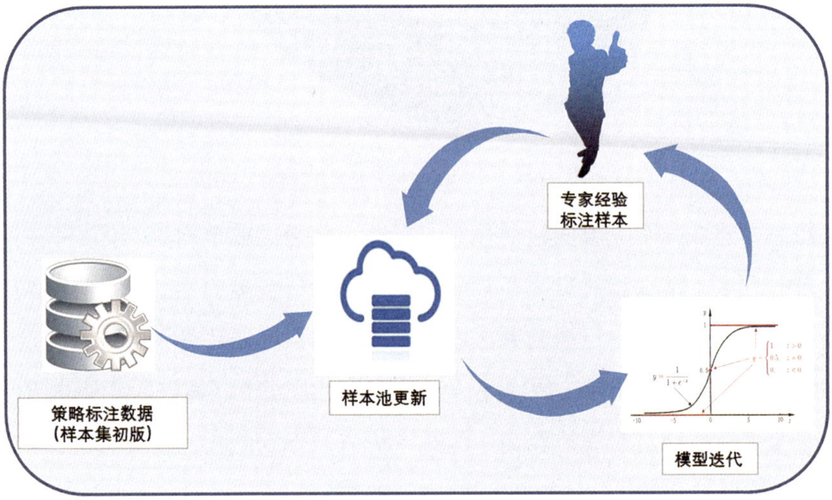

图 8-14　FAML 流程图

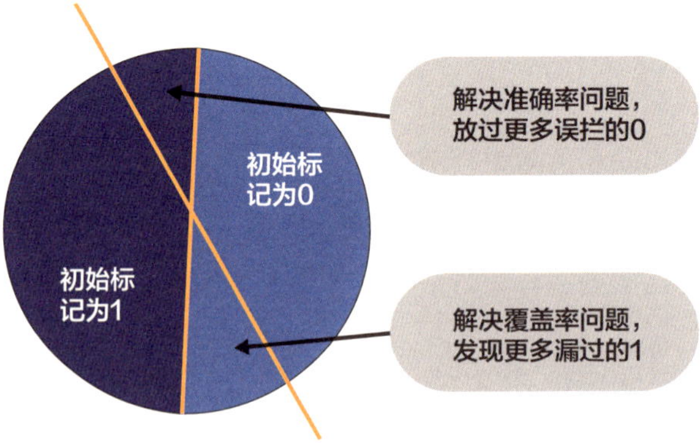

图 8-15　专家标注解决问题

算法 FAML 的流程如下。

① 样本集初版：选取模型所需的样本集，并根据专家经验结合规则策略给部分

样本打上标签。

② while 未达预期效果 do。

③ 样本池更新：结合最新的标注更新样本池数据。

④ 更新模型：用选定的机器学习方法更新模型 。

⑤ 专家标注：选出部分标注价值最大的样本，请专家标注，更新样本池。

⑥ end while。

在模型框架及问题的解决方案都确定后，我们需要考虑特征变量，即要用哪些维度和特征去刻画酒店刷单的情况（见图 8-16）。根据我们的风控经验，我们可以用酒店订单量同比或环比的异常变化去刻画刷单行为，也可以用订单的集中性去刻画刷单行为，订单的集中性具体表现为账户属性、下单渠道、订单类型、下单时间的集中性。集中性实际上是一种分布的概念，基尼指数（Gini Index）和信息熵（Information Entropy）等能很好地刻画分布的集中性，分布的变化信息在模型使用中能起到很好的作用。

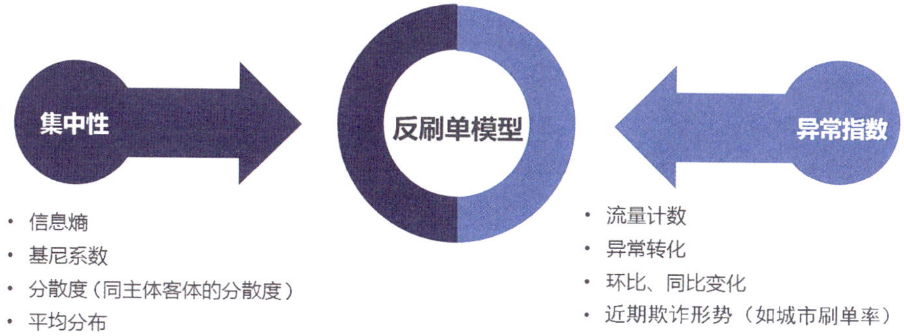

图 8-16　酒店反刷单模型变量类型

8.3.2　机票防虚占主动学习模型

机票业务是携程业务中非常重要的一部分，为机票业务保驾护航也是我们的风控团队的非常重要的工作内容，而相比于酒店，机票的供应商风险主要在于对资源的竞争，机票虚占的问题是困扰我们已久的问题，也是本节介绍的模型重点解决的问题。

机票虚占的定义为，公司竞争对手、机票供应商在短时间内针对特定航班大量下单却不支付，从而造成的恶意的资源占用。类似于酒店刷单的情况，机票防虚占场景也存在业务风控场景中的常见的问题——无标签，因此机票防虚占场景也使用了酒店反刷单场景的主动学习模型框架（见图 8-14）。我们结合机票防虚占的业务场景，尝试分类模型的各种方法，并比较它们的效果（见表 8-2）。机票防虚占场景对模型解释性没有很高的要求。我们通过进行多方法的模型实验并对比其结果，发现 XGBoost 在现有统计特征的数据集中的效果是最好的。这是因为 XGBoost 使用的决策树方法擅长捕捉非线性特征，能够从样本中学习到高阶的特征组合，使碎片化的信息得到有效的利用，这是传统的线性模型逻辑回归无法做到的。XGBoost 还节省了特征工程的时间，而且相比于 GBDT，它可以通过对损失函数增加正则项的方法来惩罚模型的复杂度，以改善模型过拟合的情况。二阶泰勒损失函数的方法与特征预排序的结合使训练更加高效，整体模型效果也更佳。

表 8-2　利用分类模型的各种方法的效果的比较

模型比较	逻辑回归	GBDT	XGBoost
KS 值	0.813	0.8214	0.8305

在机票防虚占场景中，我们充分利用了已有数据，使用了多种数据来源，包括账户静态信息、行为数据及网络关联的数据，如图 8-17 所示。我们结合业务经验进行头脑风暴，得到了 4000 多个类型的变量，将这些变量加入我们的建模流程。由于我们输入的变量较多，所以我们需要在变量进入模型之前先进行变量初筛，其基本思路是参考 IV 值和 PSI 值进行初筛，同时通过相关性检测减少变量数量。在这里需要说明的是，IV 值在逻辑回归中是可以参考的，在树模型等非线性模型中，IV 值并没有直接参考意义，我们参考 IV 值进行初筛只是提供了一个初筛变量的方法，而在非线性模型中，变量相关性的剔除也不是必要的工作，只是为了尽量减少冗余。2018 年 12 月的 XGBoost 结果为，准确率为 88.2%，覆盖率为 80% 以上。我们在评价模型结果的时候应参考 KS 值，并检查模型训练测试的 KS 值的差异，以免出现过拟合的情况，还应重

点关注模型测试集打分的 PR-Curve，这是因为模型标签是人工标注的，往往会存在漏判或错判的情况。FAML 框架在运营过程中应不断优化模型效果及业务指标。

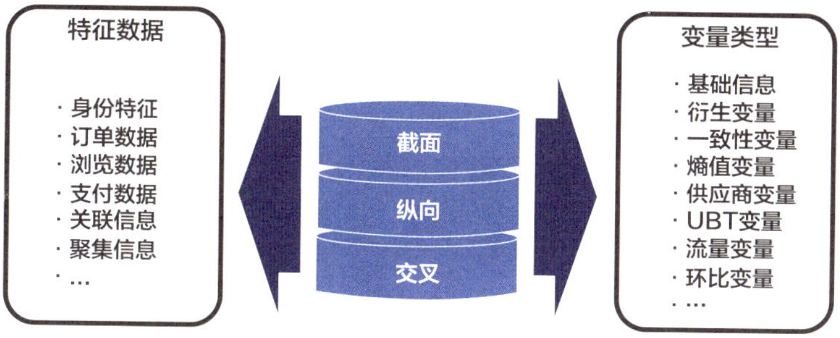

图 8-17 机票防虚占模型变量

8.4 本章小结

本章介绍了机器学习在携程金融支付风控、信用风控及业务风控几类场景中的实践应用，根据场景的特性设计模型及解决方案，取得了较好的成果。

参考文献

[1] Settles B. Active Learning Literature Survey[R].Computer Sciences Technical Report 1648：University of Wisconsin-Madison，2009.

Ctrip
Artificial
Intelligence
携程人工
智能实践

第9章 AI挖掘中台

9.1 AI 挖掘中台的背景

在进行内容化推荐时，我们首先面临的问题是，优质的内容从何而来？在准备推荐内容时，我们通常会遇到以下几个问题。

① 各条业务线（如酒店、机票、火车、民宿、度假产品、景点、用车等）的数据结构差别极大、数据量大及数据变更等导致数据整合难度大。

② 运营人员与算法工程师对业务的理解存在较大差异，因此每个业务场景的具体需求通常需要相关人员反复沟通、确认，效率低下。

③ 不同场景的需求千差万别，因此我们需要对各个业务场景进行定制化开发，这会造成大量的重复工作。

④ 真实数据与设想的情况往往存在一定差异，这导致运营人员在实际操作时，时常需要在看到结果后重新调整生成的内容，并对技术进行调整，进一步拉长了上线周期，使响应速度变慢。

为了解决上述问题，AI 研发部建立了 AI 挖掘中台，根据统一的数据规范要求，接入各条业务线的数据，并建立通用的数据处理流程，接入模块化的算法能力，使一线的业务运营人员能够在 AI 挖掘中台上直接操作，设置和挖掘与主题相关的各业务线产品、目的地，以及与主题相关的图片、推荐理由、特色亮点等素材，而且 AI 挖掘中台支持秒级预览结果，以便运营人员及时调整业务策略、提高效率、缩短上线周期。

9.2 AI 挖掘中台的框架和功能

为了高效准确地提供数据，AI 挖掘中台整合了数据与算法及大数据平台计算和调度能力，以场景挖掘任务为单位对已经配置好的数据进行数据挖掘，支持众多任务并行挖掘，能够在较短时间之内（平均 30min）完成整个处理流程，为精准运营和推荐引擎提供基础数据。

9.2.1 AI 挖掘中台的构成

AI 挖掘中台由众多模块构成（见图 9-1 ），包括 AI 挖掘控制台、Web 服务、元数据 DB、平台调度等。其中，数据处理层、算法处理层、数据整合层构建在携程的大数据和算法基础设施之上，调度引擎承担数据处理层、算法处理层、数据整合层的统一管理和调度工作。

AI 挖掘控制台是业务人员和管理员的工作站，其权限分为普通用户模式和管理员模式。普通用户通过 AI 挖掘控制台创建项目、配置项目、启动挖掘任务、获取挖掘结果，而管理员通过 AI 挖掘控制台对元数据、算法能力、调度策略、权限及存储资源、计算资源等进行管理。

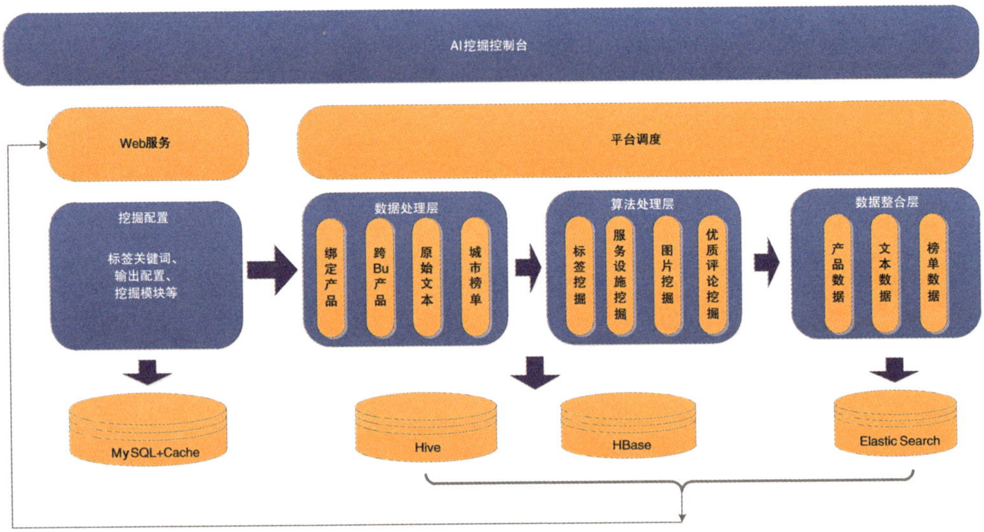

图 9-1　AI 挖掘中台架构图

9.2.2　AI 挖掘操作步骤

① 新建项目并选择数据源：用户首先登录 AI 挖掘中台进入项目管理模块，选定挖掘类型后新建项目。用户应首先根据挖掘需求选择源数据来源，即数据源。

② 新建挖掘标签并添加关键词：选定数据源之后，以挖掘标签为最小挖掘粒度，为每个挖掘标签添加关键词，将其作为算法分词的基本匹配词。挖掘标签下的每个关键词之间的关系为 and 关系，而关键词中的每个单词之间的关系为 or 关系。这一步骤的配置是之后的算法挖掘的重要依据。

③ 添加挖掘功能：在完成挖掘标签及关键词配置之后，为每个挖掘标签选择可配置的挖掘功能，如情感分析、图片挖掘、服务设施挖掘、优质推荐评论等。每个挖掘功能均是在算法模块训练配置完成后加入 AI 挖掘中台的。

④ 预览功能：为了保证所配置的挖掘标签和关键词符合用户的预期效果，AI 挖掘中台有预览功能。我们通过使用预览功能，可以查看一些想要看到的挖掘结果和数据分析视图。例如，我们通过使用预览功能可以预览挖掘出的文本数据，并使数据精确到每一个独立的产品级别（餐厅、酒店、航班、景点等）。

⑤ 产品绑定：在完成挖掘标签配置后，AI 挖掘中台进入产品绑定配置阶段，在此步骤中用户可对当前项目需要输出的产品类别进行绑定设置，完成并保存产品绑定配置。

⑥ 启动挖掘：在项目配置完成后，用户确认配置的挖掘信息，确认无误后，启动挖掘，该项目进入挖掘队列进行数据挖掘。

AI 挖掘控制台是 AI 挖掘中台的总控中心。对于已经配置好的挖掘项目，AI 挖掘控制台会将挖掘流程配置推向调度引擎。调度引擎首先启动数据处理模块，并通过加载项目设定的数据源信息，调度执行数据预处理任务，如数据清理、数据集成、数据变换、数据规约等。

经过预处理的数据流向算法处理模块，算法处理模块将启动各类算法模型参与协作计算，经计算后得到的数据结果将存储到 Hive 中间表，以便后续的处理任务使用。 算法处理模块属于 AI 挖掘中台核心模块，AI 挖掘中台集成了众多算法平台和框架、包括 Spark、tensorflow、numpy、scipy、pandas 等。

算法处理模块对于用户来说是完全黑盒的、无法感知的，如图 9-2 所示。算法工程师在完成某一个算法处理模块的训练模型时，依照约定的接入契约将新模型插件化部署到 AI 挖掘中台中，整个加载过程以热部署的方式完成模型部署和更新，算法工作完全解耦，使得 AI 挖掘中台算法能力的迭代效率、扩展能力、灵活性大大提高。

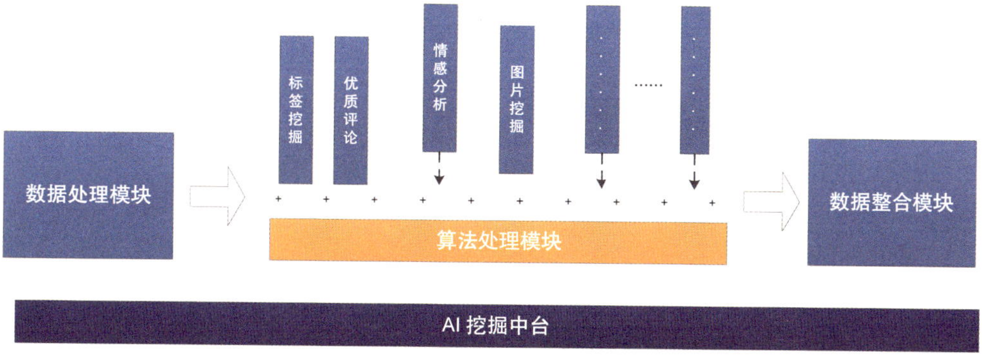

图 9-2　算法处理模块示意图

数据处理模块和算法处理模块所产生的中间数据会存储在 Hive 中间表里，这样既有利于异常情况下的问题排查，又便于在流程异常出错的时候从失败节点进行恢复，不需要重跑整个流程。原始数据会同步到 HBase，便于快速查看原始数据。

我们选用 HBase 作为原始数据的存储，是基于其对海量数据的存储、扩展性及快速查询能力。

HBase 是一个高性能、面向列、可伸缩的十分可靠的分布式数据库，主要用来存储非结构化和半结构化的松散数据。它提供了一套四维的数据存储模型，包括行键、列簇、列修饰符、版本四个维度，如图 9-3 所示。下面是每一个维度的定义。

① 行键：每一行的唯一主键，其内部是一个字节数组，没有数据类型。

② 列簇：数据在行中被组织成列簇，每行有相同的列簇，但行间相同的列簇不需要有相同的列修饰符。在引擎中，HBase 将列簇存储在自己的数据文件中，所以列簇需要先被定义，而且它们不容易被修改。

③ 列修饰符：列簇所定义的真实的列，即列本身。

④ 版本：该模型支持多数据版本。

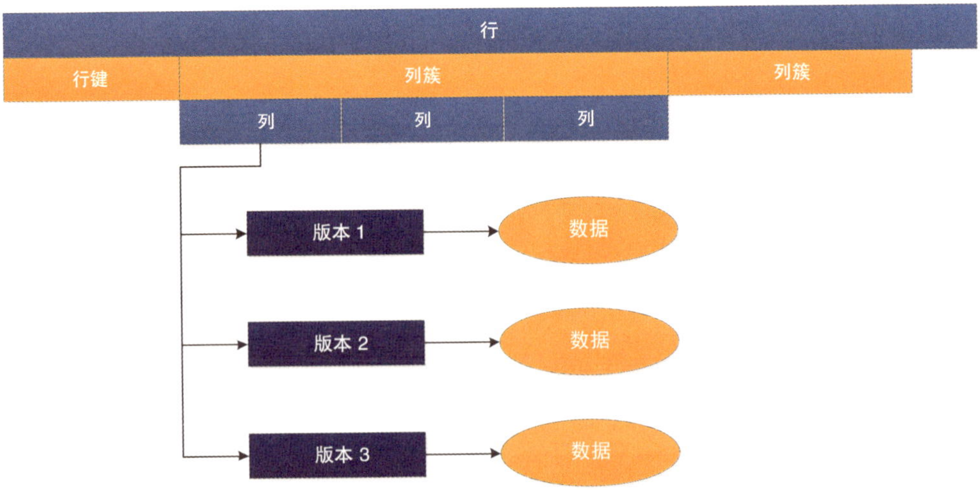

图 9-3 HBase 结构示意图

数据整合模块可以获取算法处理模块的中间数据，并根据挖掘配置的元数据，将数据与预设的产品进行整合操作，对应地输出产品、榜单、文本、图片、服务设施、情感得分、短亮点等数据。然后，将整合好的数据输出到 Hive 中间表中，并将它们分别以全量和增量分区两种形式进行存放。

数据整合模块会基于挖掘结果数据建立 Elastic Search 索引，用户在进行项目预览时，可通过它实现快速预览挖掘结果。

9.2.3 AI 挖掘中台的组件及工作流程

AI 挖掘中台的各功能模块以组件化方式实现与整个 AI 挖掘中台的对接，所有的组件由 AI 挖掘控制台统一管理。AI 挖掘中台会定义一套标准化组件接口，各类组件（如数据源组件、分词组件、模型组件、预览组件、产品绑定组件、生成榜单组件等）应具备对应的接口以完成接入。

已经接入 AI 挖掘中台的组件，由 AI 挖掘中台统一进行管理，我们根据其功能将它规划为不同模块，如数据整合模块、算法处理模块、数据处理模块、数据源管理模块等。在开发者上传新的组件之后，管理员登录 AI 挖掘中台管理系统，将新增模块的“是否启用”开关开启，使用者再次使用时就可以使用新的功能组件。AI 挖掘中台的功能架构如图 9-4 所示。

AI 挖掘中台的工作流程如下。

① 数据源注册：新数据源在录入 AI 挖掘中台之前，需要进行数据注册，这主要为新数据源提供了元数据。目前数据源注册支持的数据文件格式包括 CSV 文件、Hive 表、Json 文件、xml 文件等。

② 数据预处理模块：该模块可进行数据清理、数据集成、数据变换（归一化、离散化）、数据规约等。

③ 算法处理模块：该模块集成了各类算法模型，提供了众多算法挖掘能力。

④ 数据整合模块：经算法处理过的数据会流向数据整合模块，该模块对数据进行评分排序、分类处理，并将其与产品绑定。

⑤ 结果输出模块：最终经数据整合模块处理后，将结果数据输出到 Hive 、HBase 和 Elastic Search 中，以便后续对接使用。

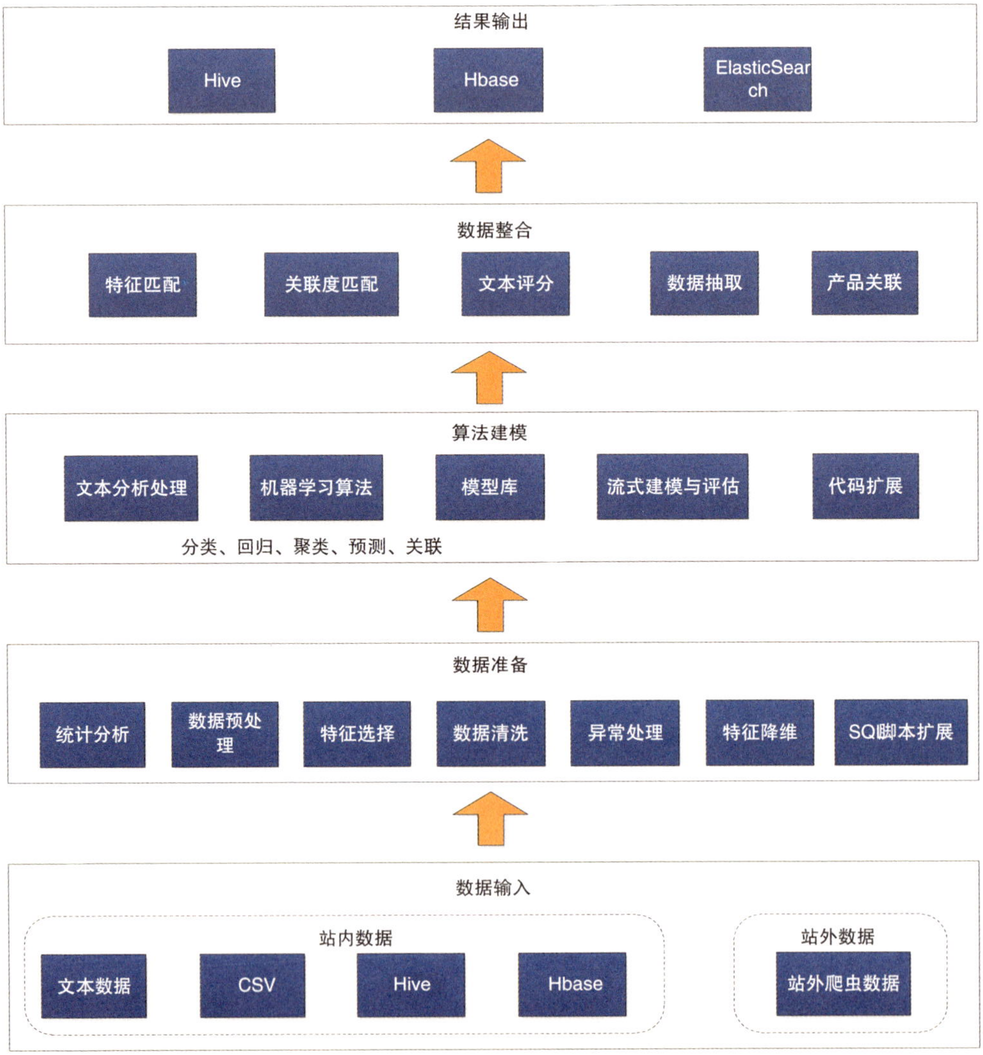

图 9-4　AI 挖掘中台功能架构

9.2.4 AI 挖掘中台应用成效

我们通过使用 AI 挖掘中台，使产品和内容的挖掘效率有了极大的提高。人工筛选总时长从月级别缩减为小时级别，挖掘效率有了近 40 倍的提升。

AI 挖掘中台整合了全集团的数据，中台化地解决了携程业务在内容化信息挖掘上的痛点，减少了筛选内容和产品的时间和人力物力成本，为携程内容化建设带来了全领域的 AI 挖掘能力。

9.3 大数据和人工智能的赋能

现在是一个信息爆炸的时代，用户需要的并不是集中的单点数据，而是有喜好偏向的个性化数据，因此为精准运营提供真实准确的数据变得尤为重要。

数据的爆发性增长推动了产品运营的发展，快速搭建多样化的运营体系是大势所趋。我们对用户兴趣和产品特征进行分类，将用户分割成多个群体，通过经典的 RFM 用户模型建立用户兴趣的三维象限，并根据用户活跃程度进行大数据运营处理。在此情况下，为了数据挖掘工作的进行，我们需要建设一个复用性极强且功能强大的中台系统。

越接近用户兴趣点的产品内容数据，越能够得到用户的接受和钟爱。因此，根据用户兴趣进行精准运营是互联网产品能够不断进步且保持年轻活力的重要准则。

OTA 用户的根本诉求是旅行，即满足对未知世界的好奇心。这就要求 OTA 的产品及产品信息要对用户有足够的吸引力，引起用户的好奇心。

我们尝试将吸引力分为如下几类，并进行做精细化运营：用户主动探索的信息，如全站热搜；公众当前的关注点；网红产品、地域特色、时令特色及人群特色，如亲子或情侣。

基于 AI 挖掘中台的产出，运营人员可以利用极低的成本实现精细化运营，进而支持各种复杂业务场景的内容化需求。

运营人员可以根据业务场景选择不同的挖掘标签进行挖掘。在AI挖掘中台中嵌入各种算法模块，包括图片识别、自然语言处理、自然语言生成等模块。AI挖掘中台在挖掘产品的同时，可以生成优质内容，满足产品及产品信息的需求。

综上所述，AI挖掘中台提供了一站式的挖掘工作流程，实现了运营人员的根本诉求，并且对运营人员屏蔽了算法的复杂性，直接赋予了运营人员使用大数据和AI的能力。

9.4 本章小结

AI挖掘中台旨在帮助业务场景运营人员高效地生产优质内容，提升内容化推荐的效率并优化其效果。

AI挖掘中台由AI挖掘控制台、Web服务、元数据DB、平台调度等模块构成，其中数据处理层、算法处理层、数据整合层构建在携程的大数据和算法基础设施之上，调度引擎承担数据处理层、算法处理层、数据整合层的统一管理和调度工作。

AI挖掘控制台是业务人员和管理员的工作站，普通用户可以通过控制台创建项目、配置项目、启动挖掘任务、获取挖掘结果。管理员可以通过控制台对元数据、算法能力、调度策略、权限及存储和计算资源等进行管理。

AI挖掘中台整合了数据预处理、算法处理、数据整合、结果输出等模块。首先数据预处理模块对海量的异构数据源进行预处理。预处理后的数据流向算法处理模块，进行核心的算法挖掘。之后数据整合模块将数据统一处理，最终输出产品、榜单、内容化素材等结果，并将它们分别以全量和增量两种形式存储到各种异构存储设备中。

AI挖掘中台解决了产品运营人员在信息爆炸时代对产品内容筛选的根本诉求，并且对其屏蔽了算法的复杂性，直接赋予了运营人员使用大数据和AI的能力，以帮助其进行高效的内容运营。

第10章 AI运营中台

10.1 AI 运营中台的背景

“互联网 +”不断改变着生产流程和用户，市场因此发生了一些前所未有的变化。首先，受众人群愈发广泛，分化趋势日益明显，“90 后”新生代消费群体的崛起使各平台必须去适应用户的年轻化；其次，内容生产的门槛降低，即原本单向媒体 PGC 的传播模式逐渐转变为去中心化的网络传播模式，这掀起了全民 UGC 的热潮；最后，交互方式越来越多元化，搜索、直播、短视频、图文信息流等交互方式层出不穷。

在消费升级的过程中，营销人员及运营人员需要不断推陈出新，首先要打造有趣新颖的形式，这好比是吸引用户的皮囊，而比皮囊更重要的是灵魂的塑造，即向页面注入有效的内容。面对瞬息万变的市场，我们应如何全面洞察行情，并高效地搭建合适的一定量级的应用场景呢？

AI 运营中台是一个为了满足上述业务需求而建立的 AI 内容化运营平台。一方面，AI 运营中台统一管理并维护了一套通用的主数据，包括目的地及各业务线产品的基础数据、特征数据和统计数据等，旨在明确并统一所有场景内产品的元数据；另一方面，AI 运营中台还支持场景级别的运营，以便运营人员根据各自场景的具体需求，对内容进行选择、组合和包装，并使数据彼此隔离。另外，AI 运营中台还能追踪全网及垂直领域的热点链路，引导内容生产。

10.2 AI 运营中台的框架和功能

AI 运营中台是一套集标签、产品属性、内容素材、榜单、大数据洞察于一体的运营治理方案，整合了数据管理能力、AI 内容化能力、产品运营能力及高可用的数据服务能力，使业务产品的内容化精细运营和上线的效率得到了提高。

10.2.1 框架

AI 运营中台的框架设计以整合、解耦为目标，通过整合不同数据来源、拆分多个服务、运用多种存储方式来解耦各个模块，得到的总体架构可以分为以下六个部分。

① 数据来源。

② 存储。

③ 数据操作。

④ 平台能力。

⑤ 运营能力。

⑥ 数据服务能力。

AI 运营中台的框架如图 10-1 所示。

1. 数据来源

AI 运营中台的数据来源有多种，包括内容数据、产品主数据、AI 挖掘数据等。其中，内容数据包括文章、旅行拍摄等；产品主数据包括产品基础数据、产品统计数据、产品特征数据三种类型；AI 挖掘数据包括产品及产品素材，如亲子标签及标签相关的推荐理由、图片等。

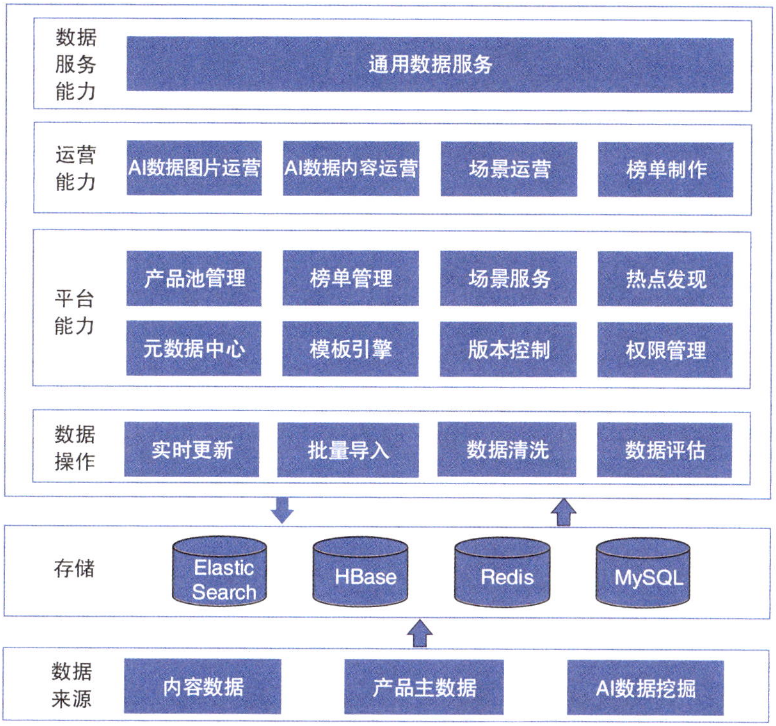

图 10-1 AI 运营中台的框架

2. 存储

① AI 运营中台的存储采用了分层混合存储方式。

② 最底层的 Hive 大数据仓库可以存储所有数据，并基于 Elastic Search 索引技术实现快速查询。涉及的数据更新会同步更新到 MySQL 和 Elastic Search 中。更新操作实现了事务性，确保了数据的一致性。

3. 数据操作

数据操作包括四个方面，即实时更新、批量导入、数据清洗、数据评估。上文提到，AI 运营中台使用的存储方式是分层混合存储，每一层的每一种存储对应的数据操作方式都有区别。

实时更新是针对人工运营的数据（如产品、素材等信息）进行的增删改操作。

批量导入是针对数据导入 AI 运营中台的过程的操作。数据来源可以支持 CSV、Hive 表、Excel 等数据模型。

数据清洗是对批量导入的数据进行清洗、整理的操作，是导入流程中的一个重要步骤。

数据评估是数据检查、校验模块，它主要包括数据量评估、数据质量评估。常用的数据质量评估工具有类型检查、字段缺失检查、字段值检查等，用于保证数据的正确性及可用性。

4. 平台能力

平台能力是 AI 运营中台的核心功能及输出，包括产品池管理、榜单管理（分为站内外对标、内部制榜运营等）、场景服务、热点发现、元数据中心、模板引擎、版本控制、权限管理等。

产品池管理是对不同产品主数据的管理，如城市、POI、酒店、度假、美食等，包含了基础、特征、统计等类型的数据，是 AI 运营中台运维的主要数据源之一。

元数据中心是 AI 运营中台的基础，多个核心功能都依赖于元数据的构建。

榜单模块主要分为榜单对标、制榜两部分，榜单对标模块是站内外榜单及产品数据的对比，而且它提供了一键复制等功能；制榜包括制榜流程，其过程为配置榜单策略模板，通过自动化流程生成榜单，之后运营人员可对已制作完成的榜单进行统一的运营管理。

场景服务是 AI 运营中台的核心能力。AI 运营中台支持场景粒度的数据运营，其中包括场景数据导入、产品运营、数据合并、版本控制、数据服务等。AI 运营中台通过一套标准化的数据上线流程来严格控制数据上线质量。

另外，平台能力还提供了大数据洞察及热点发现功能。

5. 运营能力

AI能力已融合到运营人员对图片、内容及榜单制作的运营工作流程中（支持到场景粒度，场景间互相隔离、互不影响）。例如，图片运营利用AI能力对图片进行美观度打分、智能合图，内容运营通过AI能力基于现有的产品内容数据自动生成推荐理由、主题榜单、短亮点等。

6. 数据服务能力

运营平台的数据通过通用数据服务对外提供。运营完成的数据可以一键上线，同时平台会保留多个历史版本，以保证相关人员在任何时刻都可以快速切换版本，并保证线上稳定。

运营平台到数据平台的数据流转如图10-2所示。

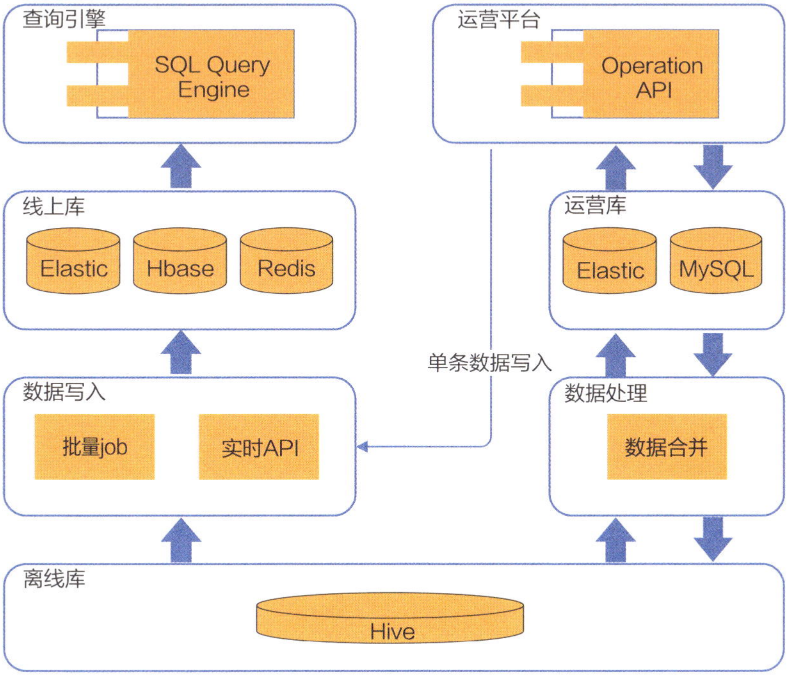

图10-2　运营平台到数据平台的数据流转

为确保在线数据服务具备高可用性和较好的扩展能力，我们对线上库和运营库进行物理隔离。运营平台的高频操作对线上库无影响。如图 10-2 所示，数据进入数据平台有两种渠道：大批量数据应经离线批处理流程一次性导入数据平台；对于低频数据，即时上线的个别数据需要经过新增、修改、删除等操作，并经 API 实时写入线上库。实时数据写入流程如图 10-3 所示。

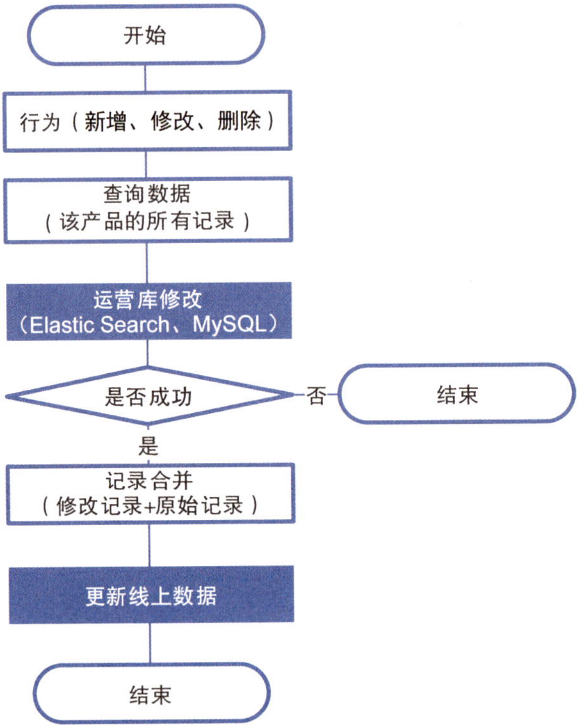

图 10-3　实时数据写入流程

10.2.2　流程

AI 运营中台引用多种数据来源，以模板引擎的形式将数据导入 AI 运营中台内部，经过运营处理生成相应的 Schema，Schema 再由数据平台读取，被赋予到各个应用服务平台。

AI 运营中台主要运行流程如图 10-4 所示。

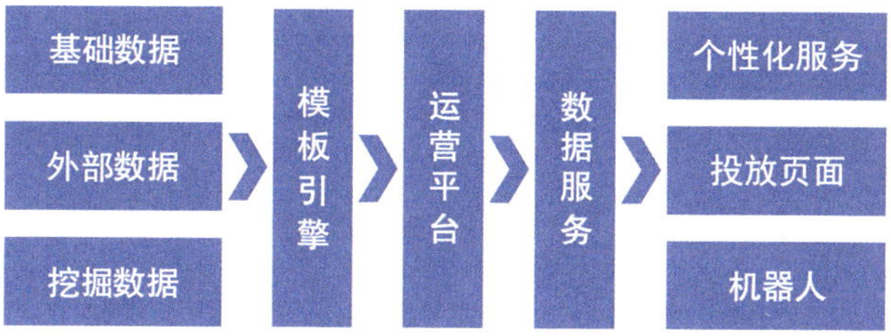

图 10-4　AI 运营中台主要运行流程

AI 运营中台整合了基础数据、外部数据、挖掘数据，模板引擎负责数据的对齐和校准，紧接着产品专员可借助 AI 能力辅助运营，运营后的数据将通过统一的数据服务自动上线，快速支持外部场景应用。

10.2.3　模块

AI 运营中台从功能模块的角度可以分为四个模块，即外部依赖服务模块、存储模块、服务模块、应用层模块。

外部依赖服务模块是 AI 运营中台在处理标签、素材、产品等数据时调用的外部服务，包括美观度算法、实时计价服务等。AI 运营中台通过调用外部服务，能够更好地处理产品、素材，以及完善 Schema 信息，因此外部依赖服务模块是 AI 运营中台灵活接入各类大数据及 AI 算法的能力的一种体现。

存储模块主要由 AI 运营中台的存储框架构成，其中，基础数据存储在 Hive 表中，通过调度任务 job 导入 Redis、Elastic Search 等存储工具，为运营工作提供基础数据。

运营人员通过一键复制、人工编辑等操作来运营相关标签、产品、素材等信息，并将生成的相应的 Schema 数据存放在 MySQL 中，数据平台将其读取转换并同步到各项生产服务中。

服务模块是 AI 运营中台的核心，它主要分成如下两个部分。

（1）　Web 核心服务

Web 核心服务包括了产品池维护、模板引擎配置、场景信息管理、站内外榜单对标等功能，同时也提供了市场洞察、权限管理等系统内部功能。

Web 核心服务不仅支持配置挖掘项目、导入模板，还支持自定义产品、自定义素材类型、配置模板引擎等，并对标签、产品、素材、特征、统计等信息进行运营，提供了一键复制、版本管理等操作，极大地提升了 AI 运营中台的运营能力，承接了挖掘中台的输出，又为服务应用模块做好基础 Schema 数据的管理与维护。

（2） 底层数据处理（Zeus 调度）

AI 运营中台调用的数据来源不仅有 AI 挖掘中台的输出项目、通用的产品基础数据，还包括来自用户自定义数据源的数据这部分数据的调用主要通过调度任务完成。

底层数据处理模块通过 Hive 表将元数据处理合并，然后将数据导入 Elastic Search 等工具，为服务层的调用与处理提供基础元数据。在这一模块中，基础元数据会初步进行合并、处理，然后被导入相应模块，这是 AI 运营中台内的数据的首次处理工序。

应用层模块是 AI 运营中台的输出，它通过数据平台的读取和转换，使服务模块生成的 Schema 数据上线，并将其输出到生产的个性化服务、投放页面、机器人等项目中。

应用层模块为生产服务提供了基础数据，同时利用实时更新功能，使运营人员的更新运营操作同步上线。

外部依赖服务模块、存储模块、服务模块、应用层模块之间相互依赖、相互协调，共同组成了完整的 AI 运营中台框架。

10.3 AI 运营中台的高效运营

10.3.1 AI 赋能方式

AI 运营中台用 AI 赋能方式辅助产品运营，用机器取代人力，以达到降低运营人员工作量、提高运营效率和质量的目的。AI 赋能方式主要体现在以下四个方面。

第一，控制量级。由 AI 挖掘中台挖掘出来的结果进入 AI 运营中台时，用户可自定义过滤规则。此过程帮助用户减少不必操作的数据，使上线的数据量级保持在一个合理的范围，从而促使用户对小批量数据进行进一步精细化运营。

第二，数据处理。通过整合多种数据处理算法并借助携程的分布式调度系统，来实现快速整合多种异构数据，以完成数据的归一化、标准化、数据归并等数据处理工作。

第三，决策支持。通过使用 AI 辅助运营能力来帮助运营人员快速完成运营决策，如图片快速分类、标签打分、推荐理由编写等。

第四，可操作性。AI 运营中台交互简单，多采用一键生成、拖动、点击等低成本的操作方式。

10.3.2 企业应用实例

当携程 App 首页 Feed 流对定向用户群体分发亲子主题的酒店榜单时，运营人员希望能将契合主题的产品图片展示出来，如一些亲子主题相关的设施或场所，而酒店的官方首图往往类型单一，以既定的外观或房型为主，无法满足个性化主题需求。

基于此情况，运营人员需要借助 AI 运营中台的图片能力来配置系统自动选图规则，包括图片的主题（游泳池、亲子房、游乐场、儿童乐园等）和属性（图片的来源、尺寸、美感度等），并设定需要的图片数量，之后系统会自动完成筛选任务。

当主题图片展示出来后，用户能自由挑选契合主题的主题图片分类，将产品图库中由算法识别出的对应实体一并抽取出来。例如，亲子主题可抽取的相关实体有游船、骑马、公园、动物园、主题乐园、沙滩等。由于这部分数据采用了定期离线更新的加载方式，所以它们在设置后可快速输出结果。

为了保证最终触达 C 端用户的图片质量和输出效果，算法对全量图片进行美感度识别的预处理，最终依据用户配置的条件输出在基于 AI 美感度的计算中得分最高的图片。此外，运营人员还可在 AI 运营中台内对生成的结果集进行进一步的抽查校验，并进行排序、增加、删除等操作。AI 运营中台产品示意如图 10-5 所示。

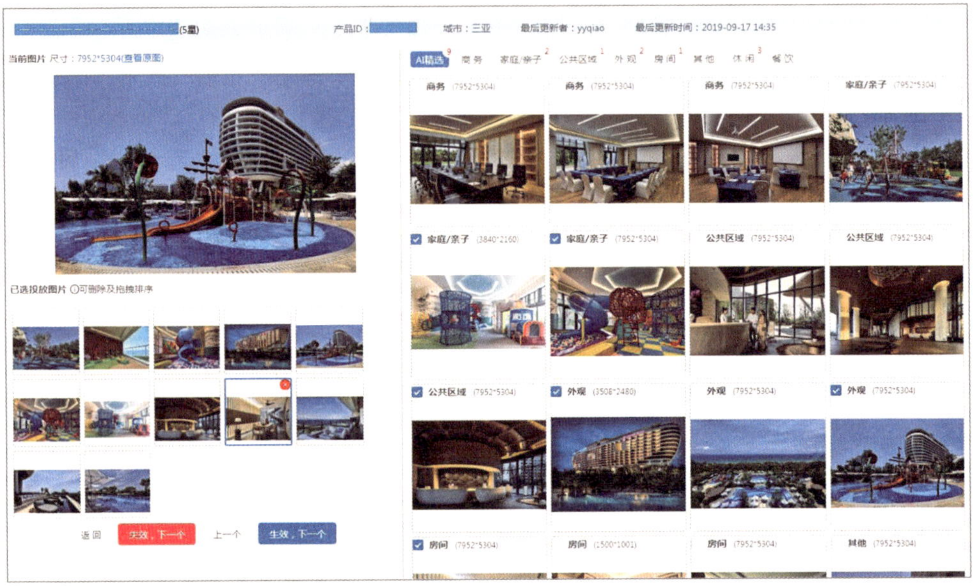

图 10-5　AI 运营中台产品示意

在信息过载的时代，用户时间正在进入饱和阶段，因此用户对信息生产者的要求越来越高。对信息提供方而言，内容生产的质量及内容分发的速度是吸引用户的重中之重。若运营人员借助 AI 运营中台的智能选图功能，则只需要花费几分钟的时间，就可以使该场景下全量产品的高质量图片运维完毕。相比于无主题图片的版本，由主题图片的页面的最终 CTR 得到了近 40% 的显著提高。由此可见，若我们运用人工方式在海量图片中进行挑选，则多元化的场景需求难以满足，纯人工运营的效率无法快速响应市场。显然，AI 运营中台是提升内容精细化运营效率和质量的利器。

10.4　本章小结

AI 运营中台能够帮助运营人员对已有内容进行选择、组合和包装。整个运营的过程是场景级别的，同时它又可以使用通用的内容主数据，以快速满足各场景不同的需求，并能做到彼此互不影响。

AI 运营中台主要由外部依赖服务模块、存储模块、服务模块、应用层模块四个模块组成。

外部依赖服务模块通过接入一些算法数据及外部服务为 AI 运营中台的应用层核心赋能。

在存储模块中，基础数据存储在 Hive 表中，通过调度任务 job 导入 Redis、Elastic Search 等存储工具，人工运营的数据用 MySQL 存储。

服务模块是 AI 运营中台的核心，主要分为 Web 核心服务和底层数据处理两个模块。

应用层模块是 AI 运营中台的输出，目前主要包括 Schema 的提供与导出、投放页面的生成等。

AI 运营中台的核心能力是 AI 辅助运营，该能力基于一系列算法及数据流程，可降低运营人员工作量、提高运营效率。

Ctrip
Artificial
Intelligence
携程人工
智能实践

第11章 通用数据服务

11.1 通用数据服务的背景

携程 AI 研发部门有推荐系统、导购系统、售后机器人系统、售前机器人系统等多种业务系统，每种业务系统都可利用多种数据存储介质来应对不同的查询需求。这些数据存储介质主要包括 MySQL、HBase、Elastic Search、Redis 等。每种业务系统都需要兼容多种数据存储介质的 API，并适配各种数据格式，校验数据一致性，兼容各种版本。这些问题在业务不断增长、系统不断增多的情况下存在严重风险。很多条件需要在系统内部进行硬编码，这导致上线效率低下、变更成本高。

在这种状况下，我们迫切需要一种面向在线服务的解决方案，它能够保证高可用、高性能，能够降低业务系统使用的数据的复杂度，能通过自动化的数据流程完成数据上线，能够通过标准化的解决方案使业务系统以极低的成本使用各种数据，如产品、特征、统计、内容等。

为了实现上述目标，我们构建了通用数据服务平台。其 v1 版本基于 Apache Calcite 实现了查询引擎，在经过线上验证后，我们认为其方向正确，即该版本的平台能切实解决上述问题。于是在 v1 版本的基础上，我们梳理了之前遇到的一些痛点，使用 golang 重构了一个通用数据服务平台，使其性能与 v1 版本相比明显提升，并进一步完善了平台的配套设施，得到了现在的 v2 版本。

11.2 通用数据服务平台的架构和功能

通用数据服务是面向在线查询的一套数据解决方案，以 SQL 查询方式降低了使用门槛，同时提供了一套高可用、大数据、高吞吐、低延迟技术实现方案。

11.2.1 通用数据服务平台的架构

通用数据服务平台的架构如图 11-1 所示。

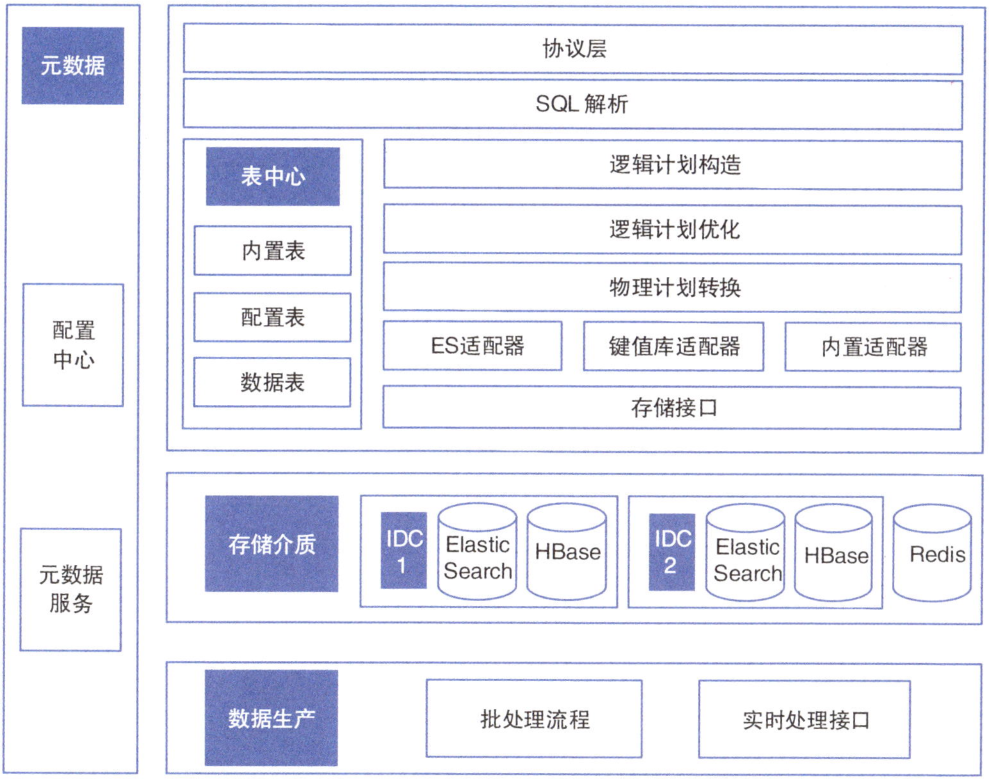

图 11-1 通用数据服务平台的架构

11.2.2 通用数据服务平台的功能模块

通用数据服务平台主要由四个模块（子系统）组成，下面详细介绍各个模块。

1. 元数据

元数据是通用数据服务平台的核心基础，其他模块均依赖元数据进行运转。元数据主要包括系统配置数据和业务数据 Schema 两部分。其中，配置数据用于调整系统行为，主要包括流量调控、灾备方案调控、缓存策略调控等。业务数据 Schema 主要用于管理平台的数据，包括数据来源、数据特征、数据使用方式等，这部分数据直接影响数据的存储方案及查询优化方式，详细的数据写入及查询影响在写入引擎和查询引擎部分详细介绍。

2. 存储引擎

存储引擎内部实现了一套混合持文化技术方案，它整合了 Elastic Search、Redis、HBase、关系型数据库 MySQL、图数据库 Janus Graph 等。不同数据根据应用场景及数据自身特点分散存储在不同的存储介质中。例如，查询频率较高的字段会写入 Elastic Search，指定 KEY 查询的字段会直接存入 HBase，高频查询数据会写入 Redis。

每种存储介质都有对应的 DR 方案，以保证在某一实例出现问题时，平台可以快速切换到其他实例，保证其高可用。

3. 写入引擎

写入引擎是数据服务的数据生产者，采用典型的 Lambda 结构，即离线批处理结合近线流处理的方式，以保证同时实现大批量数据更新和单条数据实时更新。

批量写和实时写都是通过统一的任务引擎实现的。任务引擎在接到一个任务后，会依据元数据生成一个写入任务，整个任务是由多个节点构成的一个 DAG。批量任务通常包括 Hive 数据清洗节点、Elastic Search 写入节点、HBase 写入节点、Redis 写入节点、上线前数据校验节点、元数据更新节点、数据上线节点等。而实时写入任务不同于批量任务的是，它的各节点均是在系统内部执行的，不必调用其他外部系统。

任务的生成会受一些因素的影响，影响因素包括当前的 DR 方案、当前数据的使用特性等。因此，最终生成的 DAG 并不一定包含上述所有的节点，它们由于每个任务的不同会有一定差异。

在任务生成之后，任务引擎会将其交由调度引擎来执行。调度引擎会根据当前的系统状态评估任务是否可以运行及如何运行。典型的场景是在一个不能重复运行的任务中，在某个存储实例的 TPS 达到峰值后，新的任务不能立即启动，需要等到该实例的 TPS 降到安全范围内。

例如，若当前配置有双机房 DR，数据既要进行检索也要进行 KEY 查询，则最终生成的任务包含两个 Hive 节点，分别用于生成 Elastic Search 和 HBase 的目标结构数据，两个 Elastic Search 写入节点分别写入两个不同的 Elastic Search 实例，两个 HBase 写入节点分别写入两个不同的 HBase 集群。写入任务 DAG 如图 11-2 所示。

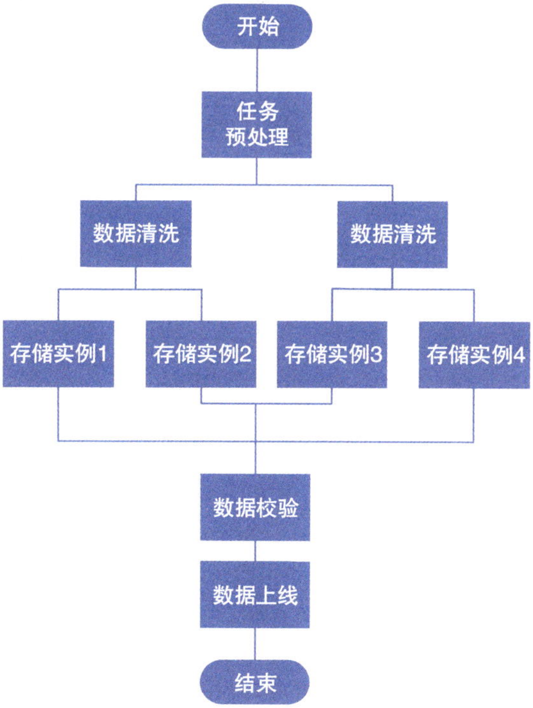

图 11-2　写入任务 DAG

4. 查询引擎

查询引擎是通用数据服务平台最重要、最复杂的模块，因为它直接承载了线上流量，所以我们需要对它考虑很多因素，如稳定性、高性能、查询的复杂度、业务接入的成本等，下面进行详细解释。

查询引擎将 SQL 作为查询语言。我们之所以选择 SQL 作为查询语言，是因为 SQL 是一种成熟、强大、极易使用的语言。查询引擎的构建基于携程 SOA 框架，它具备水平扩展能力，可同时提供两种客户端，以便使用方使用，一种客户端是基于 SOA 协议的客户端，另一种客户端是基于 JDBC 协议的客户端。对于基于 JDBC 协议的客户端，用户完全可以像使用数据库一样使用它。

查询引擎内部实现了 SQL 语义。查询引擎在接到 SQL 之后，首先会通过 SQL 解析器得到抽象语法树（AST），AST 经过语法检查，再经由逻辑计划构造器生成初始逻辑计划，该计划经过逻辑计划优化器优化后生成最终的逻辑计划。逻辑计划再由转换器转换成物理计划，最后查询引擎在执行物理计划阶段完成数据组织和输出，最终将数据序列化后返回给客户端。

查询引擎内部的逻辑计划优化器基于一系列的规则（如列裁剪、投影消除、谓词下推等），对逻辑计划进行等价转换，从而生成新的逻辑计划，以优化查询性能。

查询引擎以表和视图的形式组织数据，因此用户看到的是一张表或一个视图。视图是构建在表之上的虚拟表。在查询引擎内部，每一张基础表对应一个真实的存储。例如，一个 Elastic Search 索引表现为一张物理表，一张 HBase 表也表现为一张物理表，但在真实情况下，HBase 的应用会更复杂一点，具体表现为其每一种组织方式为一张物理表。物理表支持备份，如索引存储 product 在两个 Elastic Search 集群 es1、es2 上，两个集群分别在两个 IDC 中，在真实查询 product 这张物理表时，查询引擎会根据当前查询服务器所在的位置，以及全局的路由策略决定具体访问哪个真实的索引。整个决策过程由决策引擎实现，决策引擎会考虑一系列因素，如机房所在位置、集群资源利用率、延时情况等。

例如，有两张物理表，一张存储在 Elastic Search 中的 product，有四列，即 (id, name, label, city)，另一张存储在 HBase 中的 material，有三列，即 (id, label, image)。基于这两张物理表，我们创建了一个视图，SQL 示例为 create view product_material as select a.id as id, a.name as name, a.label as label, a.city as city, b.image as image from product a left join material b on a.id=b.id and a.label =b.label。因此，我们在查询 product_material 时，若在 select id,label, image from product_material where label = 'child' limit 10 这条语句中查询，则执行计划如下：

```
Projection(id,label,image)
|---Join
        |---Sort()(0,10)
                |---Selection(LABELNAME= child)
                |---Scan(PRODUCT)
        |---Selection(LABEL= child)
                |---Scan(MATERIAL)
```

其对应的物理计划应为

```
    Projection(id,label,image)
|---Join
        |---EsQuery (label=child, size=10)
        |---HBaseQuery()
```

先执行 Elastic Search 查询，得到结果后，再拼出 rowkey，并通过它查询 HBase，最后在内存中实现表连接操作和投影操作，最终返回。

11.3 通用数据服务的监控

监控对任何一个系统来说都是至关重要的。我们通过监控指标可以比较容易地分析出系统的一些问题。本节主要介绍通用数据服务的监控如何实现。

11.2.2 提到，通用数据服务平台是由四个主要模块构成的，可以看到，除了元数据对监控的需求不强烈，其余模块均需要比较详细的监控，因此下面着重介绍存储引擎、查询引擎、写入引擎的监控如何实现。

对标准的系统监控，如 CPU 使用率、CPU 负载、内存使用情况、磁盘使用情况等，这里不做赘述，我们主要关注业务指标。

11.3.1 存储监控

存储介质有多种，不同的存储介质的监控项会有差异。对于 Elastic Search 来说，它的监控项为当前的集群索引数量、索引占用的空间大小、索引的活跃度等。其中需要特别注意的是索引的活跃度，我们应找出僵尸索引并评估其下线。对于 Redis、HBase 来说，它们的监控项为响应时间、成功率、命中率等，其中需要特别注意的是集群流量分布。

11.3.2 查询监控

查询引擎的监控主要分为两部分，即系统健康性检查和业务监控。

系统健康性检查包括集群整体 QPS、当前被限流的请求数、缓存命中率、缓存穿透率、在线业务表数量、在线活跃业务表情况、异常请求数、整体响应时间等，系统根据上述指标分析系统健康状况，评估系统是否需要进行扩容，当指标异常突增时向管理员发送告警信息，提醒管理员进行故障检查。

业务监控主要用于业务分析，包括业务表的 QPS、业务表的异常数、业务表索引查询情况、业务表 HBase 查询情况、查询命中率等。查询引擎将通过以上指标，评估业务是高频业务还是低频业务，并评估高频业务是否需要启用缓存加速。如果查询命中率偏低，那么业务监控可以反向促进业务方评估查询条件是否有问题，如果查询命中率正常，则查询引擎可进一步评估业务是否启用黑名单过滤无效请求。例如，某个业务表的查询指标监控如图 11-3 所示 。

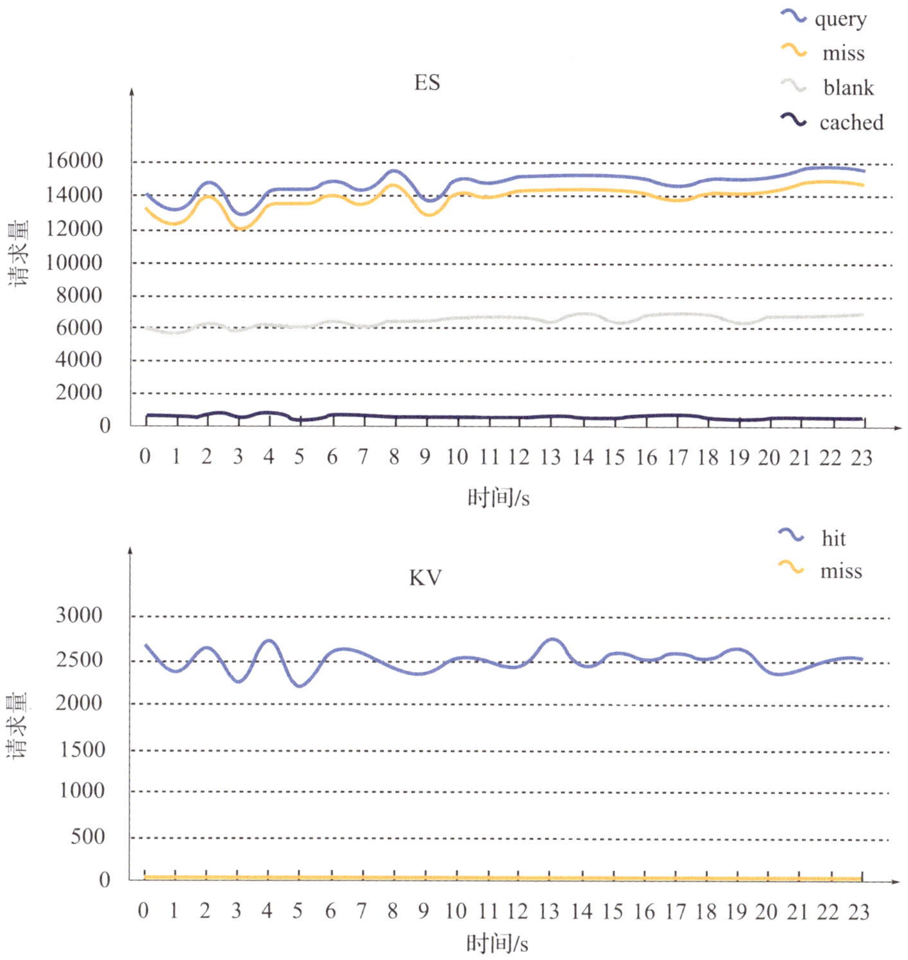

图 11-3　某个业务表的查询指标监控

11.3.3 写入监控

写入监控主要包括任务监控和 TPS 监控。

任务监控主要由历史任务运行状况监控、当前任务监控两部分组成，前者辅助系统管理员评估最近一段时间的数据上线情况，后者保证任务正确、合理地运行。任务监控采用的监控项主要有任务的运行状态、存储实例写入的 TPS、任务更新的记录数等。

11.4 本章小结

通用数据服务作为AI部门的基础产品服务，为推荐系统、机器人系统、投放系统等多个上层业务系统提供了稳定、可靠的查询服务。服务内部通过智能算法来调整查询策略，确保数据的一致性，并保证了服务的高可用性。对上层业务系统来说，通用数据服务完全可以当作一个分布式数据库来使用。这极大地降低了业务系统对各种数据库的耦合性，从而降低了业务系统的复杂性，避免了因引入过多三方包而引起的各种冲突。

通用数据服务是一套完整的解决方案，这赋予了系统极大的灵活性。